U0883165

高水平专业群教材建设专项项目
新时代新理念职业教育教材
新型工作手册式融媒体教材

行车安全与设备

主　编　邓子阳　管瑞欣　陈　林
副主编　张　新　郑　睿　孙　蕾　程　威
主　审　梁晓宇　王　旭

北京交通大学出版社
·北京·

内 容 简 介

本书基于以行业为依托的办学标准，贯彻落实《国家职业教育改革实施方案》中对教材改革提出的要求，通过对机务段的大量调研和相关资料收集，结合实际铁路机务岗位工作过程，按照工作手册式设计思路进行编写，是一本以活页式教材呈现、配套数字化教学资源的职业教育教材。

本书基于铁道机车乘务员一次出乘作业标准组织内容，共设计 7 个教学项目，28 项教学任务，配套慕课和国家教学资源库，是理想的职业教育教材，也可供从业人员学习参考。

版权所有，侵权必究。

图书在版编目（CIP）数据

行车安全与设备 / 邓子阳，管瑞欣，陈林主编；张新等副主编. —北京：北京交通大学出版社，2023.8

新时代新理念职业教育教材　高水平专业群教材建设专项项目

ISBN 978-7-5121-4910-6

Ⅰ. ① 行…　Ⅱ. ① 邓…　② 管…　③ 陈…　④ 张…　Ⅲ. ① 铁路运输－行车安全－安全设备－高等职业教育－教材　Ⅳ. ① U298.1

中国国家版本馆 CIP 数据核字（2023）第 039359 号

行车安全与设备
XINGCHE ANQUAN YU SHEBEI

项目总策划：陈　颖
责 任 编 辑：陈跃琴
出 版 发 行：北京交通大学出版社　　电话：010-51686414　　http://www.bjtup.com.cn
地　　　址：北京市海淀区高梁桥斜街 44 号　　邮编：100044
印　刷　者：北京虎彩文化传播有限公司
经　　　销：全国新华书店
开　　　本：185 mm×260 mm　　印张：15.75　　字数：328 千字
版 印 次：2023 年 8 月第 1 版　　2023 年 8 月第 1 次印刷
定　　　价：49.80 元

本书如有质量问题，请向北京交通大学出版社质监组反映。对您的意见和批评，我们表示欢迎和感谢。
投诉电话：010-51686043，51686008；传真：010-62225406；E-mail：press@bjtu.edu.cn。

前言

自国务院颁布《国家职业教育改革实施方案》以来，高等职业教育已进入深化改革阶段。作为教学内容的支撑和依据，教材是职业院校人才培养的重要载体，加快教材改革与创新对于推进教学改革、更新教学内容、提高人才培养质量是必不可少的。在此背景下，本书基于以行业为依托的办学标准，贯彻落实《国家职业教育改革实施方案》中对于教材改革提出的要求，通过对机务段的大量调研和相关资料收集，结合实际铁路机务岗位工作过程，按照工作手册式设计思路进行编写，是一本以活页式教材呈现、配套数字化教学资源的职业教育教材。

铁路机车行车安全装备是指装设于机车、动车以及自轮运转特种设备上，用于直接防止列车运行事故或辅助机车乘务员提高操纵列车运行安全能力的装备，主要包括：列车运行监控记录装置、机车信号、机车综合无线通信设备、机车车载安全防护系统、列尾装置，以及与之配套的传感、信息输入输出和连接设备等。铁路机车行车安全装备是机车的组成部分，更是实现铁路机务行车安全科学管理的重要设备。

本书依据实际铁路机务岗位工作过程，以铁路机车乘务员一次出乘作业标准为主线，将铁路机车司机工作所需的职业技能划分为 7 个项目。在每个项目中：

（1）通过学习情境描述，使学生了解作业内容和作业性质。

（2）通过学习目标，让学生知道要达成的学习效果。

（3）通过学习活动，指导学生实现学习目标的具体流程。

（4）通过任务相关业务知识，提供给学生完成学习任务的相关资料。

（5）在任务实施环节，学生根据教材设计的任务情境和问题引导，完成任务相关的作业内容。

（6）在任务评估环节，学生依据任务评价标准完成自评和互评，最后由教师给予总评。

（7）在自我拓展环节，教师可根据自身教学要求，有选择性地给学生拓宽知识面，也可将其作为学生课外自学内容。拓展环节还准备有为每个学习情境配套的多媒体资料，可供教师和学生下载使用。

（8）在相关知识点环节，教师可根据自身教学需要选择相关知识点进行讲解，以满足不同层次的教学需求。

（9）在证书直通车环节，根据国家职业技能标准和国家铁路机车车辆驾驶人员资格考试大纲相关内容要求，将岗位技能标准和资格考试内容纳入其中。

本书深度结合实际铁路机车乘务员一次出乘作业过程，学习内容涵盖一次出乘作业全部过程，除了用于课堂教学外，亦适用于现场实训、作业考核等多个环节。学生在学习和掌握相关知识的同时，亦可深度还原岗位作业标准，培养自己严谨认真、团结协作、自主学习、归纳总结等多种综合能力。

本书由邓子阳、管瑞欣、陈林担任主编，张新、郑睿、孙蕾、程威担任副主编；中国铁路沈阳局集团有限公司吉林机务段运用科梁晓宇、中国铁路沈阳局集团有限公司机务部王旭担任主审。本书在编写过程中得到了企业专家的大力支持，在此表示衷心感谢。

新型教材的编写探索是编者首次尝试，不足之处在所难免，恳请有关专家、教师、学生提出宝贵意见。

编　者

2023 年 6 月 20 日

目　录

项目 0

机车乘务员行车安全设备作业与操作

【机车乘务员岗位描述】

机车乘务员是铁路运输的主要技术工种，担负着驾驶机车、维护列车安全正点的责任。机车乘务员应树立良好的职业道德，做到遵章守纪、爱护机车、平稳操纵、安全正点，保证操纵列车规范化、标准化。

【机车乘务员一次出乘作业描述】

机车乘务员一次出乘作业，就是指机车乘务员出勤、接车、出段与挂车、发车准备与发车、途中作业、在站作业与退勤全部作业过程。在作业过程中，每一个作业环节都要求机车乘务员必须按照规定的作业标准执行。

项目1

机车乘务员一次出乘作业

学习情境描述

机车乘务员一次出乘作业是机车乘务员在一次乘务作业中的全部工作，包括出勤、接车、出段与挂车、发车准备与发车、途中作业、终到与退勤全部作业过程。

学习目标

1. 熟悉机车乘务员一次出乘作业流程，能独立完整地描述机车乘务员一次出乘作业中的每一道作业程序的主要作业内容。

2. 能准确介绍机车上的主要行车安全设备。

3. 培养学生爱岗敬业、遵章守纪和科学严谨等职业道德素养。

学习活动

学习活动	内容	学习建议
自学素材	机车乘务员一次出乘作业流程文字或音像资料	课前
计划	根据任务单上的任务情境，每位同学独立归纳总结一次出乘作业流程及注意事项	课中（6学时）
决策	通过小组讨论和组间交流后，做出指导教师指定任务情景下一次出乘作业的任务决策	
实施	根据指导教师提供的资料，完成指导教师指定情景下具体的出乘作业情景模拟任务	
	正确填写（执行过程检查）评估工作页，小组成员互检工作页的正确性，提交指导教师给予评估	
检查与评价	完成自我评价、小组评价以及教师评价	
自我拓展	根据学习深度要求，拓展完善出勤作业相关知识、技能	课后

任务相关业务知识

1. 出勤

（1）出乘前必须充分休息，严禁饮酒，按规定着装，准时出勤。

（2）出勤时，机车乘务员应携带工作证、驾驶证、岗位培训合格证（鉴定期间由机务段出具书面证明）和有关规章制度，到机车调度员处报到，接受指纹影像识别、酒精含量测试，按规定领取司机报单、司机手册、列车时刻表、运行揭示等行车资料和备品。

（3）认真阅读核对运行揭示及有关安全注意事项，结合担当列车种类、天气等情况，做好安全预想，并记录于司机手册。认真听取出勤指导，将司机手册交机车调度员审核并签认。

（4）办理运行揭示和交付列车运行监控装置专用IC卡（以下简称“IC卡”）时，必须执行出勤机班与出勤调度员双审核、双确认的检验签认把关制度。

2. 接车

（1）按职责分工进行交接。接车时，认真了解机车运用、检修情况，办理燃料、耗电和工具、备品交接。接车后，确认列车运行监控记录装置（以下简称“LKJ”）、机车信号、列车无线调度通信设备等行车安全装备合格证齐全、符合规定。将IC卡数据载入LKJ并确认无误。

（2）机车检查按《铁路机车操作规则》（以下简称《操规》）附件1规定的项目和标准进行。

（3）电气动作试验、电力机车高低压试验按《操规》附件2规定的项目和标准进行。

3. 出段与挂车

1）出段

机车整备完毕机班全员上车后，要道准备出段。

（1）机车出段前，必须确认LKJ、机车信号、列车无线调度通信设备、列尾装置司机控制盒、平面灯显接口设备、防折关装置、警惕报警装置、机车走行部监测装置等行车安全装备检测合格证签发符合规定。出段必须开机，按规定正确操作使用，严禁擅自关机。

注意：不得使用列车无线调度通信设备进行与行车无关的通话，并应遵守保密规定。

（2）确认调车信号或股道号码信号、道岔开通信号、道岔表示器显示正确，厉行确认呼唤（应答）、鸣笛动车（限鸣区段除外，下同）规定。

（3）移动机车前，应确认相关人员处于安全处所、防溜措施已撤除，注意邻线机车、车辆的移动情况。在段内走行应严守速度规定。

（4）机车到达站、段分界点停车，签认出段时分（单班单司机签点办法由铁路局集团公司规定），了解挂车股道和经路，执行车机联控，按信号显示出段。

2）挂车

进入挂车线后，应严格控制机车速度，执行“十、五、三车”和“一度停车”规定，确认脱轨器、防护信号及停留车位置，具体要求如下：

（1）距脱轨器、防护信号、车列 10 m 前必须停车。

（2）确认脱轨器、防护信号撤除后，显示连挂信号，以不超过 5 km/h 的速度平稳连挂。

（3）连挂时，根据需要适量撒砂，连挂后要试拉。

（4）挂车后，机车保持制动，司机确认机车与第一位车辆的车钩、软管连结和折角塞门状态。多机重联时，机车与车辆连挂状态的检查由连挂司机负责；列车本务司机应复检机车与第一位车辆的车钩、软管连结和折角塞门状态。

（5）正确输入机车综合无线通信设备（以下简称“CIR”）、LKJ 有关数据，采用微机控制制动系统的机车，核对制动机设定的列车种类。向运转车长或车站值班员（助理值班员）了解编组情况、途中甩挂计划及其他有关事项。

（6）当货运票据、列车编组顺序表需要机车乘务组携带时，应按规定办理交接，并妥善保管。

（7）机车司机应在列车充风或列车制动机试验时，检查本务机车与列尾装置主机是否已形成“一对一”关系。

（8）制动主管达到定压后，机车司机按规定及检车人员的要求进行列车制动机试验，装有防折关装置的机车应确认制动主管贯通情况。

（9）发现充、排风时间短等异常或制动主管漏泄量超过 20 kPa/min 时，及时通知检车人员（无检车人员时通知车站值班员）。

（10）制动关门车辆数超过规定时，发车前应持有制动效能证明书。

（11）列车制动机进行持续一定时间的保压试验，应在试验完毕后，接收制动效能证明书。

（12）司机接到制动效能证明书后，应校核每百吨列车重量换算闸瓦压力，不符合《铁路技术管理规程》（以下简称《技规》）及本区段的规定时，应向车站值班员报告。

（13）直供电列车连挂后，司机拔出供电钥匙，与客列检（或车辆乘务人员）按规定办理交接、供电手续，电力机车还需断开主断路器。

（14）列车制动机试验。

① 全部试验。列检作业场无列车制动机的地面试验设备或该设备发生故障时，机车对列车充满风后，机车司机应根据检车员的要求进行试验：

➢ 自阀减压 50 kPa（编组 60 辆及以上时为 70 kPa）并保压 1 min，对列车制动机进行感度试验，全列车必须发生制动作用，并且不得发生自然缓解，司机检查制动主管漏泄量，不得超过 20 kPa/min；手柄移至运转位后，全列车须在 1 min 内缓解完毕。

➢ 自阀施行最大有效减压（制动主管定压 500 kPa 时为 140 kPa，定压 600 kPa 时为 170 kPa），对列车制动机进行安定试验，以便检车员检查列车制动机，要求不发生紧急制动，并检查制动缸活塞行程或制动指示器是否符合规定。

② 简略试验。制动主管达到规定压力后，自阀减压 100 kPa 并保压 1 min，检查制动主管贯通状态，检车员、车站值班员或车站有关人员检查确认列车最后一辆车发生制动作用；司机检查制动主管漏泄量，不得超过 20 kPa/min。

③ 持续一定时间的保压试验。在长大下坡道前方的列检作业场需进行持续一定时

间的保压试验时，应在列车制动机按全部试验方法试验后，自阀减压 100 kPa 并保压 3 min，列车不得发生自然缓解。

注意：在列车制动机试验时，机车司机应确认并正确记录充、排风时间，检查制动主管压力的变化情况，并作为本次列车操纵和制动机使用的参考依据。装有列尾装置的列车，应进行列尾风压查询；装有防折关装置的机车，应注意观察其状态；对于 CCBⅡ、法维莱等微机控制的制动机，应注意观察显示屏上充风流量信息。

4. 发车准备与发车

1）发车准备

机车司机根据发车时间，做好发车准备工作。货物列车起动困难时，可适当压缩车钩，但不应超过总辆数的三分之二。压缩车钩后，在机车加载前，不得缓解机车制动。

2）发车

起动列车前，必须两人及以上（单司机值乘区段除外）确认行车凭证、发车信号显示正确，准确呼唤应答，执行车机联控，鸣笛起动列车。发车的具体要求如下：

（1）起动列车前使用列尾装置检查尾部制动主管压力是否与机车制动主管压力基本一致。

（2）列车起动时，应检查制动机手柄是否在正常位置及各仪表的显示状态，做到起车稳、加速快、防止空转。

（3）内燃机车提手柄、电力机车进级时，应使柴油机转速及牵引电流稳定上升。当列车不能起动或起动过程中空转不能消除时，应迅速调整主手柄位置，重新起动列车。

（4）列车起动后，应进行后部瞭望，确认列车起动正常。单司机单班值乘的不进行后部瞭望。

5. 途中作业

1）列车操纵与安全注意事项

（1）机车司机在运行中必须严格执行“彻底瞭望、确认信号、准确呼唤、手比眼看”的“十六字令”，依照机车乘务员一次出乘作业标准、列车操纵示意图、列车操纵提示卡正确操纵列车，并规范执行确认呼唤（应答）和车机联控制度。严格遵守每百吨列车重量换算闸瓦压力限制速度，列车限制速度，线路、桥隧、信号容许速度，机车车辆最高运行速度，道岔、曲线及各种临时限制速度，以及 LKJ 速度控制模式设定的限制速度的规定。列车运行中，当列尾装置主机发出电池欠压报警、通信中断等异常情况时，司机应及时通知就近车站值班员或列车调度员，旅客列车应同时通知车辆乘务员。

（2）设有两端司机室的机车，司机必须在运行方向前端司机室操纵（调车作业推进运行时除外），并将机车信号转换开关置于正确位置。非操纵端与行车无关的各开关均应置于断开位并锁闭，取出制动机手柄或将其置于规定位置；列车无线调度通信设备和列尾装置司机控制盒置于关闭位。安装双套 LKJ 主机的机车，非操纵端 LKJ 主机应关闭。

（3）操纵机车时，未缓解机车制动不得加负荷（特殊情况除外）；运行中或未停稳前，严禁换向操纵。设有速度工况转换装置的机车，车未停稳，不准进行速度工况转换。机车负载运行中，内燃机车提手柄、电力机车进级时，应使柴油机转速及牵引电流稳定上升，遇天气不良时应实施预防性撒砂，当机车出现空转不能消除时，应及时调整主手柄位置；具有功率自动调节控制功能的和谐型机车运行在困难区段出现空转时，不得盲目退回手柄。

（4）内燃机车提、回手柄应逐位进行，使牵引电流、柴油机转速稳定变化。负载运行中，当柴油机发生喘振、共振时，司机应及时调整主手柄位置。退回主手柄时，主手柄回置“1”位需稍作停留再退回“0”位。在主手柄退回的过程中，若柴油机转速不下降，为防止柴油机“飞车”，禁止主手柄回“0”位，应立即采取停止燃油泵工作、打开燃油系统排气阀、按下紧急停车按钮等措施。

（5）电力机车运行中应注意以下事项：

① 根据列车速度，选择适当的手柄位置。牵引电动机的电压、电流不得超过额定值。

② 解除机车牵引力时，牵引手柄要在接近“0”位前稍作停留再退回“0”位。

③ 使用磁场削弱时，要在牵引电机端电压接近或达到额定值，电流还有相当余量时，逐级进行。

④ 过分相绝缘器时，严禁升起前后两受电弓，一般不应在牵引电动机带负荷的情况下断开主断路器。按“断”“合”电标，断开、闭合主断路器（装有自动过分相装置除外）。货物列车过分相绝缘器前，若列车速度过低（速度值由铁路局规定），允许快速退回牵引手柄。

⑤ 遇接触网故障或挂有异物，降、升受电弓标或临时降、升弓手信号时，及时降下或升起受电弓。

⑥ 接触网临时停电或异常时，要迅速断开主断路器，降下受电弓，立即采取停车措施，检查弓网状态。装有车顶绝缘检测装置的机车，司机要检查确认机车绝缘情况，确认机车绝缘装置故障或绝缘不良时，不得盲目升弓。

（6）运行中应确认制动缸压力表压力。装有 EL－14 型制动机的机车，应在列车起动前，以及每运行 1～3 个区间和施行制动前，使用自阀瞬间缓解；单阀缓解每个区间不得少于 1 次。

（7）装有列尾装置的列车在出发前、进站前、进入长大下坡道前和停车站出站后，应使用列尾装置对制动主管的压力变化情况进行检查，发现制动主管压力异常时，应立即停车，停车后查明原因，妥善处理，并通知就近车站值班员或列车调度员。

（8）施行常用制动时，应考虑列车速度、线路坡道、牵引辆数和吨数、车辆种类以及闸瓦压力等条件，保持列车均匀减速，防止列车冲动。进入停车线停车时，提前确认 LKJ 显示距离与地面信号位置是否一致，准确掌握制动时机、制动距离和减压量，应做到一次停妥。牵引列车时，不应使用单阀制动停车，并遵守以下规定：

① 初次减压量不得少于 50 kPa。长大下坡道应适当增加初次减压量，具体减压量由铁路局制定。

② 追加减压一般不应超过两次；一次追加减压量，不得超过初次减压量。

③ 累计减压量，不应超过最大有效减压量。

④ 单阀缓解量，每次不得超过 30 kPa（CCBⅡ、法维莱型制动机除外）。

⑤ 减压时，自阀排风未止不应追加减压、停车或缓解列车制动。

⑥ 货物列车运行中，自阀减压排风未止，不得缓解机车制动。

⑦ 在制动保压后，禁止将自阀手柄由中立位推向缓解、运转、保持位后又移回中立位，牵引采用阶段缓解装置的列车除外。

⑧ 货物列车速度在 15 km/h 以下时，不应缓解列车制动。长大下坡道区段因受制动周期等因素限制，最低缓解速度不应低于 10 km/h。重载货物列车速度在 30 km/h 以下时，不应缓解列车制动。

⑨ 少量减压停车后，应追加减压至 100 kPa 及以上。

⑩ 站停超过 20 min 时，开车前应进行列车制动机简略试验。

（9）施行紧急制动时，应迅速将自阀手柄推向紧急制动位，并立即解除机车牵引力，期间柴油机不得停机，电力机车不得断主断路器、降弓，动力制动应处在备用状态。列车未停稳，严禁移动自阀、单阀手柄（投入动力制动时，单阀除外）。无自动撒砂装置或自动撒砂装置失效时，停车前应适当撒砂。

（10）单机（包括双机、专列回送的机车，下同）在自动闭塞区间紧急制动停车后，具备移动条件时司机须立即将机车移动不少于 15 m，再按照先防护后报告的原则，在轨道电路调谐区外使用短路铜线短接轨道电路，然后向就近车站值班员或列车调度员报告停车位置和原因。单机被迫停在调谐区内时，司机须立即在调谐区外使用短路铜线短接轨道电路，然后向就近车站值班员或列车调度员报告停车位置和原因。

（11）列车运行中，发现制动主管压力急剧下降、波动，空气压缩机不工作或长时间泵风不止，列尾装置发出制动主管压力不正常报警等异常情况时，应迅速停止向制动主管充风，解除机车牵引力，及时采取停车措施。

（12）列车停车再开车后，应选择适当地点进行贯通试验。司机确认制动主管排风结束、列车速度下降方可缓解，同时司机应注意风表压力及列车充、排风时间（万吨及以上重载列车除外）。装有列尾装置的列车，还应使用列尾装置查询列车尾部制动主管风压。

（13）装有动力制动装置的机车在列车调速时，要采用以动力制动为主、空气制动为辅、二者相互配合使用的方法，并应做到：

① 内燃机车在提、回动力制动手柄时，要逐位进行，置“1”位时应稍作停留。电力机车给定制动励磁电流时，电流的升、降要做到平稳。

② 制动电流不得超过额定值。

③ 动力制动与空气制动配合使用时，应将机车制动缸压力及时缓解为 0（设有自动控制装置的机车除外）。

④ 需要缓解时，应先缓解空气制动，再解除动力制动。

⑤ 多机牵引使用动力制动时，前部机车使用后，再通知后部机车依次使用；需要解除动力制动时，根据前部机车的通知，后部机车先解除动力制动，前部机车后解除动力制动，装有重联线和同步装置机车运行时除外。

（14）当发现列车失去空气制动力或制动力减弱危及行车安全时，对于紧急制动可以同步投入动力制动的机车，司机应立即使用紧急制动，并将动力制动投入达到最大值，在确认动力制动发挥作用后，使用单阀缓解制动缸压力至 150 kPa 以下（设有自动控制装置的机车可不进行单阀缓解操作）。有运转车长（车辆乘务人员）值乘的列车，司机应迅速通知运转车长（车辆乘务人员）使用车辆紧急制动阀停车；装有列尾装置的列车，司机应采取列尾装置主机排风制动措施使列车停车，停车前适当撒砂。

（15）装有动力制动的机车，在使用动力制动调速过程中发生紧急制动或需紧急制动时，司机应保持机车动力制动，同时立即用单阀缓解机车制动缸压力至 150 kPa 以下（设有自动控制装置的机车可不进行单阀缓解操作）。

（16）列车或单机停留时，不准停止柴油机、劈相机及空气压缩机的工作，并保持制动状态。注意事项如下：

① 进站停车时，应注意车站接车人员的手信号。

② 货物列车应保压停车，直至发车前出站（发车进路）信号机开放或接到车站准备开车的通知后，方能缓解列车制动。

③ 夜间等会列车时，应将机车头灯灯光减弱或熄灭。

④ 中间站停车，有条件时应对机车主要部件进行检查。

⑤ 机车乘务员必须坚守岗位，不得擅自离开机车。

（17）内燃、电力机车在附挂运行中，换向器的方向应与列车运行方向相同，主接触器在断开位。禁止进行电气动作试验。

（18）机车各安全保护装置和监督、计量器具不得盲目切（拆）除，不能随意调整其动作参数。内燃、电力机车各保护电器（油压、水温、接地、过流、柴油机超速、超压等保护装置）动作后，在未判明原因前，不得强迫启动柴油机及切除各保护装置。机车保护装置切除后，应密切注视机车各仪表的显示，加强机械间的巡视。

（19）运行中，应随时注意机车各仪表的显示。发现机车故障和非正常情况，要迅速判明原因、及时处理，并将故障现象及处理情况填记进“机车运行日志”。

牵引直供电双管供风旅客列车时，运行中应注意确认列车供电电压及电流、列车总风管压力的显示。发现异常情况时，应及时通知车辆乘务员，按其要求运行或维持到前方车站停车处理，并报告列车调度员或车站值班员。

旅客列车在区间发生故障需双管改单管供风时，司机应掌握安全速度（最高不超过 120 km/h）运行至前方站后再改单管供风。跨局旅客列车改为单管供风后，司机报告车站值班员，再转报列车调度员。因列车总风管压力漏泄不能维持运行时，应立即停车，关闭机车后部折角塞门，判断机车或车辆原因，属车辆原因应立即通知车辆乘务员处理。

（20）遇天气恶劣，应加强瞭望和鸣笛。当信号机显示距离不足 200 m 时，应立即报告车站值班员或列车调度员。

（21）列车途中在本务机车前部加挂补机、更换本务机车或机车因故不能继续运行请求救援时，司机应在停车后并且制动主管减压的情况下，解除列尾装置主机记忆的本务机车号码。当加挂机车、更换后机车及救援机车连挂车列后担当本务机车时，应重新建立“一对一”关系。

2）机械间巡视

内燃机车、电力机车机械间及走廊巡视检查，由非操纵司机或学习司机负责，应按下列要求执行。

（1）巡视时间点。

内燃机车机械间巡视时间点要求如下：

① 始发列车出站后；

② 列车运行中一般每 30 min 一次；

③ 发生异音、异状时。

电力机车机械间巡视时间点要求如下：

① 始发列车出站后；

② 发生异音、异状时。

（2）巡视检查项目。

① 内燃机车巡视检查项目：电气间、柴油机、增压器、牵引发电机、辅助传动装置、空气压缩机、辅助发电机、牵引电动机的通风机等状态是否正常；有无电气绝缘烧损气味；有无油水管路漏泄；水箱水位和各仪表显示是否正常。

② 电力机车巡视检查项目：各辅助机组运转是否正常；各部件有无异音、异状，有无放电和电气绝缘烧损的气味；主变压器油温、油位是否正常，牵引及辅助变流器工作状态、各保护继电器和指示灯、指示件有无异状或动作显示。

3）调车作业

（1）调车机车乘务员要熟悉《车站行车工作细则》（以下简称《站细》）及有关规定，熟记站内线路（包括专用线）、信号机以及各种标志等站场情况，严格执行《技规》调车工作有关规定。

采用无线调车灯显设备进行调车时，应使 LKJ 处于调车工作状态，与无线调车灯显设备配合使用，并根据信号显示和作业指令的要求进行作业。

当中间站利用本务机车调车时，对附有示意图的调车作业通知单的内容和注意事项必须掌握清楚。作业前，应使 LKJ 处于调车工作状态。

在中间站不得利用单司机单班值乘列车的机车进行调车作业。遇特殊情况，必须利用本务机车对本列进行调车作业时，相关作业人员应加强安全控制。

（2）在车站交接班时，交接班乘务员应认真对机车走行部、基础制动装置、牵引装置、制动机性能进行重点检查；注意检查、调整制动缸活塞行程和闸瓦与轮箍踏面的缓解间隙。

作业间歇时，应对其他部件进行检查。停留较长时间后再次作业前，应对制动机机能进行试验。

（3）调车作业中，彻底瞭望，确认信号，正确执行信号显示的要求和呼唤应答制度，没有信号不准动车，信号中断或不清立即停车。穿越正线调车时，必须执行车机联控制度。

连挂车辆时，严格按“十、五、三车”距离和信号要求控制速度，接近被连挂车辆时，速度不得超过 5 km/h。

按《站细》规定连结软管后，动车前应进行制动机简略试验。

单机连挂车辆时，应注意确认车辆停留和脱轨器位置，必须执行“一度停车”制度。

（4）当调车指挥人员显示溜放信号时，应“强迫加速”以满足作业要求；当调车指挥人员显示减速或停车信号时，应迅速解除机车牵引力，立即制动。

（5）认真执行驼峰调车作业的规定，连挂车列后试拉时，不得越过信号机或警冲标。推峰时，要严格按信号的要求控制速度。

（6）电力机车调车时，机车距接触网终点标应有 10 m 的安全距离，防止进入无电区。

6. 在站交接与退勤

1）终点站作业

（1）到达终点站后，摘解机车前不得缓解列车制动。当地面无列车制动机试验设备或该设备临时发生故障时，司机应根据检车员的要求试验列车制动机。牵引制动主管定压 600 kPa 的货物列车到达机车换挂站后，应对制动主管实施最大有效减压量（减压 170 kPa）。

（2）直供电列车到达后，应保持供电，接到车辆乘务员通知后方可停止供电，拔出供电钥匙，按规定与车辆乘务员办理交接。

（3）当机车不能及时入段时，将机车移动至脱轨器外方、信号机前或警冲标内方。机车乘务员应及时检查轴温（装有轴温检测装置的除外）。LKJ 转入调车状态，按调车信号显示运行。

（4）机车到达站、段分界点处应停车，签认入段时分，了解段内走行经路。

（5）确认入段信号、股道号码信号、道岔开通信号、道岔表示器显示正确，厉行确认呼唤（应答），鸣笛动车入段，按规定速度控制运行。

（6）有运用干部添乘的，在列车终到前，司机应出示添乘指导簿，添乘运用干部填写本趟添乘指导意见。

2）入段作业

（1）电力机车进整备线，在隔离区防护信号前停车，确认隔离区防护信号开放后再动车。

（2）在转盘及整备线停留时，机车必须制动。上下转盘时，确认开通位置，严守速度规定。转盘转动时，司机不得离座，不得换端及做其他工作，并须做到：

① 内燃机车主手柄置于“0”位，换向手柄置于“中立”位，机车控制开关置于“断开”位。

② 电力机车断开主断路器，降下受电弓，牵引手柄置于“0”位。

（3）入段机车检查和整备。

机务段应根据使用机型、乘务方式和段内技术作业时间，制定机车检查、给油、保洁等工作范围和标准。

① 交班司机应将机车运用状态在机车运行日志上做出记录，按规定做好防溜，与接车人员办理交接。

② 轮乘制司机应向接车人员详细介绍机车运用状态、机车运行日志记录等情况，与有关人员办理燃油、耗电、工具、备品以及机车行车安全装备的交接。

③ 检查机车时，若发现故障，应及时处理或报修。

3）中途继乘站换班

中途继承站换班应实行对口交接，要求如下：

（1）司机交接燃料、耗电、机车运用状态等。

（2）学习司机（非操纵司机）检查机车行车安全设备，办理工具、备品等交接。

（3）接班后，按《操规》要求进行机车检查。

4）外段（折返段）交接班

（1）内燃、电力机车交班机班应按《操规》附件 1－1 至附件 1－4 的规定进行作业，填写机车运行日志。

（2）内燃、电力机车的接班司机应按《操规》附件 1－1 至附件 1－4 的规定对机车进行检查。学习司机（非操纵司机）对机车下部进行复检。

（3）制动机试验，内燃机车的电气动作试验，电力机车的高、低压试验应按《操规》第十一条的规定执行。

（4）其他未尽事宜，按机务本段、外段（折返段）有关规定办理。

5）退勤作业

（1）退勤前，司机用 IC 卡转储 LKJ 运行记录文件，正确填写司机报单，对本次列车的安全正点情况进行分析并做出记录。

（2）退勤时，进行酒精测试，向退勤调度员汇报本次列车安全及运行情况，对运行中发生的非正常情况按规定填写“机调－10”，对 LKJ 检索分析发现的问题及超劳、运缓等情况做出说明，交还列车时刻表、司机报单、司机手册、添乘指导簿后，办理退勤手续。

任务实施

计划：根据任务情境制定机车乘务员一次出乘作业方案

1. 学生了解所有任务情境，小组成员汇总任务单中机车乘务员一次出乘作业所需要掌握的具体材料。
2. 指导教师随机指定各小组要完成的任务情境，学生判断是否符合一次出乘作业流程的具体要求。根据任务单上的要求，以列表的方式列举各条件下的作业程序和标准。
3. 确定完成任务所需准备的资料，制订完成任务情境的计划并讨论。

一、任务单

任务情境 1：担当 15：00 爱国站开行的 57002 次货物列车值乘任务。

项别	作业程序	作业内容	使用行车安全设备

任务情境 2：担当 10：00 复兴站开行的 T20 次旅客列车值乘任务。

项别	作业程序	作业内容	使用行车安全设备

任务情境 3：担当强国站调车作业值乘任务。			
项别	作业程序	作业内容	使用行车安全设备

二、任务实施计划

1. 任务情境 1 初拟个人计划

2. 任务情境 2 初拟个人计划

3. 任务情境 3 初拟个人计划

决策：确认完成一次出乘作业的任务计划

1. 小组成员的任务分工（明确组间成员信息收集、整理任务；明确主、副班岗位分配，保证岗位轮换）。
2. 分小组讨论每位成员的任务实施计划。
3. 每组选派一位成员，与各组交流任务实施计划。
4. 各位成员修正任务实施计划。

小组成员	任务分工

小组内讨论后个人计划：

各组间讨论后个人计划：

任务执行过程中出现的问题及应急情况处理

实施：完成一次出乘作业

一、根据任务实施计划完成一次出乘作业

根据任务情境，完整记录任务实施过程，小组成员互检任务实施的正确性，提交给指导教师，让其给予指导、评价。

任务实施过程记录：

二、解决指导教师补充的问题

任务评估

检查与评价

一、检查与评价标准

（一）知识技能评价参考标准

检查标准	评价权重（80%）
明确待乘保休的相关规定	6
明确出勤作业程序的相关规定	8
明确接车作业程序的相关规定	8
明确调车作业程序的相关规定	8
明确出段与挂车程序的相关规定	8
明确发车准备和发车程序的相关规定	8
明确途中运行程序的相关规定	8
明确终到站和入段作业程序的相关规定	8
明确退勤作业程序的相关规定	8
能识别机车的行车安全设备	10

（二）方法能力评价参考标准

检查依据	评价权重（20%）
获取和处理信息，应用知识和技能解决问题，归纳共性、总结规律和积累经验，探究操作与作业标准	不合格
	合格
	良好
	优秀
协同工作关系，准确清晰的信息沟通、技术指导，班组派工、协调与任务调度	不合格
	合格
	良好
	优秀

<table>
<tr><td>检查依据</td><td>评价权重（20%）</td></tr>
<tr><td rowspan="4">制订工作计划并进行实施。自觉完成相互检查和评价，学习活动中自我安全操作和协助他人安全操作，对照相关知识进行标准化作业</td><td>不合格</td></tr>
<tr><td>合格</td></tr>
<tr><td>良好</td></tr>
<tr><td>优秀</td></tr>
</table>

（三）思政评价参考标准

<table>
<tr><td>检查依据</td><td>评价标准
（一票否决）</td></tr>
<tr><td rowspan="2">严守铁路相关法律法规，具有高度的安全行车意识，严格遵照作业标准完成任务，精益求精，认真履职，具有坚定的遵纪守法意识等基本职业道德素养</td><td>不合格</td></tr>
<tr><td>合格</td></tr>
</table>

依照检查与评价标准完成本次任务检查与评价

二、学生自我评价 年　月　日
三、小组评价 年　月　日
四、指导教师评价 年　月　日

自我拓展

在完成指定任务的基础上，根据指导教师的要求，把你了解到的那些跟专业相关的名词和你感兴趣的问题写在下面，并做好备注。例如：

问题：我工作以后如何才能成为一名铁路机车司机？

名词：列车运行图、交路、监控装置等。

____

____

____

相关知识点

知识点 1　掌握机车交路
知识点 2　乘务制度
知识点 3　乘务员换班方式
知识点 4　监控装置

课程思政小案例

中国铁路太原局集团有限公司万吨重载列车司机景生启
——“把每一趟都当成第一趟”

千里大秦线，重载舞长龙。景生启，作为中国铁路太原局集团有限公司湖东机务段的一名重载司机，他紧握手中闸把，牵引总长 2 614 m 的大秦铁路 2 万 t 重载列车，将煤炭源源不断地输送到港口，保障着全国工业和老百姓煤炭供应，守护着国家能源通道安全。同时，作为 25 年如一日驰骋在大秦铁路线上的重载司机，景生启还受国家重托，亲自参与 3 万 t 重载实验，总结出多种操纵法，成为中国铁路历史上第一个享受国务院政府特殊津贴的重载司机，被誉为“中国重载第一人”。看过景生启的先进事迹后，笔者深深为之触动。景生启这种谦虚谨慎、严谨务实又奉献有为的精神，正是新时代大国工匠精神的代表。

工匠精神是一种严谨认真、精益求精、追求完美、勇于创新的精神。党的十九大报告和十九届四中全会[①]都提出要“弘扬劳模精神和工匠精神”。在新时代大力弘扬工匠精神，对于推动经济高质量发展、实现“两个一百年”奋斗目标具有重要意义。而“中国重载第一人”景生启的工匠精神，笔者则认为是“怀匠心”“铸匠魂”“守匠情”“践匠行”。

怀匠心，就是常怀工匠严谨认真之心。体现在景生启的身上，就是踏踏实实干好自己本职工作的责任之心。新闻里曾经提到一点，在大秦线上驾驶重载火车运行中，每遇到一个信号，司机都需要做出相应的手势指令，单程超过 600 多次。而景生启在做任何一个手势时都“剑指精确、握拳有力”，没有半分懈怠。为了保证自己技术过关，他甚至背下了 2 万多字的《技规》。“九层高台，起于垒土。”景生启正是在多年如一日的日积月累下，逐步成为大秦铁路上有名的“景大车”，成为新时代铁路人身上“大巧若拙”的气质代表。

铸匠魂，就是铸造工匠钻研探索之魂。体现在景生启的身上，就是精通自己的本职工作，不断地总结与创新的钻研之魂。自 1993 年担任重载火车司机以来，景生启认真熟悉着大秦线上的每一米路段，哪里有桥、哪里坡大、哪里弯多，他都了然于心。为了能够成熟运用具有我国自主知识产权的重载运输技术，景生启通过不断地计算、摸索和实践，不断地优化操作，一米一米地挪、一秒一秒地改进，形成了诸如“列车头部上坡给再生，头部下坡退牵引”“三段给、退流法”优化操纵办法，成为大秦线重载列车的操纵标准，填补了我国重载列车的技术空白，保证了“千里大秦”安全重载无事故。

守匠情，就是坚守工匠使命情怀。体现在景生启的身上，就是多年如一日默默奉献、坚守大秦重载的使命情怀。景生启的先进事迹最能够让笔者感动的，不是景生启在技术上取得的成就、获得的无数荣誉称号，而是 25 年如一日始终不渝的坚持和在幕

① 指《中共中央关于坚持和完善中国特色社会主义制度、推进国家治理体系和治理能力现代化若干重大问题的决定》。

后默默奉献的初心。景生启也曾提过，支持他不断执着进取、不断坚持奋斗的动力，并非自己获得种种荣誉，而是“国家有需要、大秦有担当”的使命感。这种崇高的家国情怀、对职业的敬畏情怀、精益的卓越情怀才是新时代大国工匠精神真正的题中之义。

践匠行，就是践行工匠负重担当之行。体现在景生启的身上，就是“勇当第一人”，敢于面对挑战的负重担当之行。大秦铁路，不仅承载着全国最大货运量铁路的厚望，还面临着桥梁隧道多、线路坡度大等技术难关。在这种情况下要想突破运量的瓶颈，就必须开行重载列车；触碰没有任何既成经验的领域，必须有人率先垂范，做“第一个吃螃蟹的人”，可以说既有成功与否的责任，更有人身安全上的风险。而景生启在面对这一切时，毫无犹豫之意，毅然挺身而出，用无数个日日夜夜，反复奔跑在大秦铁路线上，细心记下每一次技术变化参数。从6 000 t、1万t、2万t直至3万t列车试验，景生启参与了大秦铁路每一次的机型更换、载重试验，见证了每一次的扩能改造、运量增长。为了不让家里人担心，他甚至都没有告诉过自己的母亲天天早出晚归地在忙些什么、面对着什么样的风险。“天下兴亡、匹夫有责”。正是无数像景生启一样“螺丝钉”式的人物，才使得中国重载技术创新能够在世界铁路技术史上留下浓墨重彩的一笔。

天下难事，必作于易；天下大事，必作于细。当前国家层面已明确提出要将我国打造成为创造强国，而这一历史性的转变正需要新时代的大国工匠精神。各行各业技术上突破一小步，都是伟大祖国前所未有的巨大进步。景生启作为中国铁路重载技术发展的亲历者、见证者、奋斗者，身怀匠心、铸就匠魂、坚守匠情、勇践匠行，是新时代真正的“大国工匠”。而作为以景生启为榜样的无数中国铁路人，更应当承担起中华民族伟大复兴中国梦的重担，精于工、匠于心、品于行，不忘初心，负重争先，牵引时代，秉承大国工匠精神，为我国向世界创造强国迈进贡献自己的绵薄之力。

证书直通车

扫描二维码，获取证书备考相关习题及答案

项目 2

出　　勤

学习情境描述

出勤作业是机车乘务员在乘务作业中的“预备”工作。开展工作前，我们要注意仪容仪表，须知自己的形象亦是代表铁路形象；要保证充分的休息，拒绝饮酒，以便有一个良好的精神状态；在出勤（调度）大厅，要领取写入 LKJ 临时数据的 IC 卡和相关的乘务资料；听取值班员传达注意事项，阅读最新通报通告；核对交付手中的运行揭示，对 IC 卡进行验卡，对本次乘务路线进行模拟开车，最终保证 IC 卡内相关内容已全部掌握；最后全员在出勤调度台完成出勤证明。

学习目标

1. 通过学习，熟悉机车乘务员出勤作业流程。
2. 掌握监控装置的写卡、验卡及模拟开车的操作方法和注意事项。
3. 培养学生科学严谨、求真务实、创新等职业素养。

学习活动

学习活动	内容	学习建议
自学素材	（1）机车乘务员出勤流程； （2）监控装置的基本知识	课前
计划	根据任务单上的任务情境，每位同学独立归纳总结出勤作业流程及行车安全设备的操作方法和注意事项	课中 （4 学时）
决策	通过小组讨论和组间交流后，做出指导教师指定任务情景下所需出勤作业的任务决策	
实施	根据指导教师提供的资料，完成指导教师指定情景下具体的出勤作业情景模拟任务，尤其要注意行车安全设备的操作方法和注意事项	
	正确填写（执行过程检查）评估工作页，小组成员互检工作页的正确性，提交给指导教师，让其给予评价	
检查与评价	完成自我评价、小组评价以及教师评价	
自我拓展	根据学习深度要求，拓展完善出勤作业相关知识、技能	课后

任务相关业务知识

1. 有出勤调度员组织的出勤作业程序

1）测酒

出勤时，机车乘务员应按季节穿全套作业服（机务段应结合季节变化确定统一换装时间，机班一致，整洁着装），携带工作证、驾驶证、岗位培训合格证（鉴定期间由机务段出具书面证明）、电气化安全培训合格证（在电气化区段作业时须携带），汛期还须携带汛期危险地点一览表，按时到机车调度员处报到，接受指纹影像识别、酒精含量测试。证件不全、未经酒精检测或酒精检测不合格者严禁出勤。铁路机务运用安全管理系统（以下简称运安系统）作用不良时，测酒合格后，在司机手册上加盖测酒合格章。机车乘务员根据需要携带有关规章制度、作业指导书（或提示卡）等技术资料。

2）写入 LKJ 临时数据

出勤调度员须对司机、副班司机的 IC 卡写入数据，写卡后告知乘务员写入 IC 卡的揭示总条数及乘降所揭示条数、旅客列车车速等级。LKJ 临时数据中涉及长（短）链及 IC 卡不控（误控）时一并告知乘务员，乘务员应重点掌握，做好预想。

数据换装时，将最新版本号通知司机，司机应将 LKJ 最新版本号记录在司机手册“LKJ 版本号”栏内。

3）领取资料、听取传达

（1）领取司机报单、司机手册、作用良好的手持电台（GSM－R 手持终端）、交付揭示（机班全员每人一份，包括指导司机）、施工明示图（每班一张），旅客列车还需领取列车时刻表、监控提示卡，司机确认列车时刻表、监控提示卡、交付揭示符合本次乘务要求。遇列车时刻表、区段运行标尺变化时，出勤调度员需向机车乘务员说明变化项点。

按项目填写司机手册，对不需填记的项目可划斜杠。担当区段内无运行揭示或无施工明示图时，不需交付乘务员，在司机手册中填写揭示“0 条（0 张）”，机班需对照出示的运行揭示进行核对。电话出勤时，司机接到交付揭示和 IC 卡后，需与所属车间的出勤调度员电话核对。遇特殊情况不能打印交付揭示时，出勤乘务员手抄，主管运用副主任、出勤调度员、乘务员共同核对。

（2）出勤调度员根据机车乘务员出勤指导传达簿的内容，逐项传达有关要求、注意事项，通知机车乘务员担当车次、机车型号、接车地点等。需要记名传达的，机车乘务员必须签认。司机确认机车型号能够满足本次出乘要求。使用机车乘务员乘前休息证明书时，出勤调度员对机车乘务员乘前休息证明书进行审核并盖章。

4）阅读通报通告

（1）运安系统作用良好时，全员分别按压指纹登录系统，阅览通报通告等传达内容。未设运安系统或运安系统作用不良时，现场阅读通报通告，了解相关要求。

（2）司机根据值乘区段的天气、施工情况，综合 LKJ 数据、运行径路、列车类别、机车类型等变化情况做好安全预想，结合需要记录的事故传达、要求等，一并记录在司机手册中。

（3）担当固定径路列车的乘务员出勤时，要在司机手册中分歧方向、车站名、备注栏以图形或文字的形式标记本运行径路的进路表示器显示方式，机班二人要互相核对确认。

5）核对交付揭示

（1）当运安系统作用良好时，司机在触摸屏按压指纹登录，选择担当区段，核对交付揭示。当运安系统作用不良或未设触摸屏时，对照运行揭示橱窗（揭示夹）进行核对。

（2）全员逐条确认运行揭示（使用触摸屏时逐条点击），当运行揭示与本次乘务有关时，副司机（副班司机，下同）读运行揭示，司机对照交付揭示进行核对，核对后司机、副司机在各自交付揭示的序号前画“√”，司机、副司机核对有关揭示是否一致。核对正确后在各自交付揭示上对应职名处签字。单班单司机值乘时，由司机读、核运行揭示。

确认本次乘务时间内不能经过的（旅客列车按正点或晚点 2 h 经过的施工地点确定，出勤明确晚点时间的按实际晚点时间另加 2 h 确定）、旅客列车固定径路外、超过担当列车车速等级以上的运行揭示，视为无关，不做标记。

（3）司机将担当区段车站站名在司机手册（双班单司机为各自的司机手册，下同）上写全（调车机、小运转列车除外）。根据运行揭示，在各自司机手册中施工、慢行的起始车站（站内施工时为该站）及乘降所停车站名栏下画一横线。乘降所停车站名的备注栏内填记 IC 卡内写入的限速 0 km/h 起止里程。

6）IC 卡验卡

（1）当运安系统作用良好时，全员分别将 IC 卡插入读卡器进行验卡。司机手动输入工号、区段号、车站号、车次车种、本务（补）机、客（货）类别，若设备提示“验卡正确通过，可控揭示××条”，说明验卡完毕，取出 IC 卡；当提示验卡错误时，按照提示项点重新操作。当发现与揭示内容不符时，要求出勤调度员重新写入，并重新验卡。

（2）当运安系统作用不良或未设运安系统时，全员分别将 IC 卡插入模拟台进行验卡。司机、副司机有声核对工号、区段号、车站号、车种、车次、客/货类别、本/补类别，确认总条数正确，核对有关揭示调度命令号码及内容（副司机读、司机核对）。发现与揭示内容不符时，要求出勤调度员重新写入，并重新验卡。

（3）在设备提示验卡通过后，再将 IC 卡插入模拟运行测试设备，读取 IC 卡内的 LKJ 临时数据，一是确认 LKJ 临时数据总条数与出勤调度员通知的总条数一致，二是逐条核对相关的交付揭示与 LKJ 临时数据中的时间、地点、限速值是否一致，特殊数据一并核对，然后将该条揭示在 IC 卡中的顺序号标注在对应的揭示内容后面。同时，乘务员填写机务派班室 LKJ 临时数据录入登记簿，与出勤调度员核对后，双方签认。

（4）确认 IC 卡故障时，由出勤调度员换卡，重新写卡、验卡。

（5）乘务员使用备用 IC 卡出勤时，须在派班室进行验卡，核对无误后，由主管运用副主任（或值班干部）指派胜任的监控干部随同乘务员到机车上，将备用 IC 卡的临时数据输入 LKJ 内，并根据交付揭示共同核对 LKJ 临时数据信息，确认无误后，再输入司机号、车次、区段号、车速等级等参数，并提示乘务员禁止再次进行插卡操作。

备用 IC 卡由监控干部带回派班室或根据需要监控下一个机班使用。派班室因停电等原因无法验卡时，由乘务员、监控干部到机车上共同核对 LKJ 临时数据信息。

（6）使用备用 IC 卡输入数据后，无特殊原因 LKJ 禁止关机。遇特殊情况造成 LKJ 重新开机时，或柴油机停机再启机后，须核对 LKJ 临时数据文件。发现 LKJ 内临时数据丢失时，乘务员要报告所属运用车间派班室。

7）模拟开车

（1）遇有施工明示图时，须进行模拟操作并接受指导，明确行车办法，掌握监控装置操作。模拟操作时，司机将 IC 卡揭示内容输入模拟台 LKJ 内，修改 LKJ 时间，使其与施工时间相符，输入相应的交路号、车次、车速等级等相关数据，通过车位调整在施工对应处所进行 LKJ 实际操作，副司机监督操作过程。若提示模拟操作未完成，乘务员须对未完成的模拟项点重新操作。

（2）模拟操作完成后，负责培训指导的干部在司机手册的运行注意事项栏登记“×××站……施工培训合格”，并签字。对指导后行车办法仍不清楚、不会操作监控装置的机班，严禁出勤。

8）出勤

（1）全员到出勤调度员处出勤，司机：“××次（或××站×调）机班出勤”。

（2）出勤调度员：“核对揭示”。司机报告交付揭示总条数、有关揭示总条数，按顺序宣读有关运行揭示的调度命令号码，副司机、出勤调度员逐一核对、确认。报告用语：“交付揭示××条，有关揭示××条，有关揭示调度命令号码××××、××××……”

（3）出勤调度员对主、副班司机手册进行审核，在司机手册及司机报单上签注出勤时间并盖章。

（4）出勤后，不得携带除手机、手持电台（GSM-R 手持终端）以外的电子设备。

（5）机务段所属调车机车乘务员集中出勤时，可由运用车间干部组织，集中传达通报通告、安全注意事项等。电话出勤时，由司机与出勤调度员核对运行揭示（遇有施工明示图时，由运用干部负责指导行车办法、LKJ 操作），出勤调度员传达相关事项时司机复诵，在司机手册上填记出勤时间、出勤调度员姓名。

（6）遇集中出勤时间段，使用运安系统进行出勤控制时，乘前传达、核对运行揭示、验卡、模拟开车环节可平行进行，以减少出勤作业时间。

2. 使用自助出勤设备时的作业程序

（1）测酒。机车乘务员按压指纹登录后，根据提示及时进行酒精含量测试。

（2）打印交付揭示和写入 LKJ 临时数据，根据交付揭示在触摸屏（模拟验卡设备）上逐条核对揭示内容。写入 LKJ 数据期间不得操作显示界面。

（3）机车乘务员按规定完成揭示核对、校验 IC 卡、模拟开车后，再次按压指纹登录，如果以上控制措施均完成，则提示出勤成功，机车乘务员在司机手册和司机报单上标记此时的时间作为出勤时间。

任务 2.1　写入 LKJ 数据与验 IC 卡

任务实施

计划：根据任务情境制订出勤作业方案

1. 学生了解所有任务情境，小组成员汇总任务单中出勤作业中所需要掌握的具体材料。
2. 指导教师随机指定小组要完成的任务情境，学生判断是否符合出勤条件并完成出勤作业中行车安全设备的具体操作。根据任务单上的要求，以列表的方式判断哪些是违规操作。
3. 确定完成任务所需准备的资料，制订完成任务情境的计划并准备讨论。

一、写入 LKJ 数据与验 IC 卡操作任务单

任务情境 1：计划担当 10：00 复兴站—强国站开行的 57002 次货物列车值乘任务；
区　　间：451 km 210 m 至 453 km 510 m；
限　　速：60 km/h；
车 速 等 级：90 km/h

操作设备名称	操作步骤

任务情境 2：计划担当 20：00 强国站开行的 T20 次旅客列车值乘任务；
区　　间：451 km 210 m 至 453 km 510 m；
限　　速：80 km/h；
车 速 等 级：140 km/h

操作设备名称	操作步骤

二、任务实施计划

1. 任务情境 1 初拟个人计划

2. 任务情境 2 初拟个人计划

决策：确认完成出勤作业任务情境计划

1. 小组成员的任务分工（明确组间成员资料收集、整理任务；明确主、副班岗位分配，保证岗位轮换）。
2. 分小组讨论每位成员拟订的任务实施计划。
3. 每组选派一位成员，与各组交流任务实施计划。
4. 每位成员修正任务实施计划。

小组成员	任务分工

小组内讨论后个人计划：

各组间讨论后个人计划：

任务执行过程中出现的问题及应急情况的处理：

实施：完成出勤作业

一、根据任务实施计划完成出乘作业

根据任务情境，完整记录任务情境实施过程，小组成员互检任务实施的正确性，提交给指导教师，让其给予指导、评价。

任务实施过程记录：

二、解决指导教师补充的问题

任务评估

检查与评价

一、检查与评价标准

（一）掌握知识技能评价参考标准

检查标准	评价权重（80%）
明确出勤作业流程	10
能识读监控装置操作界面	10
掌握监控装置按键基本操作	10
能识读施工调度命令	10
理解监控装置区段号、车站号	10
明确列车种类	10
明确列车车次	10
能区分监控装置的监控版本号和数据版本号	10

（二）方法能力评价参考标准

检查依据	评价权重（20%）
获取和处理信息，应用知识和技能解决问题，归纳共性、总结规律和积累经验，探究操作与作业标准	不合格
	合格
	良好
	优秀
协同工作关系，准确清晰的信息沟通、技术指导，班组派工、协调与任务调度	不合格
	合格
	良好
	优秀
制订工作计划并进行实施。自觉完成相互检查和评价，学习活动中自我安全操作和协助他人安全操作，对照相关知识进行标准化作业	不合格
	合格
	良好
	优秀

（三）思政评价参考标准

检查依据	评价标准（一票否决）
严守铁路相关法律法规，具有高度的安全行车意识，严格遵照作业标准完成任务，精益求精，认真履职，具有坚定的守法遵纪意识	不合格
	合格

依照检查与评价标准完成本次任务检查与评价
二、学生自我评价 年　月　日
三、小组评价 年　月　日
四、指导教师评价 年　月　日

自我拓展

在完成指导教师指定任务情境的基础上，根据指导教师的要求，你了解到哪些跟专业相关的名词和感兴趣的问题，请写在下面，并做好备注。例如：

问题：我工作以后如何才能成为一名铁路机车司机？

名词：IC 卡、区段号、车站号等。

相关知识点

知识点 1　LKJ2000 型监控装置的组成
知识点 2　开机操作
知识点 3　显示屏显示界面
知识点 4　功能键说明

任务 2.2 模 拟 开 车

任务实施

计划：根据任务情境制订开车作业方案

1. 学生了解所有任务情境，小组成员汇总任务单中模拟开车所需要掌握的具体材料。
2. 指导教师随机指定小组要完成的任务情境，学生判断是否符合出勤条件并完成出勤作业中模拟开车的具体操作。根据任务单上的要求，以列表的方式判断哪些是违规操作。
3. 确定完成任务所需准备的资料，制订完成任务情境的计划并准备讨论。

一、模拟开车操作任务单

任务情境 1：计划担当 10：00 复兴站—强国站开行的 57002 次货物列车值乘任务：
复兴站：使用绿色许可证开车；
调度命令：51001

操作设备名称	操作步骤

任务情境 2：计划担当 20：00 强国站—复兴站开行的 T20 次旅客列车值乘任务：
复兴站进站：特定施工行车办法；
调度命令号：12345

操作设备名称	操作步骤

二、任务实施计划

1. 任务情境 1 初拟个人计划

2. 任务情境 2 初拟个人计划

决策：确认完成出勤作业任务的模拟开车计划

1. 小组成员的任务分工（明确组间成员资料收集、整理任务；明确主、副班岗位分配，保证岗位轮换）。
2. 分小组讨论每位成员拟订的任务实施计划。
3. 每组选派一位成员，与各组交流任务实施计划。
4. 每位成员修正任务实施计划。

小组成员	任务分工

小组内讨论后个人计划：

各组间讨论后个人计划：

任务执行过程中出现的问题及应急情况的处理：

实施：完成模拟开车任务

一、根据任务实施计划完成模拟开车任务

根据任务情境，完整记录任务实施过程，小组成员互检任务实施的正确性，提交给指导教师，让其给予指导、评价。

任务实施过程记录：

二、解决指导教师补充的问题

任务评估

检查与评价

一、检查与评价标准

（一）掌握知识技能评价参考标准

检查标准	评价权重（80%）
了解监控装置解锁操作方法	20
能识读施工调度命令	20
能识读施工明示图	20
掌握典型非正常时的行车凭证	20

（二）方法能力评价参考标准

检查依据	评价权重（20%）
获取和处理信息，应用知识和技能解决问题，归纳共性、总结规律和积累经验，探究操作与作业标准	不合格
	合格
	良好
	优秀
协同工作关系，准确清晰的信息沟通、技术指导，班组派工、协调与任务调度	不合格
	合格
	良好
	优秀
制订工作计划并进行实施。自觉完成相互检查和评价，学习活动中自我安全操作和协助他人安全操作，对照相关知识进行标准化作业	不合格
	合格
	良好
	优秀

（三）思政评价参考标准

检查依据	评价标准（一票否决）
严守铁路相关法律法规，具有高度的安全行车意识，严格遵照作业标准完成任务，精益求精，认真履职，具有坚定的守法遵纪意识	不合格
	合格

依照检查与评价标准完成本次任务检查与评价
二、学生自我评价 年　月　日
三、小组评价 年　月　日
四、指导教师评价 年　月　日

自我拓展

在完成指导教师指定任务的基础上，根据指导教师的要求，你了解到哪些跟专业相关的名词和感兴趣的问题，请写在下面，并做好备注。

相关知识点

	知识点 1　列车车次

课程思政小案例

小闸把上的大境界
——记中国铁路沈阳局集团有限公司苏家屯机务段长春北运用车间指导司机王裔

王裔，男，汉族，中共党员，1988 年出生，2008 年入路，现任中国铁路沈阳局集团有限公司苏家屯机务段长春北运用车间指导司机、高级技师。他手握机车闸把 8 年，趟趟安全、列列平稳，总结出“三段控速操纵法”“防错漏输操作法”，练就了“一把闸”零误差对标停车的绝活，曾获全国五一劳动奖章、火车头奖章以及国铁集团铁路工匠、技术状元、青年岗位能手等荣誉称号。

学艺：干铁路是我儿时的梦想，说啥也要学好技术成就一番事业

“得知自己被分到了机务段，将来能当火车司机，我高兴得一宿都没睡着觉。”回想起 2008 年的那一天，王裔的脸上写满了幸福。

“我姥爷和母亲都是铁路职工，我是在铁道边玩大的，打小就迷上了火车。”

理想不是说说就能实现的。王裔深知，干铁路过不了技术这一关必然是寸步难行，他发誓要把自己的铁路梦付诸学技练功的实践中去。然而，当一本本密密麻麻、厚厚沉沉的铁路规章摆在王裔面前时，他还是仿佛挨了一记闷棍——铁路规章内容多不说，对记忆的准确性要求还特别高。即便是一字之差，所表达的意思也可能谬以千里。

“愁也没用，还是先背下来再说！”恢复平静后，王裔拿出了在部队学习时的劲头。他的床头上、更衣箱里堆满了《行规》《技规》和机车乘务员应知应会的专业书籍，他每天反复背、反复练。

师傅张东辉说：“在我带过的徒弟里，像王裔这么好学上进的不多。每次见面，他都有问不完的问题，看啥都想刨根问底。我对他格外严格，标准也更高些。”

跟车学习时，张东辉让王裔对照监控器画站线图，把每个区段的信号机怎么显示、怎么控速、侧线进几道等信息都标清楚、背熟练。站线短的画一页纸、长的画两三页纸，张东辉随时提问。“师傅对我就像父亲一样，面上严、心里疼。”王裔笑着说。

有志者事竟成。上班一年后，王裔就记了 10 万多字的学习笔记，绘制了近百份电路图，《技规》《行规》等都记得一字不差，沿线 300 多架通过信号机、近万个坡道和曲线特点烂熟于心，被誉为“活规章”“活地图”。

2012 年，王裔顺利成为同期入路退役军人中的第一批副司机，第二年又如愿以偿地考上了司机，成为大家眼中名副其实的“大工匠”。段上安排专人对他的学习方法进行总结，归纳为“四个一”学习法，即每次乘务都用心把师傅讲解的业务知识写一遍、把常见的故障处理方法记一遍、把行车规章与实际应用对一遍、睡前在大脑中把线路纵断面信息过一遍。如今，“四个一”学习法已在全段乘务员中推广，赢得广泛好评。

攻坚：机车操纵技术无止境，我要竭尽全力做到最好

“要说操纵技术，我就佩服张东辉，人家驾驶货运机车也能‘一把闸’对标停车！”老师傅们闲谈时的一句话，在王裔的心中掀起了波澜。他暗下决心，说啥也要练成师傅这样的真本事，用一流的机车操纵技术缩短停车时间、提高运输效率。

“第一次试验‘一把闸’停车完全靠猜，特别紧张，记停车点的时候手和腿都在不停地抖。”王裔对当时的情景记忆犹新。

自从张师傅不当司机以后，段上就没人会“一把闸”对标停车的技术了，加之货运机车每次牵引的总重、辆数、车型等都不相同，王裔一下子陷入了没有师傅可以请教、没有规律可以遵循的两难境地，一切全凭他自己摸索。

为了避免自己像没头苍蝇那样乱撞，每次出乘他都随身带上一个小本子，把牵引总重、机车型号、牵引辆数、线路坡度、下闸地点等数据一个不落地记下来，退乘后主动到车间查看监控文件和录像资料，回到家一头扎进书房分析比对每一个参数值、变化量对下闸的实际影响。参加技术大赛集训时，他请教练帮忙把每次操作的机车监控屏幕全程录下来，看完录像再琢磨、再试、再看，反反复复无数遍。

2015 年在全路机务系统职业技能竞赛上，他操纵 6 000 t 货物列车全程运行无冲动，实现了两次对标停车、四次中途测速“零误差”，一举获得全路技术状元称号。大赛评委评价他对标停车的操纵技术是“为全路机车乘务员立了一把全新的标尺”。

心有多大，舞台就有多宽。为解决列车冒进、超速、运缓、区停等问题，他总结了机车操纵规律，摸索提炼出“三段控速操纵法”“防错漏输操作法”“一彻底、七提示工作法”，在全段得到推广运用，提升了标准化作业水平。

2017 年，他全程参与京哈线重载货物列车提速 90 km 牵引试验，独立编写了货物列车牵引操纵办法和运行标尺，为提速提供了可靠的技术安全保障。

2018 年，他又参与局集团公司机车乘务员作业指导书修订工作。为确保标准更精准、更实用，他每天往返跟车添乘，经常几天几夜都吃住在车上。

传道：是组织培养了我，我要把自己的技术传授给每一个需要的人

2015 年，王裔在全路机务系统职业技能竞赛夺冠的消息一传十、十传百，不少人打电话向他请教技术问题，每次他都毫无保留地讲、耐心细致地教。

有人说他傻，可他却微微一笑，坚定而有力地说：“我从一名普通士兵退役后来到铁路，能取得今天的成绩，都是组织的培养，我有责任把所学教给需要的人。”

当上指导司机以后，王裔深感自己传道授业的责任更大了。接手不到一个月，他就把指导队的 25 个机班全部添乘了一遍，把一个月内的监控文件和录音录像资料全部分析了一遍，并为每个人建立了技术档案，制定了补强培训措施。

跟班添乘、分析监控文件、看录音录像资料，王裔容不得半点违章，不管是谁，一丁点儿毛病也不放过，说了又说，讲了又讲，以至于大伙儿都说他有安全“强迫症”。

一开始，有些人对王裔的严格很不理解，觉得他有些小题大做。可时间长了大伙儿发现，王裔负责的机班被考核的人越来越少了，不仅消灭了行车事故和责任机车故障，还防止各类事故 53 起。渐渐地，大家心服口服，纷纷对他竖起了大拇指。

对于所辖指导队以外的机车乘务员，王裔也是有求必应、耐心传授。近年来还多次在铁路局集团公司、全路技术大赛中当教练，现已带出全路技术状元 1 名、标兵 3 名，铁路局集团公司技术状元 4 名、标兵 10 名。

无悔：我是全家人的骄傲和希望，我要养好身体、干好工作，让家人放心

“我们家中有不少人在铁路工作，我是长春客运段的一名列车员，从长春到长沙，每次出乘最少也得 42 个小时，更能体会到铁路职工的不容易，也更懂王裔的心。”妻子凤月充满温情地说。

在很多人看来，王裔是个“工作狂”。可在妻子眼里，他是体贴上进的丈夫；在老人眼里，他是孝顺能干的儿子。只要休班在家，王裔不是看书学习，就是陪女儿、接妻子、干家务……虽陪伴不多，却用心呵护。

王裔的岳母对记者说：“夫妻俩工作忙，成天在线上跑，有时三五天也难得见他们一面，我们过来帮着带带孩子、照顾照顾家。只要他们安心把工作做好，就是对我们尽孝了。”

采访期间，王裔的手机不时地响起，5岁的女儿用稚嫩的声音说：“爸爸的手机是‘热线电话’，总有好多好多叔叔找他。”

望着活泼可爱的女儿，王裔的眼圈红了。“孩子出生时我正在外面参加集训，没能赶回来。如今孩子上幼儿园两年多了，我只接过一次，老师见我时连问孩子三遍‘这是不是你爸爸’。”说到这里，这个硬汉哽咽了。

“我们最担心的就是王裔的身体。”王裔年纪轻轻就患上了神经衰弱和颈椎病。“那次可把全家人给吓坏了！”回忆起2015年的一次重病，妻子仍然心有余悸。

当时是寒冬腊月，王裔咳嗽十多天也不见好，可他硬挺着不肯吃药，因为担心吃了药犯困影响工作。没想到他的病情突然加重，头晕脑胀，视物旋转，一动就吐。他说当时的状态就像是醉酒了。后来，急救车把他送到了医院，诊断结果是由于劳累过度，身体免疫力下降，上呼吸道感染导致前庭神经受损，治疗了一个多月才出院。

“我知道我是全家人的骄傲和希望，我一定会好好的，把身体养好、把工作干好，你们放心吧。”王裔吃完母亲做的饭菜，起身拎起妻子整理好的背包，准备上线添乘。

证书直通车

扫描二维码，获取证书备考相关习题及答案

项目 3

接车与出段挂车

学习情境描述

接车及库内作业是为机车能以良好的状态担当牵引任务做好准备。这一阶段的作业内容主要有机车走行部检查、机车制动机试验、电力机车高低压试验/内燃机车电器动作试验等。除上述机车作业外，我们还要完成一些备品交接、合格证确认等任务。出段挂车作业是机车乘务员驾驶机车去往连挂地点与车列完成连挂的过程，这一阶段的作业内容主要有驾驶机车运行、行车安全装备操作、机车与车列连挂等。

学习目标

1. 熟悉机车乘务员接车及库内作业流程。
2. 掌握机车出段挂车作业中行车安全设备的操纵方法和注意事项。
3. 培养学生爱岗敬业、遵章守纪、安全生产等职业素养。

学习活动

<table>
<tr><th>学习活动</th><th>内容</th><th>学习建议</th></tr>
<tr><td>自学素材</td><td>（1）接车及库内作业相关准备工作；
（2）出段挂车作业过程；
（3）出段挂车作业中行车安全设备的操纵方法和注意事项</td><td>课前</td></tr>
<tr><td>计划</td><td>根据任务单上各任务情境，每位同学独立归纳总结接车与出段挂车流程</td><td rowspan="5">课中
（4 学时）</td></tr>
<tr><td>决策</td><td>通过小组讨论和组间交流后，做出指导教师指定任务情景下的接车及出段挂车任务决策</td></tr>
<tr><td rowspan="2">实施</td><td>根据指导教师提供的资料，完成指导教师指定情景下具体的接车与出段挂车任务</td></tr>
<tr><td>正确填写（执行过程检查）评估工作页，小组成员互检工作页的正确性，提交给指导教师，让其给予评价</td></tr>
<tr><td>检查与评价</td><td>完成自我评价、小组评价以及教师评价</td></tr>
<tr><td>自我拓展</td><td>根据学习深度要求，拓展完善其他机型的接车与出段挂车知识、技能</td><td>课后</td></tr>
</table>

任务相关业务知识

1. 接车作业

1）段内接车

全员同行，按固定路线行走，横越线路时须一停、二看、三通过。接车的具体工作内容如下：

（1）按职分工、对口交接。

① 查阅机车交接班记录簿，了解机车运用、检修情况，领取、检查、交接工具及备品（或确认施封良好），交接耗电量并做好记录。

② 确认列车供电系统检查和试验记录，机车关键部件整备合格证等应符合规定。

③ 调车机乘务员应确认防撞土挡装置作用良好。

（2）检查防护用品。学习司机检查确认：

① 灭火器、防护用品（响墩、火炬、短路铜线）齐全、不超期、不失效；

② 信号旗、铁鞋、复轨器及配件齐全、良好。

（3）车载设备检测。

① 司机（地检司机）配合电务检测人员进行车载设备检测，确认状态良好、检测合格证符合要求后方可在检测记录上签名（盖章）。未按规定取得合格证的机车不准出段。

② 经检测车载设备技术状态良好，但检测后在库内停留超过 24 h 的机车，出库前须重新检测、签发合格证。

③ 车载设备检测合格证随机车全程携带和交接。值乘司机办理交接，填写值乘日期、车次和文件转储情况，需说明的事项填写在情况摘要栏内。

提示：车载设备检测合格证不得随意涂改。若途中丢失，司机应在机车交接班记录簿中登记。

④ 电务检测人员作业前，司机须确认单阀处于全制位。检测过程中，司机须在司机位置操作制动机、主手柄和换向手柄，严禁其他人员操作。检测完毕后，司机应再次确认机车单阀处于全制位，主手柄处于零位，换向手柄处于中立位。

（4）输入 IC 卡揭示。

① 司机输入 IC 卡数据、库内作业车次。学习司机读手持揭示，司机有声确认 IC 卡数据。

提示：单班单司机值乘时，由司机读手持揭示并核对。

② 当揭示发送失败时，应重新插卡发送。仍不能正常发送时，须及时通知车载设备检测人员处理，否则严禁出段。

③ 核对 LKJ 数据版本号。不是最新版本号时，不得出库，须及时报告派班室联系电务检测部门更换。

2）车站接车

全员同行，按固定路线行走，横越线路时须一停、二看、三通过。接车的具体工作内容如下：

（1）接班乘务员了解机车状态，交班乘务员填记机车交接班记录簿，交接耗电、机车运用状态、故障情况、行车安全装备质量情况及工具、备品，清扫司机室。转储数据，确认文件完整。交接作业完毕，接班司机输入 IC 卡数据，学习司机读手持揭示，司机有声确认 IC 卡数据。单班单司机值乘时，由司机读手持揭示并核对。揭示发送失败时，应重新插卡发送；仍不能正常发送时，须通知列车调度员，按列车调度员指示办理。

货物列车交接班完毕后，接班司机要及时报告车站。

对运行在计划施工结束并开通使用线路上的机车，若发现 LKJ 数据版本号与前方计划施工结束版本号不一致，应报告车站值班员。

（2）对旅客列车，接班乘务员应在列车到达前在机车停车位置处的安全白线以内，面向来车方向成 45° 角立正站立；电力机车乘务员须目视受电弓、接触网。

（3）机车需转线挂头、调车作业时，交班前由交班司机负责，交接班后由接班司机负责。若到达的机车有质量问题而交班司机已离开，需入库时由接班司机负责。

（4）按车站换班检查项目进行检查。

（5）接班司机应确认 LKJ 工况显示与换向手柄位置一致。

（6）单班单司机值乘的货物列车在规定的换乘站，换班时间在 3 min 以内时，交班及接班司机均不检查机车；LKJ 只输入接班的司机代号，不转储文件（跨段继乘或需重新输入 IC 卡揭示数据除外）；时间不允许时，可不输入司机代号，在前方停车站停车后再输入。具备换班后立即开车条件时，由车站提前通知交班司机，交班司机向接班司机传达；换班后询问车站，确认不能立即开车时，须进行制动机简略试验、机车检查。

（7）遇机车砂量不足需在继乘点补砂时，由交班司机负责。当交班机班为单班单司机时，由接班、交班司机共同负责。

（8）途中换班或换乘时，交班乘务员将接到的有关调度命令或口头指示向接班或换乘的乘务员交接清楚。

（9）在车站交班时，由交班乘务员对机车司机室进行保洁清扫。

2. 单机调车站内运行

在运行中严格控制速度，执行呼唤应答制度，单机进入尽头线或电力机车进入有接触网终点的线路时，在折返信号处一度停车，副司机站立瞭望，再动车时以不超过 5 km/h 速度进入，机车前端须留有 10 m 的安全距离（指机车头部）。遇特殊情况，必须近于 10 m 时，应在 10 m 处一度停车，再以不超过 3 km/h 的速度进入。

3. 连挂作业

（1）客列检人员、车辆乘务员应在非站台侧显示连结手信号；机车乘务员、车站人员、货列检人员应在司机侧显示连结手信号（遇有高站台时，在非站台侧显示手信号）。

（2）在限制鸣笛区域，本务机车与第一辆车连挂时，除机车起动需鸣笛外，司机按显示的信号挂车。

（3）连挂程序如下：

第一步 副司机确认脱轨器及车体两侧防护信号撤除、相关人员处于安全位置后，使机车或车辆车钩处于“全开位”后，面向司机显示“连结”信号，再面向车列显示

"向显示人方向稍行移动"信号。当发现钩位不正等需进行调整时，须先显示停车信号，确认机车停稳，通知司机后再进行调整。

第二步　司机确认脱轨器、防护信号撤除，确认相关人员处于安全位置，确认连结信号后鸣笛动车，以不超过 5 km/h 的速度平稳连挂。电力机车挂头作业时严禁撒砂。

第三步　连挂后副司机显示"停车"信号（展开红旗高举），司机鸣笛回示。检查车钩锁闭状态后，向司机显示"向显示人反方向稍行移动"信号，司机确认机车距出站信号机或进路信号机距离后鸣笛试拉。试拉时，应控制初始电流，试拉确认可靠连结后显示"停车"信号。

未一次成功连挂，指挥连挂人员应通知司机，并向司机显示"向显示人反方向稍行移动"信号。机车反方向移动前，司机须确认机车距出站（进路）信号机或调车信号机距离，然后鸣笛动车。按连结信号连挂前，司机须再次确认防护信号撤除，相关人员处于安全位置。

连挂作业人员需进入机车与车辆间处理车钩等故障时，须通知司机反向移动，并显示"摘解"信号，司机换端后操纵，移动 6m 左右停车。

第四步　作业完毕，连挂作业人员显示"好了"信号（展开红旗高举，口呼"试拉好了"），司机鸣笛回示。本务机车连挂后，在未撤除防护信号前，禁止机车移动。

第五步　列车机车与第一辆车的软管连结后，须先开启机车折角塞门，后开启车辆折角塞门。开启折角塞门时，应缓慢开启，尽量避免引起车列紧急制动，折角塞门手把应与制动主管平行。

4. 换端或更换操纵台作业

（1）司机必须在列车运行方向前端司机室或运行方向左侧的操纵台操纵，连挂作业试拉及单端司机室仅设有一个操纵台时除外。

（2）司机实施最大有效减压后（针对 JZ7、DK1 型制动机），单阀（小闸）置运转位，全员确认制动缸压力达到定压后，取出并携带小闸手柄（针对 JZ7、DK1 型制动机）、换向手柄及电钥匙。对于和谐型机车，将自阀置于重联位后插入定位销。对于装设 2 套 LKJ、CIR 的机车，由司机关闭非操纵节 LKJ、CIR 设备电源，副司机确认。

副司机在司机侧监控机车制动缸压力，遇制动缸压力下降时应立即采取有效措施。通过机械间时，双节机车司机转换本节、他节转换阀，至另一端或另一操纵台后单阀全制动，插入换向手柄鸣笛一短声，副司机听到司机鸣笛后回示（单班单司机值乘、单司机室及能使用重联电话通知时可不鸣笛联系），携带自阀手柄（针对 JZ7、DK1 型制动机），锁闭门窗，关闭用电设备，至另一端后确认本节、他节转换阀正确。单班单司机换端时，不得在机械间停留。

5. 检查机车与车辆连接状态

（1）挂车后机车全制动，司机复检机车（库出机车及接车后已检查机车除外），确认机车与第一辆车的车钩、软管连结状态和折角塞门状态。

（2）多机重联时，机车与车辆连挂状态的检查由连挂司机负责；列车本务司机应复检机车与第一位车辆的车钩、软管连结状态和折角塞门状态。具体要求如下：

① 车钩中心水平线的高度差不超过 75 mm；

② 两车钩均在落锁状态；

③ 软管连结器无漏泄；

④ 两车钩提杆均落座，无抗劲；

⑤ 车钩锁闭良好，并安装好防跳穿销。

6. 机车向列车供电时的连挂及供电程序

（1）电力机车断开主断路器，降下受电弓；内燃机车停止供电柴油机工作。拔出供电钥匙，在机车列车供（断）电交接记录簿上签认时间、姓名。

（2）在机车与客车连接处站台侧将供电钥匙交予客列检人员（无客列检作业时为车辆乘务员），客列检在机车列车供（断）电交接记录簿上签认时间、姓名。

（3）作业完毕，车辆乘务员在机车与客车连接处站台侧将供电钥匙交回，请求供电，并在机车列车供（断）电交接记录簿上签认时间、姓名。

（4）接到供电钥匙后，在车辆乘务员保存的列车供（断）电交接记录簿上签认时间、姓名后，方可升弓、合主断（供电柴油机起机）、向列车供电。

（5）对于电力机车，机车与第一辆客车的制动软管和总风软管连接完毕后，折角塞门不得打开，待机车重新升弓，风泵进入正常工作状态后，车辆人员方可打开制动软管和总风软管的折角塞门。

（6）担当向客车供电的机车须于始发前 50 min 到达站台连挂位置，保证开车前 40 min 供电。

任务 3.1　开启行车安全设备

任务实施

计划：根据任务情境制定行车安全设备作业方案

1. 学生了解所有任务情境，各小组成员汇总任务单中不同接车方式所需要的具体材料。
2. 指导教师随机指定各小组要完成的任务情境，学生准备不同接车方式下乘务员开启行车安全装备的具体操作。根据任务单上的要求，以列表的方式列出需要进一步收集的信息，确定完成任务所需准备的资料。
3. 制订完成任务情境的计划并准备讨论。

一、开启行车安全设备操作任务单

任务情境 1： 计划担当 72002 次货物列车值乘任务	
操作设备名称	操作步骤

任务情境 2： 计划担当 T20 次旅客列车值乘任务	
操作设备名称	操作步骤

二、任务实施计划

1. 任务情境 1 初拟个人计划

2. 任务情境 2 初拟个人计划

决策：确认完成开启行车安全设备的任务实施计划

1. 小组成员的任务分工（明确组间成员资料收集、整理任务；明确主、副班岗位分配，保证岗位轮换）。
2. 分小组讨论每位成员拟订的任务实施计划。
3. 每组选派一位成员，与各组交流任务实施计划。
4. 每位成员修正任务实施计划。

小组成员	任务分工

小组内讨论后个人计划：

各组间讨论后个人计划：

任务执行过程中出现的问题及应急情况的处理：

实施：完成开启行车安全设备作业

一、根据任务实施计划完成指导教师安排的任务

根据任务情境，完整记录任务实施过程，小组成员互检任务实施的正确性，提交给指导教师，让其给予指导、评价。

任务实施过程记录：

二、解决指导教师补充的问题

任务评估

检查与评价

一、检查与评价标准

（一）掌握知识技能评价参考标准

检查标准	评价权重（80%）
掌握各行车安全设备在机车的位置	20
掌握 LKJ 的开机操作方法	20
掌握 CIR 的开机操作方法	20
掌握列尾装置的开机操作方法	20
掌握机车信号的开机操作方法	20

（二）方法能力评价参考标准

检查依据	评价权重（20%）
获取和处理信息，应用知识和技能解决问题，归纳共性、总结规律和积累经验，探究操作与作业标准	不合格
	合格
	良好
	优秀
协同工作关系，准确清晰的信息沟通、技术指导，班组派工、协调与任务调度	不合格
	合格
	良好
	优秀
制订工作计划并进行实施。自觉完成相互检查和评价，学习活动中自我安全操作和协助他人安全操作，对照相关知识进行标准化作业	不合格
	合格
	良好
	优秀

（三）思政评价参考标准

检查依据	评价标准（一票否决）
严守铁路相关法律法规，具有高度的安全行车意识，严格遵照作业标准完成任务，精益求精，认真履职，具有坚定的守法遵纪意识	不合格
	合格

依照检查与评价标准完成本次任务检查与评价
二、学生自我评价   年　月　日
三、小组评价   年　月　日
四、指导教师评价   年　月　日

自我拓展

在完成指导教师指定任务的基础上，根据指导教师的要求，你了解到哪些跟专业相关的名词和感兴趣的问题，请写在下面，并做好备注。

____

____

____

____

____

相关知识点

	知识点 1　机车综合无线通信设备（CIR）简介 知识点 2　机车信号简介 知识点 3　列尾装置简介

任务 3.2　输入行车安全设备数据

任务实施

计划：根据任务情境制订输入 LKJ 临时数据作业方案

1. 学生了解所有任务情境，各小组成员汇总任务单中输入 LKJ 临时数据的具体材料。

2. 指导教师随机指定各小组要完成的任务情境，准备输入 LKJ 临时数据操作。根据任务单上的要求，以列表的方式列出需要进一步收集的信息，确定完成任务所需准备的资料。

3. 制订完成任务情境的计划并准备讨论。

一、输入 LKJ 临时数据操作任务单

任务情境 1：计划担当复兴站—强国站 72002 次货物列车值乘任务：
列车信息：区段号 5，车站号 1（复兴站）；
编组信息：45 辆，计长 53.7；
车速等级：80 km/h

操作设备名称	操作步骤

任务情境 2：计划担当复兴站—强国站 T21 次旅客列车值乘任务：
列车信息：区段号 97，车站号 465（复兴站）；
编组信息：18 辆，计长 32.7；
车速等级：140 km/h

操作设备名称	操作步骤

二、任务实施计划

1. 任务情境 1 初拟个人计划

2. 任务情境 2 初拟个人计划

决策：确认完成输入 LKJ 临时数据的任务实施计划
1. 小组成员的任务分工（明确组间成员资料收集、整理任务；明确主、副班岗位分配，保证岗位轮换）。 2. 分小组讨论每位成员拟订的任务实施计划。 3. 每组选派一位成员，与各组交流拟订的任务实施计划。 4. 每位成员修正任务实施计划。

小组成员	任务分工

小组内讨论后个人计划：

各组间讨论后个人计划：

任务执行过程中出现的问题及应急情况的处理：

实施：完成输入 LKJ 临时数据作业

一、根据任务实施计划完成指导教师安排的任务

根据任务情境，完整记录任务实施过程，小组成员互检任务实施的正确性，提交给指导教师，让其给予指导、评价。

任务实施过程记录：

二、解决指导教师补充的问题

任务评估

检查与评价

一、检查与评价标准

（一）掌握知识技能评价参考标准

检查标准	评价权重（80%）
明确输入 LKJ 临时数据的流程	10
能识读监控装置操作界面	10
掌握监控装置按键基本操作	10
理解监控装置区段号、车站号	10
明确列车种类	10
明确列车车次	10
区分监控装置的监控版本号和数据版本号	10
掌握列车编组与列车长度计算方法	10

（二）方法能力评价参考标准

检查依据	评价权重（20%）
获取和处理信息，应用知识和技能解决问题，归纳共性、总结规律和积累经验，探究操作与作业标准	不合格
	合格
	良好
	优秀
协同工作关系，准确清晰的信息沟通、技术指导，班组派工、协调与任务调度	不合格
	合格
	良好
	优秀
制订工作计划并进行实施。自觉完成相互检查和评价，学习活动中自我安全操作和协助他人安全操作，对照相关知识进行标准化作业	不合格
	合格
	良好
	优秀

（三）思政评价参考标准

检查依据	评价标准（一票否决）
严守铁路相关法律法规，具有高度的安全行车意识，严格遵照作业标准完成任务，精益求精，认真履职，具有坚定的守法遵纪意识	不合格
	合格

依照检查与评价标准完成本次任务检查与评价
二、学生自我评价 年　月　日
三、小组评价 年　月　日
四、指导教师评价 年　月　日

自我拓展

在完成指导教师指定任务的基础上，根据指导教师的要求，你了解到哪些跟专业相关的名词和感兴趣的问题，请写在下面，并做好备注。

____

____

____

____

____

____

____

____

相关知识点

知识点 1　单机连挂车列注意事项

知识点 2　机车与车辆连挂作业时相关岗位分工

任务 3.3　段内走行与连挂作业

任务实施

计划：根据任务情境制订段内走行与连挂作业方案

1. 学生了解所有任务情境，各小组成员汇总任务单中段内走行与连挂作业的具体材料。
2. 指导教师随机指定各小组要完成的任务情境，学生准备段内走行与连挂作业时乘务员的具体操作。根据任务单上的要求，以列表的方式列出需要进一步搜集的信息，确定完成任务所需准备的资料。
3. 制订完成任务情境的计划并准备讨论。

一、出段联控操作任务单

任务情境 1：段内动车，去和平站站内

操作设备名称	操作步骤

任务情境 2：和平站站内，经 5 道去 7 道挂车

操作设备名称	操作步骤

二、任务实施计划

1. 任务情境 1 初拟个人计划

2. 任务情境 2 初拟个人计划

决策：确认完成段内走行和连挂作业的任务实施计划

1. 小组成员的任务分工（明确组间成员资料收集、整理任务；明确主、副班岗位分配，保证岗位轮换）。
2. 分小组讨论每位成员拟订的任务实施计划。
3. 每组选派一位成员，与各组交流拟订的任务实施计划。
4. 每位成员修正任务实施计划。

小组成员	任务分工

小组内讨论后个人计划：

各组间讨论后个人计划：

任务执行过程中出现的问题及应急情况的处理：

实施：完成段内走行和连挂作业

一、根据任务实施计划完成指导教师安排的任务

根据任务情境，完整记录任务实施过程，小组成员互检任务实施的正确性，提交给指导教师，让其给予指导、评价。

任务实施过程记录：

二、解决指导教师补充的问题

任务评估

检查与评价

一、检查与评价标准

（一）掌握知识技能评价参考标准

检查标准	评价权重（80%）
明确出段联控流程	20
能识读监控装置操作界面	15
掌握监控装置出入段和调车作业模式操作	15
掌握调车作业限速	15
掌握站内联控用语	15

（二）方法能力评价参考标准

检查依据	评价权重（20%）
获取和处理信息，应用知识和技能解决问题，归纳共性、总结规律和积累经验，探究操作与作业标准	不合格
	合格
	良好
	优秀

检查依据	评价权重（20%）
协同工作关系，准确清晰的信息沟通、技术指导，班组派工、协调与任务调度	不合格
	合格
	良好
	优秀
制订工作计划并进行实施。自觉完成相互检查和评价，学习活动中自我安全操作和协助他人安全操作，对照相关知识进行标准化作业	不合格
	合格
	良好
	优秀

（三）思政评价参考标准

检查依据	评价标准（一票否决）
严守铁路相关法律法规，具有高度的安全行车意识，严格遵照作业标准完成任务，精益求精，认真履职，具有坚定的守法遵纪意识	不合格
	合格

依照检查与评价标准完成本次任务检查与评价

二、学生自我评价

年　月　日

三、小组评价

年　月　日

四、指导教师评价

年　月　日

自我拓展

在完成指导教师指定任务的基础上，根据指导教师的要求，你了解到哪些跟专业相关的名词和感兴趣的问题，请写在下面，并做好备注。

____

____

____

相关知识点

知识点 1　平面调车灯显控制

课程思政小案例

路在脚下　风雨兼程
——记中国铁路哈尔滨局集团有限公司齐齐哈尔机务段满洲里运用车间出国班组司机长张晓军

“古时是清脆的驼铃，现在是火车的轰鸣，一条条铁路托起‘钢铁驼队’，飞驰在亚欧大陆。路在脚下，梦在前方，便只顾风雨兼程。”这段文字，出自铁路职工张晓军的笔下。

张晓军，中国铁路哈尔滨局集团有限公司齐齐哈尔机务段满洲里运用车间出国班组司机长，创先争优“百名标兵”，也是满洲里口岸首批中欧班列出国司机之一。职业理想紧扣时代脉搏，他手握闸把，穿梭于中俄国境间，留下了新时代铁路人的奋斗足迹。

永当先锋葆本色

“小时候，父亲是我的榜样。现在，父亲把我视为全家的骄傲。”53 岁的张晓军提到父亲眼中的自己，一脸自豪。

张晓军出生于铁路世家。20 世纪 60 年代，他的父亲、两个叔叔响应党中央“当兵光荣”号召，离开农村，先后入伍。父亲退役后来到铁路工作，成为一名给水工，与在铁路小学当老师的母亲成了家，扎根满洲里。“我爸总念叨，共产党让咱家过上了好日子，要记得共产党的好。”张晓军说，父亲念党恩，工作上苦累脏险干在前，连子女的名字都没按族谱起，而是叫晓红、晓军、晓伟。

受父亲影响，张晓军 18 岁时参军入伍，立志报国。他经常给自己加码，得知要练“倒功”，就偷偷找沙坑一遍遍摔，正式训练时“一招过”。凭借这股要强劲儿，张晓军的军事技能提升迅速，在一次比武中获得“神枪手”称号。入伍不到 7 个月，张晓军在同期兵中脱颖而出，成为班长，与 12 名老兵班长一同带新兵。只要有科目达不到前三名，他就和新兵一起自罚，“开夜餐”重练。因军事素养优秀，入伍两年后，张晓军光荣入党，是同期兵中入党的第一人。

一日为兵，一生是兵。1990 年，张晓军退役后成为满洲里机务段的一名职工，跟随副司机学习。面对柴油机理论和蜘蛛网似的电路图，文化水平不高的张晓军懵了。“军人的字典里没有‘后退’二字！”他坚信笨鸟也能遨游高空。柴油机部件都是英文标识，他就用汉字标记硬背；整套电路图错综复杂，他就分块“抽丝剥茧”誊抄下来回家练。很快，张晓军掌握了机车构造、性能、原理，以及机油系统电路、柴油系统电路等专业知识，还能“一笔画到尾”，精准无误。

就这样，张晓军一步步战胜自己，成了全段典型机车“青年号”的副司机。出乘时，他多次注意到一个特殊的群体，他们穿着和别人不一样的制服，拉着不一样的行李箱，走路板板正正。老职工告诉他，那是出国班组，承担中俄跨境 9.8 km 国际联运任务，一言一行代表着国家形象，是全段司机的梦想。张晓军眼馋了，经常偷看他们出退乘。“全路司机很多，但是出国司机凤毛麟角。我誓要进入这个无需奖章也自带光环的团队。”年轻的张晓军立志走出国门。

1992 年 11 月 22 日，张晓军迎来让他终生难忘的一天——出国班组要补充副司机，凭借过硬综合素质，他被选中了。

“终于跨出国门了！”张晓军的父亲得知喜讯后激动地说，“我儿有出息。”从此，张父逢人必说儿子是机务段出国班组的。

勇担使命守阵地

“不辱使命，为国争光。”自从进入出国班组，张晓军就把班组精神铭刻在心。

副司机负责协助司机联控信号、处理应急故障，不需要摸闸把，但张晓军深知“出国无小事”。因此，他把每一趟任务都当作军令来完成。

满洲里站至俄罗斯后贝加尔站间 9.8 km 的跨境路，虽不长，但曲线多，坡道达 7.5‰，且俄方信号机右置，正与中国相反，行车组织规则不一样。张晓军快速记住俄方 5 处信号机精准位置以及关键处所，提前提示司机。“看到师傅游刃有余，我心里真痒痒。”张晓军期待能早日握住闸把。师傅孙士会深知徒弟心思，见缝插针地进行教学。张晓军及时把操纵技巧、故障处理要点记在随身携带的本子上，有时为弄清继电器及触头、接线的位置和作用，退乘后还在车上研究。未握闸把，他已练成“活规章”。

张晓军说：“我从师傅那里学到的不只是操纵技巧，更重要的是责任心，时刻把国家形象、中国铁路形象放在第一位。”

出国司机选拔条件严苛，党员身份、技术业务精湛是基础，还需 3 年司机长经历。早已做好准备的张晓军抓住段里补充司机的时机，考取驾照，并在国内班组历练成司机长。

2008 年 7 月 13 日，梦想照进现实，张晓军终于成为手握闸把的出国班组司机。“登到心中的‘山顶’了！激动、骄傲的心情没有语言能形容。”张晓军说，那天父亲特意叫上全家人到饭店庆祝。

2019 年，张晓军的工作节奏被蔓延全球的新冠肺炎疫情打乱。出境要穿防护服、戴口罩。出国班组的班制被迫调整：出乘人员在车间集中管理点连续工作一个月后，到地方政府指定隔离点集中隔离 14 天，再居家健康管理 7 天，出勤 7~8 天，进入下一轮循环。随后，集中隔离又增至 21 天。从疫情开始至今，张晓军和他的伙伴们离家达 400 多天。

按防疫规定，出国司机不能共处一室，要实现彼此无接触。担心长期隔离的同伴们情绪受影响，爱说爱笑的张晓军经常在群里“蹦”出一句冷笑话，舒缓大家的紧张情绪，却把自己的心事藏在心底。面对疫情下肩负的运输重任，他对妻子说：“这时候有杂念就是逃兵，我要坚守运输阵地，家里就交给你了。”

自集中管理以来，出国班组安全牵引 2 925 趟中欧班列，张晓军机班完成 225 趟牵引任务。中国生产的机械设备、防疫物资、电子产品等被源源不断运往欧洲市场，为国际供应链稳定输送“中国力量”。

传承精神建新功

“别惦记我们，你照顾好自己身体，不能耽误工作。”张晓军 81 岁的父亲深知儿子责任重，反复嘱托。

2021 年 8 月，张晓军的母亲到北京做胆囊切除手术，直到母亲出院他才知道。2022 年 7 月，张晓军在与爱人的通话中，得知父母心脏老毛病犯了，双双住院，第一时间跟母亲视频通话。母亲怕儿子担心不敢接，最后还是父亲接通了视频：“我们都挺好的，你要专心工作，不能分心啊。”那一刻，张晓军的泪水夺眶而出。让张晓军牵挂的还有不到 20 个月的外孙。他说："离开时间太长了，孩子都不会叫姥爷了。"

张晓军把一家老小托付给爱人、姐妹，从未向车间志愿服务队求助过。车间曾提出过为张晓军串班，却被他拒绝了："我下来，我的搭档也得下来，整个团队的出乘顺序就都乱了。""中欧班列没因疫情中断，而是逆势上扬，倾注了铁路职工的无言付出。"满洲里运用车间党总支书记宋国庆说。

"出国班组成立于 1953 年，丰碑在前，接力棒传到我们手中，只有'为国争光当先行'一条路。"张晓军说，中欧班列的开行质量事关"一带一路"建设和国家荣誉，不能有半点松懈。

如今，奋斗不止的张晓军早已成为 28 名出国班组司机中的 3 名司机长之一。为保证中欧班列运输安全畅通，他持续摸索操纵技巧。针对冬季雪后钢轨滑、机车易空转的情况，他摸索出一边调整手柄变换动力，一边有节奏撒砂增加摩擦力，让机车匀速爬坡的方法。他总结的内燃机车故障不起机、不发电等"八不一停三处理"判断顺序和应急处理方法，推广至整个出国班组。

作为司机长，张晓军凡事率先垂范。2019 年，出国机车更型为 HX_N5 型大功率机车。他带头攻关，总结出安全"十心"作业法，成为班组准则。和张晓军搭档近 5 年的刘剑说："我刚进入出国班组时，老张'手把手'逐项教我坡道操纵、解锁时机等操作方法，让我受益匪浅。"

令张晓军欣喜的是，中欧班列刚开行时车型较多，盖车、敞车、平车都有，如今则是清一色的集装箱列车，统一喷着"中欧班列"字样，每天最多发车五六列。

随着"一带一路"建设持续推进，中欧班列开行越来越密集。中欧班列开行至今，张晓军共向欧洲运送了 959 列"中国制造"。虽然越来越忙，但张晓军打心眼里高兴："我们国家正在越来越强大。"

采访手记：不负时代　逐梦前行

从对机车一窍不通的"门外汉"，到大家眼里的"活规章"；从初出茅庐的青工，到驰骋国境的司机长……张晓军立足岗位实践，勇敢追梦，取得了一个又一个"第一"，完成了一次又一次蜕变。

在张晓军心里，个人命运与国家发展休戚与共。他视使命为生命，当"大家"有需要时，义无反顾从大局出发，坚持"小家"服从"大家"利益。他的个人理想紧扣时代脉搏，他将人生价值融入时代发展，一步一个脚印，坚定前行。

交通强国，铁路先行——千千万万像张晓军一样的铁路人，始终牢记中国铁路的使命任务。我们相信，有他们的接续奋斗，"一带一路"的吸引力一定越来越强，中国铁路的"朋友圈"一定越来越大。

证书直通车

扫描二维码，获取证书备考相关习题及答案

项目 4

发车准备与发车

学习情境描述

发车作业是列车安全运行的开始。本环节完成后，列车即由车站开往区间。在本环节中，我们需要完成：对列车制动系统进行相关试验，建立机车与列尾装置“一对一”关系，接收车务人员交给我们的车列信息，完善监控装置相关参数，确认发车凭证等作业内容，最终确保列车完全、正点出站。

学习目标

1. 熟悉机车乘务员发车准备与发车作业流程。
2. 掌握机车发车准备与发车中行车安全设备的操纵方法和注意事项。
3. 培养学生执行作业标准和严谨认真等职业素养。

学习活动

<table>
<tr><th>学习活动</th><th>内容</th><th>学习建议</th></tr>
<tr><td>自学素材</td><td>（1）机车与列尾装置“一对一”关系建立；
（2）列车制动机试验；
（3）列车运行监控记录装置参数确认；
（4）货运票据交接</td><td>课前</td></tr>
<tr><td>计划</td><td>每两位同学一组，独立完成发车作业流程。小组归纳总结发车作业中的注意项点及具体行车操作办法</td><td rowspan="5">课中
（4 学时）</td></tr>
<tr><td>决策</td><td>通过机班讨论和小组交流，熟知指导教师指定的发车作业场景，做出发车作业任务决策</td></tr>
<tr><td rowspan="2">实施</td><td>根据指导教师提供的资料，完成指导教师指定的发车作业场景下具体的发车作业任务</td></tr>
<tr><td>正确填写（执行过程检查）评估工作页，小组成员互检工作页的正确性，提交给指导教师，让其给予评价</td></tr>
<tr><td>检查与评价</td><td>完成自我评价、小组评价以及教师评价</td></tr>
<tr><td>自我拓展</td><td>根据学习深度要求，拓展完善发车作业知识、技能</td><td>课后</td></tr>
</table>

任务相关业务知识

1. 货物列车建立列尾“一对一”关系

（1）在设有检充点的车站，操作步骤如下：

① 列尾作业人员通知司机：“××机车，××号列尾安装完毕，请检查风压。”

② 司机确认列尾控制盒（见图4-1）的列尾主机ID处在“未连接”状态；按压“查询”键，听到回示语音：“××机车，风压×××kPa；”看到列尾控制盒列尾主机ID号码和“已连接”显示正确后，通知车站列尾作业人员：“××机车列尾正常。”

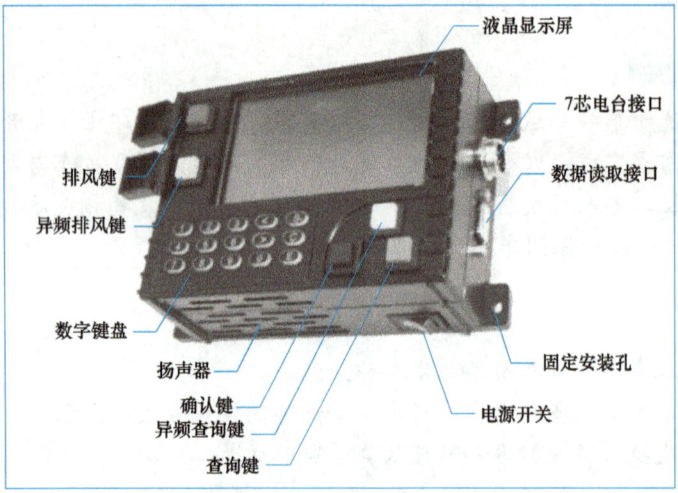

图4-1 列尾控制盒

（2）在未设检充点的车站，由机车乘务员负责建立列尾装置“一对一”关系时的操作步骤如下：

① 机车乘务员将随车携带的列尾主机通电。

② 当听到列尾主机发出“××号（6位列尾主机号码，下同）等待确认（请输号）”的语音提示时，核对列尾控制盒“列尾ID”栏闪烁显示的列尾主机号码无误，并确认列尾控制盒“工作状态”栏在“未连接”状态。

③ 按压确认键，听到“××机车确认××列尾成功（完毕或输号成功）”的语音回示后，核对列尾控制盒“列尾ID”栏显示的列尾主机ID号码，确认“工作状态”栏显示“已连接”，核对列尾主机标志灯内显示的机车号，应当与本机车号一致。

④ 按压查询键，听到“××机车，风压×××kPa”的语音回示后，确认电池处在锁闭位置，将列尾主机交予列尾作业人员安装到列车尾部。

（3）在未设检充点的车站，由车站与司机配合重新建立“一对一”关系时的操作如下：

① 列尾作业人员通知本务司机“××机车列尾断连”。

② 司机按压列尾控制盒断连键后，确认列尾控制盒处在“未连接”的状态下，通知车站“××机车列尾已断连”。

③ 列尾作业人员将列尾主机号码通知本务司机“××机车司机，准备确认××号

主机”；司机回复“××机车司机明白”。

④ 司机听到“××号等待确认（请输号）”的语音提示，列尾控制盒“列尾 ID”栏同时闪烁显示列尾主机号码，核对号码无误后按压确认键。

⑤ 司机收到列尾控制盒“××号机车确认××列尾成功（确认完毕或输号成功）”的语音提示后，按查询键，听到“××机车风压×××kPa”的语音提示后，通知列尾作业人员“××机车列尾确认成功”。列尾作业人员回复“××站明白”。

⑥ 列尾作业人员连结列尾主机与车辆软管，打开车辆折角塞门，检查软管，连结妥当后通知司机“××机车，列尾安装完毕，请检查风压”，得到司机“××号机车列尾正常”后方可返回。

（4）HX_D2 型机车列尾操作（非操纵端不得进行列尾连接操作）步骤如下：

① 换端牵引时，如果在检充点，应在车站列尾作业人员指挥下使用消号键，消号成功后重新建立列尾连接。

② 如果在非检充点换端，使用原列尾主机时，司机应在制动主管压力低于 460 kPa 时对原操纵端进行断连操作，断连成功后方可换端重新建立“一对一”关系。

（5）使用补机列车的列尾主机运用办法如下：

① 运行区段内，全程挂后部补机的列车不挂列尾主机。前部挂补机的列车，以及运行途中摘挂后部补机的列车，应挂列尾主机。

② 补机挂于列车头部临时担当本务机车时，列尾主机仍与原列车本务机车建立“一对一”关系，补机司机利用列车无线通信设备通知原本务司机查询和报告列车尾部风压。运行区段内全程加挂补机且补机担当本务机车时，列尾主机应与补机建立“一对一”关系。

③ 后部补机连挂前，由补机乘务员负责将列尾主机软管摘开，捆绑固定在列尾主机上后，再连结车辆与补机的软管。后部补机挂妥后，列尾主机不采取断电措施，运行到补机摘解地点后继续运用。

④ 摘解后部补机时，由补机乘务员负责连结列尾主机与车辆软管，确认通风良好及列尾主机安装牢固后，通知本务司机查询列车尾部风压。遇“一对一”关系中断时，补机乘务员应立即处理。

（6）货运机车在设有检充点的车站进行列尾作业时，司机须将列尾控制盒送话器摘下，以便与车站列尾作业人员进行作业联系。除进行列尾作业外，不得使用列尾控制盒的送话器进行语音通话。列尾作业完毕后，须将送话器挂机，防止影响列尾装置正常使用。

列尾安装确认如图 4－2 所示。

2. 旅客列车建立 KLW“一对一”关系

（1）旅客列车始发前、更换机车时，车辆乘务员应及时向司机提供客列尾 ID 信息联络卡，客列尾 ID 信息联络卡填写车站名、车辆乘务员姓名、联系方式及客列尾装置主机的 ID 号码。司机与车辆乘务员核对时钟，并在车辆乘务员提供的客列尾 ID 信息联络卡上写明司机姓名、联系方式。更换机车乘务组时，机车乘务组双方交接客列尾 ID 信息联络卡相关信息。

图 4－2　列尾安装确认

（2）旅客列车始发前、更换机车时，司机根据客列尾ID信息联络卡输入6位KLW[①]主机 ID 号，建立与 KLW 主机的“一对一”关系。成功建立关系后，通过人机界面（man-machine interface，MMI）显示KLW主机的ID号并发出“××××××列尾装置，连接成功”的提示音。司机呼叫车辆乘务员核对KLW主机显示的机车号，用语如下：

司机：“××（次）车辆乘务员，××××××号列尾连接完毕，确认机车号。”

车辆乘务员：“××××××号列尾，机车号××。”

司机：“××（次）司机明白。”

（3）若司机输入ID号后仍无法建立连接，应联系车辆乘务员核对ID号，用语如下：

司机：“××（次）车辆乘务员，核对列尾号码。”

车辆乘务员：“××（次）司机，列尾号码××××××。”

司机：“××（次）司机明白。”

（4）司机查询列尾风压，确认KLW主机风压值显示正常，连接作业完毕。

（5）遇 KLW 主机显示的机车号与实际担当本务机车的机车号不一致时，司机进行销号操作，通知车辆乘务员对KLW主机进行断电重启操作，之后司机重新输入KLW主机的ID号与KLW主机建立连接。

（6）在始发站、机车换挂站，当CIR设备与旅客列车列尾装置主机连续3次不能建立连接时，司机应及时报告车站值班员并通知车辆乘务员，列车按规定发车，车辆乘务员与司机核对尾部风压。列车出发后，司机择机重新进行与列尾装置主机的连接，建立连接关系成功后，列尾装置恢复正常使用，并及时通知车辆乘务员不再人工核对风压。当超过一个区间仍不能建立连接时，按客列尾故障办理。

（7）发生列尾故障时，旅客列车在始发站出发前、在停车站进站前，司机呼叫车辆乘务员核对风压。用语如下：

司机：“××（次）车辆乘务员，核对尾部风压。”

车辆乘务员：“××（次）尾部风压×××kPa。”

司机：“××（次）尾部风压×××kPa，司机明白。”

旅客列车在停车站出站后，司机要选择合理时机减压50 kPa施行列车制动主管的贯通试验，用语如下：

① KLW为旅客列车尾部防护装置。

司机："××（次）车辆乘务员，贯通试验。"
车辆乘务员："××（次）车辆乘务员明白。"
在司机减压制动后：
车辆乘务员："××（次）尾部风压×××kPa。"
司机："××（次）尾部风压×××kPa，司机明白。"

（8）遇挂补机在列车首位时，需进行销号操作，由补机司机通知车辆乘务员重新建立与客列尾系统的连接。

（9）装有客列尾装置主机的尾部车辆因故甩下后，车辆乘务员应通知司机，列车比照客列尾装置故障办理，运行到终点站。

（10）得到车辆乘务员客列尾装置因尾部加挂客车暂时停用的通知时，按无KLW装置行车；接到车辆乘务员通报KLW装置恢复后，正常使用KLW。

（11）客列尾装置故障、未安装客列尾装置及安装客列尾装置的旅客列车尾部加挂有客车时，在车站有列检作业的由列检人员负责进行制动机简略试验，无列检作业的以及在区间由车辆乘务员负责进行制动机简略试验。

3. 简略试验

（1）无列尾装置或列尾装置故障的列车简略试验过程如表4－1～表4－2所示。

表4－1　由列检人员参与的简略试验

作业顺序	岗位	作业内容
1	司机	司机确认制动主管达到规定的压力
2	列检人员	显示"制动"手信号（如图4－3所示）
3	司机	（1）确认"制动"手信号后，鸣笛一短声； （2）自阀减压100 kPa，对照列车排风时间表核对排风时间； （3）保压1 min，确认制动主管的压力1 min内漏泄不得超过20 kPa
4	列检人员	（1）确认列车尾部最后一辆制动缸活塞行程符合标准，闸瓦密贴车轮，制动良好； （2）显示"缓解"手信号（如图4－4所示）
5	司机	（1）确认"缓解"手信号后，鸣笛二短声； （2）大闸置运转位缓解列车
6	列检	确认列车尾部最后一辆制动机缓解良好，显示"试验完了"手信号（如图4－5所示）
7	司机	（1）确认"试验完了"手信号； （2）发车条件具备即可起动列车； （3）不能立即发车时（指发车进路、出站信号机未开放时），自阀（大闸）减压100 kPa及以上，保持制动状态直至出站（发车进路）信号机开放后，方能缓解列车制动

表4－2　由车站值班员参与的简略试验

作业顺序	岗位	作业内容
1	司机	司机确认制动主管达到规定的压力
2	车站值班员	车机联控："××（次）简略试验。"
3	司机	（1）车机联控："××（次）简略试验，司机明白。" （2）自阀减压100 kPa，对照列车排风时间表核对排风时间； （3）保压1 min，确认制动主管的压力1 min内漏泄不得超过20 kPa

续表

作业顺序	岗位	作业内容
4	车站值班员	（1）确认列车尾部最后一辆制动缸活塞行程符合标准，闸瓦密贴车轮，制动良好； （2）车机联控："××（次）尾部车辆已制动。"
5	司机	（1）车机联控："××（次）尾部车辆已制动，司机明白。" （2）大闸置运转位缓解列车
6	车站值班员	（1）确认列车尾部最后一辆制动机缓解良好； （2）车机联控："××（次）尾部车辆已缓解。"
7	司机	（1）车机联控："××（次）尾部车辆已缓解，司机明白。" （2）发车条件具备即可起动列车； （3）不能立即发车时（指发车进路、出站信号机未开放时），自阀（大闸）减压 100 kPa 及以上，保持制动状态直至出站（发车进路）信号机开放后，方能缓解列车制动

注：① 由车辆乘务员负责进行列车制动机简略试验时，联控用语同上，呼叫人应为车辆乘务员。
② 列车尾部安全距离不足时，司机不得缓解列车，经车站值班员准许后方可缓解列车。

图 4-3　简略试验（制动）

图 4-4　简略试验（缓解）

图 4-5　简略试验（完了）

（2）有列尾装置且作用良好的列车的简略试验过程如表 4-3 所示。

表 4-3　有列尾装置且作用良好的列车的简略试验过程

作业顺序	作业内容
1	司机确认制动主管达到规定的压力
2	车机联控："××（次）简略试验。"
3	（1）车机联控："××（次）简略试验，司机明白。" （2）自阀减压 100 kPa，对照列车排风时间表核对排风时间； （3）保压 1 min，确认制动主管的压力 1 min 内漏泄不得超过 20 kPa； （4）按压列尾控制盒或 MMI 界面上的风压查询键，确认列车尾部达到定压； （5）发车条件具备即可起动列车； （6）不能立即开车时（指发车进路、出站信号机未开放时），自阀（大闸）减压 100 kPa 及以上，保持制动状态直至出站（发车进路）信号机开放后，方能缓解列车制动

注：① 挂有列尾装置且作用良好时，简略试验、确认贯通由司机负责。
② 当列车尾部安全距离不足时，司机不得缓解列车，经车站值班员准许后方可缓解列车。

（3）挂有列尾装置时，根据车站通知的开车时间，由司机负责简略试验，并查询尾部风压。由司机负责简略试验时，车站值班员在发车前 4 min（百辆列车为 20 min）通知司机。

（4）挂有后部补机并连结软管时，简略试验由本务司机与补机司机负责，联系用语（制动前、制动后、缓解后）如下：

本务司机："××（次）后部补机核对风压。"

补机司机："××（次）尾部风压××kPa。"

本务司机："××（次）尾部风压××kPa，司机明白。"

（5）列车在始发站开车前，列车管减压100 kPa以上，单阀缓解，司机确认闸瓦缓解间隙或闸片与轮盘间隙。当多台机车重联、附挂时，其他机车司机应在本务机检查完毕制动后分别检查。发现闸瓦缓解间隙不符合规定的应立即进行调整，并在调整后进行制动试验，检查确认制动作用。

（6）进行制动机试验时（含调车作业简略试验），减压前、排风结束后、缓解前，司机须按压LKJ定标键记录充、排风时间；制动机排风口设在机械间的机车，应开启机械间门或侧窗倾听排风时间。

列车进行制动机试验前，设有流量表的机车注意流量表显示，未设流量表的机车确认总风缸压力稳定。

（7）每次进行制动机试验时（含调车作业按规定进行简略试验时），操纵司机须在司机手册上记录站名、制动时间、减压量、排风时间、缓解压力、保压时间、充风时间。

4. 检查机车与车辆连接状态

挂车后机车全制动，司机复检机车（如图4-6所示），过程如下：

（1）确认机车与第一辆车的车钩、软管连结状态和折角塞门状态。

（2）车钩中心水平线的高度差不超过75 mm。

（3）两车钩均在落锁状态，锁闭良好，并安装好防跳穿销。

（4）软管连结器不漏泄。

（5）两车钩提杆均落座无抗劲。

（6）非挂车端机车软管吊挂，防尘堵放于规定位置（单机时检查两端）。

（7）确认砂路通畅。

（8）确认走行部状态良好。

图4-6 司机复检机车

提示：列车本务司机应复检机车与第一位车辆的车钩、软管连结状态和折角塞门状态；多机重联时，机车与车辆连挂状态的检查由连挂司机负责。

5. 直供电列车供电作业

（1）电力机车断开主断路器，降下受电弓；内燃机车停止供电柴油机工作。拔出供电钥匙，在列车供（断）电交接记录簿上签认时间、姓名。

（2）在机车与客车连接处站台侧将供电钥匙交予客列检（无客列检作业时为车辆乘务员），客列检在列车供（断）电交接记录簿上签认时间、姓名。

（3）作业完毕，车辆乘务员在机车与客车连接处站台侧将供电钥匙交回，请求供电，并在列车供（断）电交接记录簿上签认时间、姓名。

（4）接到供电钥匙后，在车辆乘务员保存的列车供（断）电交接记录簿上签认时间、姓名后，方可升弓、合主断（供电柴油机起机）、向列车供电。

（5）对于电力机车，机车与第一辆客车的制动软管和总风软管连结完毕后，折角塞门不得打开，待机车重新升弓、风泵进入正常工作状态后，车辆人员方可打开制动软管和总风软管的折角塞门。

（6）向客车供电的机车须于始发前 50 min 到达站台连挂位置，保证开车前 40 min 供电。

6. 货物列车交接并保管票据

（1）货运票据实行封票交接，由车站封固后，连同列车编组顺序表及列车编组通知单一并交机车乘务员保管，机车乘务员应保证票据完好。货物列车（单机挂车）由车站与司机办理票据交接，交接时，车站在司机手册中签字，司机在货运票据交接簿中签字。

（2）途中不更换机车仅更换司机时，每增加一个司机换乘站，始发站应多编制列车编组顺序表、列车编组通知单各 1 份。在司机换乘站，车站仅进行接收列车编组顺序表作业；司机间相互交接列车编组顺序表、列车编组通知单；到达司机向车站递交列车编组顺序表。

对于途中不更换机车仅更换机车乘务员的列车，司机在换乘站无列车编组通知单转交时应通知车站，车站填记列车编组通知单后交予司机。

（3）加挂补机的车站，应另向补机司机递交列车编组通知单。当前部补机担当本务机车，原本务机车摘下时，司机之间交接列车编组顺序表。

（4）列车运行途中需变更首尾方向并由原后部补机担当本务机车的列车，始发站与补机司机交接列车编组顺序表、列车编组通知单。

（5）列车在车站临时甩挂车辆时，由车站修改司机的列车编组顺序表、列车编组通知单或重新提供，修改时应加盖经办人名章或签字。

（6）需司机携带纸质票据时，车站在列车编组通知单其他记事栏标注“纸质票”。

（7）未安装现车和制票系统的车站，对本站编组或始发列车不向司机递交列车编组顺序表和列车编组通知单，由指定的车站负责交接；发车站利用列车无线调度通信设备将列车速报和运行限制等情况在开车前通知司机。

7. 旅客列车交接并保管票据

（1）在始发站由车站人员与司机办理交接。在递交列车编组顺序表的同时，应递交客运列车编组通知单；加挂车辆时，还应递交客运列车挂车通知单。

（2）中途换挂机车时，到达司机与车站间、车站与出发司机间办理交接。仅更换机车乘务组时，机车乘务组之间办理交接。

（3）途中摘挂车辆时，车站负责修改列车编组顺序表。

（4）列车到达终到站后，司机与车站办理交接。

（5）客运列车编组通知单由始发站交机车乘务员，长交路轮乘制应满足每班机车乘务员各一份。客运列车编组顺序表的列车车次应为实际开行车次，途中需改变运行方向的填记复车次。

（6）车站、司机间交接客运列车编组顺序表、客运列车编组通知单、客运列车挂车通知单时，均须签字交接。司机接收时，在车站的客运列车编组顺序表（通知单）及交接簿内签字。车站与司机的交接地点均为机车停留位置。

8. 输入数据

（1）司机对照 LKJ 提示卡正确输入数据（见图 4－7），副司机核对。确认司机号、副司机号、区段号、车站号、车次种类、车次编号、列车种类、本/补、总重、辆数、计长、车速等级等数据正确，开车灯点亮。

输入计长时，要计算包含重联机车、补机的总计长（单机取用计长 2.3，双节机车取用计长 4.4）。在担当尾部补机、重联牵引机车中的非本务机车关闭 LKJ 前，输入车次时“车次种类”选择“0X”，“车次”按实际担当车次输入；区段号、车站号按实际开车地点输入。

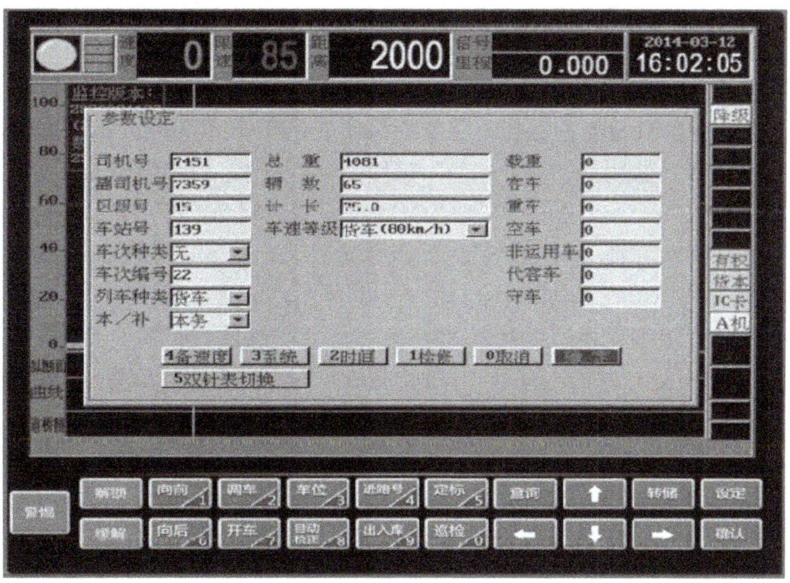

图 4－7　LKJ 参数输入界面

（2）根据运行交路选定机车综合无线通信设备通信模式和运行线路。根据提示信息或通信转换标志正确转换通信模式。当 CIR 设备自动转换的通信模式与实际运行的线路不一致时，司机应进行手动转换。

当列车在 GSM－R 区段运行时，司机应将 CIR 通信模式选为 GSM－R，在 CIR 设备操作显示终端和 GSM－R 手持终端按规定注册列车车次，并确认车次功能号注册成功。

（3）G 网[①]车次输入要求规范如下：

① 车次编号中只准许前两位含有字母或数字，其他位置均须为数字，其格式为：××+数字。

② 机车乘务员在车站接车后或出库挂头后必须按要求分别在 LKJ 和 CIR 中输入正确车次。在 LKJ 中输入车次时，若无法输入字母，则只输入数字部分（或按规定输入）。在 CIR 中输入 G 网注册的车次编号时，要按列车编组通知单上的车次编号完整输入。

③ 遇有 LKJ 输入的车次编号与 CIR 输入的车次编号无法一致时，操作 LKJ 开车对标后乘务员必须重新修改 CIR 的车次编号（按车站给定的车次编号修改）。

④ 在变更车次、地点时，机车乘务员必须重新输入 CIR 的车次编号，变化后的车次编号由车站值班员（或胜任人员）通知机车乘务员（该车次编号须与阶段计划的车次编号一致）。

（4）司机或副司机计算列车长度，记入司机手册记事栏“××m”。列车计算长度 A 的计算办法为：$A=B+C+D$。其中，全列车长度 B=计长×11+机车长度（包括重联、补机长度），全列车钩伸张间隙 C=辆数×0.15，尾部安全距离 D（站线长度在 1 050 m 及以上时为 20 m，站线长度在 1 050 m 以下时为 10 m）。进站停车时，按到发线有效长度 L 计算机车停车位置 $S=L-A$，即机车停车位置距出站信号机不大于 S。

（5）查看《列车编组通知单》，了解列车编组状态，货物列车主要查看有无重油罐车、油罐车的编组位置、是否空重混编列车及空车所在位置，做到心中有数，有利于列车在途中运行时的列车操纵。列车长度计算，有利于列车尾部过岔提速。在货物列车运行速度限速 90 km/h 的区段，空重混编货物列车限速 80 km/h。机车乘务员按列车编组通知单记事栏注明的“重”“空”“混”字样，确定列车限速。

9. 发车作业

作业要点：确认凭证，联控进路，确认发车，鸣笛起车，后部瞭望，对标开车。

（1）将交付揭示放在操纵端各自前方操纵台上。单机在自动闭塞区间运行时，短路铜线须放置在操纵端司机室备用。水杯应加盖，可靠放置，防止水洒入操纵台造成接地。司机室所有人员站立、坐下、移动物品时不得触碰各类开关、按钮、手柄。

（2）确认地面信号。

全员确认出站（进路）信号机显示正确（机车距信号机不足 10 m 或在司机室内不能确认信号显示时，司机须下车确认），具有多方向的须确认进路表示器显示正确（装有进路表示器或发车线路表示器的出站信号机，当该表示器不良时，由办理发车人员通知司机，之后列车凭出站信号机的显示出发）。非正常情况下，须确认行车凭证正确。遇规定的运行径路与车站办理的进路不符时，严禁开车。出站（进路）信号机如图 4－8 所示。

① 铁路 G 网就是专门针对铁路对移动通信的需求而推出的专用网络系统，全称为 GSM-R（global system of mobile for railway）。

图 4-8　出站（进路）信号机

（3）机车乘务员确认为第一次走行该经路、股道时，要向所属运用车间派班室报告（或驻站、坐岗干部），接受相关指导。

（4）确认司机控制器（如图 4-9 所示）换向手柄与列车运行方向一致，且 LKJ 工况显示与换向手柄位置一致，上下行开关位置、机车信号显示正确。

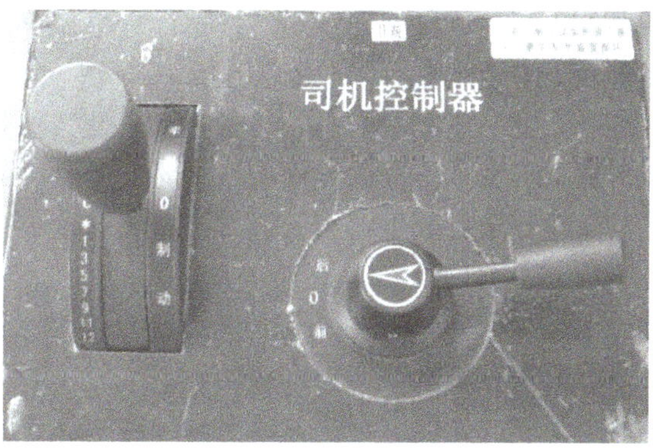

图 4-9　司机控制器

（5）动车组以外旅客列车，站内停车再开或始发时，信号开放后，司机应先确认信号再主动询问进路。其他列车，信号开放后，接到车站值班员“出站（或发车）进路好了”的联控后，司机确认信号正确后复诵；未得到车站值班员通报进路时，司机应主动询问。联控不清时严禁动车。

（6）将单独制动阀移至全制动位，将换向手柄移动至前进位，将主手柄瞬间移至一位，使机车加载，并瞬间回零，目的是确认机车牵引状态，为列车起动做好准备。

（7）确认发车信号（如图 4-10 所示），具体要求如下：

① 办理旅客乘降业务的旅客列车（动车组除外），应使用手信号旗（灯）发车（设有发车表示器的线路除外）。其他列车语音记录装置良好的车站，准许使用列车无线调度通信设备发车。

图 4-10　发车信号

在设有发车表示器的线路，动车组以外的列车可按发车表示器显示发车，当发车表示器故障或因列车停车位置不能使用发车表示器时，发车人员与司机联系后，使用手信号灯（旗）或列车无线调度通信设备发车。

② 除办理客运业务的旅客列车外，其他列车在乘降所（不包括按乘降所办理的车站）或乘降点临时停车再开时，司机自行开车，根据信号机显示运行。

③ 车站（助理）值班员应在旅客乘降、行包装卸的一侧显示发车信号。军用人员列车，应在人员乘降的一侧显示发车信号。始发货物列车及其他列车，发车人员应在出站（进路）信号机一侧显示发车信号；无出站（进路）信号机的线路应在列车左侧显示发车信号。当列车在旅客站台或运转室一侧时，可在站台上或运转室一侧显示发车信号。

④ 在线路所临时停车时，按列车在站内临时停车办法办理，需车务人员发车时不显示发车信号，由线路所车站值班员通知司机开车。

⑤ 确认发车手信号时，须全员在发车手信号侧开门、窗，手比呼唤确认，如图 4-11 所示。

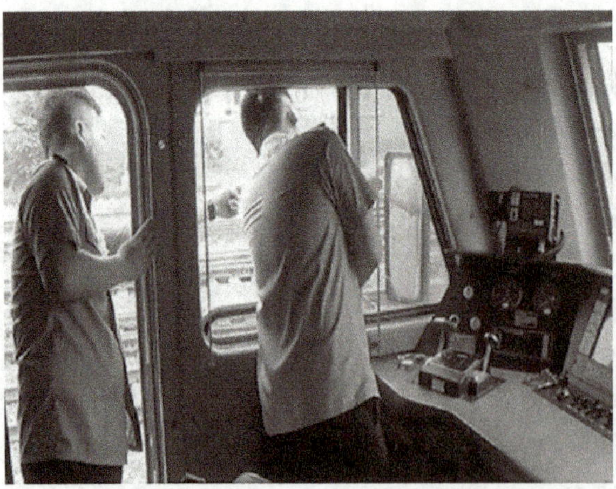

图 4-11　全员确认发车信号

确认发车信号手比时，手臂伸直握拳。确认发车手信号时，根据圈数相应伸出小指、无名指、中指。联控用语如下：

副司机："发车信号。"

全员："一圈、两圈、三圈，发车信号好了。"

遇天气不良或特殊情况下确认发车信号困难时，司机应使用列车无线调度通信设备进行确认。使用列车无线调度通信设备发车时，司机须确认车次、股道正确、用语标准。联控用语如下：

车站值班员："××××次列车××道发车，××××次列车××道发车。"

司机："××××次列车××道发车，××××次列车××道发车，司机明白。"

（8）确认制动机手柄位置正确，大小闸置于运转位；各仪表显示正常，货物列车起动前司机按压列尾控制盒查询键，确认列尾风压稳定上升，当尾部制动主管压力与机车制动主管压力基本一致时（无列尾装置或列尾装置故障时，设有流量表的机车注意流量表显示，未设流量表的机车确认总风缸压力稳定），鸣笛一长声，换向手柄置前位，主手柄置牵引位起动列车。旅客列车起动后，查询列尾风压，应稳定上升。

（9）管内旅客列车实施保压开车，先提主手柄，再缓解机车、列车制动。

（10）货物列车起动困难时，可适当压缩车钩，但不应超过总辆数的三分之二。压缩车钩后，在机车加载前，不得缓解机车制动。

（11）电力机车手柄进级时，应逐位进级，使牵引电流（功率）稳定上升，做到起车稳、加速快、防止空转。当列车不能起动或起动过程中空转不能消除时，应迅速调整主手柄位置，重新起动列车。

（12）后部瞭望分以下两种情况：

双人值乘区段　全列起动，10 m 后在站台侧、非站台侧交替进行后部瞭望（单机除外），确认有无异常情况，发现影响行车安全时，及时采取停车措施。

单司机值乘　开车后可不进行后部瞭望，但是在区间乘降所（线路所）停车办理客运业务时，开车前司机须对乘降侧进行后部瞭望，列车起动后再次瞭望。

（13）站立瞭望，要求如下：

① 列车起动时，副司机站立瞭望至进路或出站信号机平齐处；

图 4-12　站立瞭望

② 车站通过时，在进站信号机平齐处站立、出站信号机平齐处坐下；

③ 站内停车时，在进站信号机平齐处站立，停车后坐下；

④ 单端司机室的机车，长端在前时不站立瞭望；

⑤ 对一站多场的车站，通过时在助理值班员接车场进路信号机处站立，停车时在停车场进路信号机处站立。

提示：双班单司机值乘时，间休司机应在非操纵端休息。在副司机侧值乘时，须坐姿端正、执行作业标准。

（14）确认道岔限速：

副司机："前方注意，道岔限速××km/h。"（根据道岔实际限速呼唤）

司机："道岔限速××km/h，级位×.×。"（根据手柄级位呼唤）

副司机："级位×.×。"

（15）规定地点对标开车，具体要求如下：

① 当列车头部接近规定的对标开车地点（一般为正线出站信号机或者本股道出站信号机处），副司机："注意对标。"

② 操纵司机按压 LKJ 上的开车键进行对标开车，呼唤："对标好了，道岔限速××km/h。"

③ 副司机："对标好了，道岔限速××km/h。"

（16）在司机手册中记点，要求如下：

① 列车在停、开及局间分界站通过时记点；

② 全列出站，先呼唤后记点；

③ 遇黄、红信号及道口、曲线、桥梁、隧道等须加强瞭望时，不允许记点；

④ 单司机值乘时，记点须在停车状态进行；

⑤ 双班单司机值乘时，由操纵司机在自己的司机手册中记点。

（17）确认仪表：

副司机："仪表注意。"

司机："列车管×××kPa，制动缸×××kPa，控制电压×××V，网压××kV，各仪表显示正常（如果正常）。"

副司机："列车管×××kPa，制动缸×××kPa，控制电压×××V，网压××kV，各仪表显示正常（如果正常）。"

（18）车位校正（自动闭塞区间），具体要求如下：

① 当列车头部接近第一离去通过信号机时，副司机："确认车位。"

② 司机注意观察 LKJ 上第一离去通过信号机与地面信号机是否位置相符，如果不相符，则在列车头部与第一离去通过信号机平齐处按压 LKJ 上的自动校正键，然后呼唤："车位正确。"

③ 副司机："车位正确。"

任务 4.1　LKJ 列车数据输入与查询

任务实施

计划：根据任务情境制定 LKJ 列车数据录入与查询作业方案
1. 学生了解所有任务情境，各小组成员汇总任务单中 LKJ 列车数据录入与查询所需要的具体材料。 2. 指导教师随机指定各小组要完成的任务情境，学生为 LKJ 列车数据录入与查询做准备。根据任务单上的要求，以列表的方式列出需要进一步搜集的信息，确定完成任务所需准备的资料。 3. 制订完成任务的计划并准备讨论。

一、LKJ 列车数据输入与查询

任务情境 1：计划担当复兴站—强国站 72002 次货物列车值乘任务：
列车信息：区段号 5，车站号 1（复兴站）；
编组信息：45 辆，计长 53.7；
车速等级：80 km/h

操作设备名称	操作步骤

任务情境 2：计划担当复兴站—强国站 T21 次旅客列车值乘任务：
列车信息：区段号 97，车站号 465（复兴站）；
编组信息：18 辆，计长 32.7；
车速等级：140 km/h

操作设备名称	操作步骤

二、任务实施计划

1. 任务情境 1 初拟个人计划

2. 任务情境 2 初拟个人计划

决策：确认完成发车准备与发车作业的任务实施计划

1. 小组成员的任务分工（明确组间成员资料收集、整理任务；明确主、副班岗位分配，保证岗位轮换）。
2. 分小组讨论每位成员拟订的任务实施计划。
3. 每组选派一位成员，与各组交流拟订的任务实施计划。
4. 每位成员修正任务实施计划。

小组成员	任务分工

小组内讨论后个人计划：

各组间讨论后个人计划：

任务执行过程中出现的问题及应急情况的处理：

实施：完成发车准备与发车作业

一、按任务实施计划完成发车准备与发车任务

根据任务情境，完整记录任务实施过程，小组成员互检任务实施正确性，提交给指导教师，让其给予指导、评价。

任务实施过程记录：

二、解决指导教师补充的问题

任务评估

检查与评价

一、检查与评价标准

（一）掌握知识技能评价参考标准

检查标准	评价权重（80%）
明确 LKJ 列车数据输入与查询作业流程	10
能识读监控装置操作界面	10
掌握监控装置按键基本操作	10
能识读施工调度命令	10
理解监控装置区段号、车站号	10
明确列车种类	10
明确列车车次	10
区分监控装置的监控版本号和数据版本号	10

（二）方法能力评价参考标准

检查依据	评价权重（20%）
获取和处理信息，应用知识和技能解决问题，归纳共性、总结规律和积累经验，探究操作与作业标准	不合格
	合格
	良好
	优秀
协同工作关系，准确清晰的信息沟通、技术指导，班组派工、协调与任务调度	不合格
	合格
	良好
	优秀
制订工作计划并进行实施。自觉完成相互检查和评估，学习活动中自我安全操作和协助他人安全操作，对照相关知识内容进行标准化作业	不合格
	合格
	良好
	优秀

（三）思政评价参考标准

检查依据	评价标准（一票否决）
严守铁路相关法律法规，具有高度的安全行车意识，严格遵照作业标准完成任务，精益求精，认真履职，具有坚定的守法遵纪意识	不合格
	合格

依照检查与评价标准完成本次任务检查与评价
二、学生自我评价 年　月　日
三、小组评价 年　月　日
四、指导教师评价 年　月　日

自我拓展

在完成指导教师指定任务的基础上，根据指导教师的要求，你了解到哪些跟专业相关的名词和感兴趣的问题，请写在下面，并做好备注。

____

____

____

____

____

____

____

____

____

相关知识点

知识点 1　数据输入
知识点 2　IC 卡信息输入
知识点 3　车速等级相关操作
知识点 4　参数输入时机

任务 4.2　CIR 设备操作

任务实施

计划：根据任务情境制定发车准备与发车作业方案
1. 学生了解所有任务情境，各小组成员汇总任务单中 CIR 设备操作所需要的具体材料。 2. 指导教师随机指定各小组要完成的任务情境，学生为 CIR 设备操作做准备。根据任务单上的要求，以列表的方式列出需要进一步搜集的信息，确定完成任务所需准备的资料。 3. 制订完成任务的计划并准备讨论。

一、CIR 设备操作

任务情境 1： 计划担当 72002 次货物列车值乘任务

操作设备名称	操作步骤

任务情境 2： 计划担当 T20 次旅客列车值乘任务

操作设备名称	操作步骤

二、任务实施计划

1. 任务情境 1 初拟个人计划

2. 任务情境 2 初拟个人计划

决策：确认完成发车准备与发车作业的任务实施计划
1. 小组成员的任务分工（明确组间成员资料收集、整理任务；明确主、副班岗位分配，保证岗位轮换）。 2. 分小组讨论每位成员拟订的任务实施计划。 3. 每组选派一位成员，与各组交流拟订的任务实施计划。 4. 每位成员修正任务实施计划。

小组成员	任务分工

小组内讨论后个人计划：

各组间讨论后个人计划：

任务执行过程中出现的问题及应急情况的处理：

实施：完成发车准备与发车作业

一、按任务实施计划完成 CIR 设备操作

根据任务情境，完整记录任务实施过程，小组成员互检任务实施正确性，提交给指导教师，让其给予指导、评价。

任务实施过程记录：

二、解决指导教师补充的问题

任务评估

检查与评价

一、检查与评价标准

（一）掌握知识技能评价参考标准

检查标准	评价权重（80%）
明确 CIR 设备操作流程	20
能识读 CIR 操作界面	20
掌握 CIR 按键基本操作	20
MMI 常见故障与维修	20

（二）方法能力评价参考标准

检查依据	评价权重（20%）
获取和处理信息，应用知识和技能解决问题，归纳共性、总结规律和积累经验，探究操作与作业标准	不合格
	合格
	良好
	优秀
协同工作关系，准确清晰的信息沟通、技术指导，班组派工、协调与任务调度	不合格
	合格
	良好
	优秀
制订工作计划并进行实施。自觉完成相互检查和评估，学习活动中自我安全操作和协助他人安全操作，对照相关知识进行标准化作业	不合格
	合格
	良好
	优秀

（三）思政评价参考标准

检查依据	评价标准（一票否决）
严守铁路相关法律法规，具有高度的安全行车意识，严格遵照作业标准完成任务，精益求精，认真履职，具有坚定的守法遵纪意识	不合格
	合格

依照检查与评价标准完成本次任务检查与评价

二、学生自我评价

年　月　日

三、小组评价

年　月　日

四、指导教师评价

年　月　日

自我拓展

在完成指导教师指定任务的基础上，根据指导教师的要求，你了解到哪些跟专业相关的名词和感兴趣的问题，请写在下面，并做好备注。

____

____

____

相关知识点

知识点 1　货物列车建立列尾“一对一”关系

知识点 2　旅客列车建立 KLW“一对一”关系

任务 4.3 GSM－R 手持终端注册车次

任务实施

计划：根据任务情境制定作业方案
1. 学生了解所有任务情境，各小组成员汇总任务单中 GSM-R 手持终端注册车次所需要的具体材料。 2. 指导教师随机指定各小组要完成的任务情境，学生为 GSM-R 手持终端注册车次做准备。根据任务单上的要求，以列表的方式列出需要进一步搜集的信息，确定完成任务所需准备的资料。 3. 制订完成任务的计划并准备讨论。

一、GSM－R 手持终端注册车次操作

任务情境 1：计划担当 72002 次货物列车值乘任务	
操作设备名称	操作步骤

任务情境 2：计划担当 T20 次旅客列车值乘任务	
操作设备名称	操作步骤

二、任务实施计划

1. 任务情境 1 初拟个人计划

2. 任务情境 2 初拟个人计划

决策：确认完成 GSM-R 手持终端注册车次的任务实施计划
1. 小组成员的任务分工（明确组间成员资料收集、整理任务；明确主、副班岗位分配，保证岗位轮换）。 2. 分小组讨论每位成员拟订的任务实施计划。 3. 每组选派一位成员，与各组交流拟订的任务实施计划。 4. 每位成员修正任务实施计划。

小组成员	任务分工

小组内讨论后个人计划：

各组间讨论后个人计划：

任务执行过程中出现的问题及应急情况的处理：

实施：完成 GSM-R 手持终端注册车次作业

一、按照任务实施计划完成 GSM-R 手持终端注册车次作业

根据任务情境，完整记录任务实施过程，小组成员互检任务实施正确性，提交给指导教师，让其给予指导、评价。

任务实施过程记录：

二、解决指导教师补充的问题

任务评估

检查与评价

一、检查与评价标准

（一）掌握知识技能评价参考标准

检查标准	评价权重（80%）
明确 GSM－R 手持终端设备操作流程	20
能识读 GSM－R 操作界面	20
掌握 GSM－R 按键基本操作	20
MMI 常见故障与维修	20

（二）方法能力评价参考标准

<table>
<tr><th>检查依据</th><th>评价权重（20%）</th></tr>
<tr><td rowspan="4">获取和处理信息，应用知识和技能解决问题，归纳共性、总结规律和积累经验，探究操作与作业标准</td><td>不合格</td></tr>
<tr><td>合格</td></tr>
<tr><td>良好</td></tr>
<tr><td>优秀</td></tr>
<tr><td rowspan="4">协同工作关系，准确清晰的信息沟通、技术指导，班组派工、协调与任务调度</td><td>不合格</td></tr>
<tr><td>合格</td></tr>
<tr><td>良好</td></tr>
<tr><td>优秀</td></tr>
<tr><td rowspan="4">制订工作计划并进行实施。自觉完成相互检查和评估，学习活动中自我安全操作和协助他人安全操作，对照相关知识进行标准化作业</td><td>不合格</td></tr>
<tr><td>合格</td></tr>
<tr><td>良好</td></tr>
<tr><td>优秀</td></tr>
</table>

（三）思政评价参考标准

<table>
<tr><th>检查依据</th><th>评价标准
（一票否决）</th></tr>
<tr><td rowspan="2">严守铁路相关法律法规，具有高度的安全行车意识，严格遵照作业标准完成任务，精益求精，认真履职，具有坚定的守法遵纪意识</td><td>不合格</td></tr>
<tr><td>合格</td></tr>
</table>

依照检查与评价标准完成本次任务检查与评价

二、学生自我评价

年 月 日

三、小组评价

年 月 日

四、指导教师评价

年 月 日

自我拓展

在完成指导教师指定任务情境的基础上，根据指导教师的要求，你了解到哪些跟专业相关的名词和感兴趣的问题，请写在下面，并做好备注。

相关知识点

	知识点 1　GSM－R 手持终端

任务 4.4　列尾装置操作

任务实施

计划：根据任务情境制定列尾装置操作方案
1. 学生了解所有任务情境，各小组成员汇总任务单中列尾装置操作所需要的具体材料。 2. 指导教师随机指定各小组要完成的任务情境，学生为列尾装置操作做准备，根据任务单上的要求，以列表的方式列出需要进一步搜集的信息，确定完成任务所需准备的资料。 3. 制订完成任务的计划并准备讨论。

一、列车装置操作

任务情境 1：计划担当 72002 次货物列车值乘任务

操作设备名称	操作步骤

任务情境 2：计划担当 T20 次旅客列车值乘任务

操作设备名称	操作步骤

二、任务实施计划

1. 任务情境 1 初拟个人计划

2. 任务情境 2 初拟个人计划

决策：确认完成列尾装置操作的任务实施计划

1. 小组成员的任务分工（明确组间成员资料收集、整理任务；明确主、副班岗位分配，保证岗位轮换）。
2. 分小组讨论每位成员拟订的任务实施计划。
3. 每组选派一位成员，与各组交流拟订的任务实施计划。
4. 每位成员修正任务实施计划。

小组成员	任务分工

小组内讨论后个人计划：

各组间讨论后个人计划：

任务执行过程中出现的问题及应急情况的处理：

实施：完成列尾装置操作

一、按任务实施计划完成列尾装置操作

根据任务情境，完整记录任务实施过程，小组成员互检任务实施正确性，提交给指导教师，让其给予指导、评价。

任务实施过程记录：

二、解决指导教师补充的问题

任务评估

检查与评价

一、检查与评价标准

（一）掌握知识技能评价参考标准

检查标准	评价权重（80%）
旅客列车 KLW 连接流程	10
旅客列车 KLW 不能连接时的作业方法	10
货物列车列尾“八必查”	10
旅客列车列尾“六必查”	10
设有检充点的车站，货物列车连接列尾流程	10
未设检充点的车站，货物列车连接列尾流程	10
HX_D2 型机车列尾连接操作方法	20

（二）方法能力评价参考标准

检查依据	评价权重（20%）
获取和处理信息，应用知识和技能解决问题，归纳共性、总结规律和积累经验，探究操作与作业标准	不合格
	合格
	良好
	优秀
协同工作关系，准确清晰的信息沟通、技术指导，班组派工、协调与任务调度	不合格
	合格
	良好
	优秀
制订工作计划并进行实施。自觉完成相互检查和评估，学习活动中自我安全操作和协助他人安全操作，对照相关知识进行标准化作业	不合格
	合格
	良好
	优秀

（三）思政评价参考标准

检查依据	评价标准（一票否决）
严守铁路相关法律法规，具有高度的安全行车意识，严格遵照作业标准完成任务，精益求精，认真履职，具有坚定的守法遵纪意识	不合格
	合格

依照检查与评价标准完成本次任务检查与评价
二、学生自我评价   年　月　日
三、小组评价   年　月　日
四、指导教师评价   年　月　日

自我拓展

在完成指导教师指定任务情境的基础上，根据指导教师的要求，你了解到哪些跟专业相关的名词和感兴趣的问题，请写在下面，并做好备注。

____

____

____

____

____

____

相关知识点

知识点 1　制动机试验注意事项

知识点 2　简略试验的时机及分工

知识点 3　全部试验的时机及过程

知识点 4　持续一定时间的全部试验的时机及过程

知识点 5　客、货列车列尾查询要求

课程思政小案例

以青春之我成大才、担重任
——记中国铁路兰州局集团有限公司兰州西机务段动车组指导司机、高级技师赵丕

从学员到高级技师，从内燃机车司机到动车组指导司机，19 年的职业生涯里，中国铁路兰州局集团有限公司（以下简称兰州铁路局）的赵丕见证了西部地区铁路列车牵引动力之变、运营速度之变。在千里铁道线上，他逐梦前行，用不懈奋斗诠释了青春的价值。

勤于思考、知行合一，努力变身“规章王”

2002 年从兰州铁路运输技工学校毕业后，赵丕被分配到机务段，从事机车乘务工作。经过学员、副司机的历练，他成为一名内燃机车司机，圆了驾驶铁龙驰骋陇原的梦。

为尽快掌握内燃机车驾驶技术，赵丕从最基本的机车原理开始学，坚持每天反复背、反复学，认真跟着师傅学操纵、排故障。下了班，他经常待在机车里，对着电气设备学原理、悟心得。回到宿舍后，他还翻阅相关专业书籍，仔细琢磨，求证疑问，在“学习—实践—学习—再实践”的过程中养成了勤于思考、知行合一的好习惯，逐步从业务“小白”成长为同批学员中的业务尖子。

付出就有收获，坚持不懈的努力让赵丕成为同年入路的同事中第一个获得内燃机车驾驶资格的司机。跟车实习的一年时间里，他熟练掌握了内燃机车的线路、管路原理和操纵性能，学习笔记记了十几本，《技规》《操规》《行规》等规章制度更是烂熟于心。值乘线路沿线的每一座车站、每一个隧道、每一架信号机以及线路纵断面、曲率、限速值，他都能做到回答“一口清”。他还把这些经验编成口诀在车间广泛传播，被同事们称为“规章王”。

2011 年，拿到电力机车驾驶证的赵丕养成了一个好习惯——每次出乘早到 30 min，利用这 30 min 时间对不同值乘任务涉及的业务知识进行快速“充电”。日积月累，他对不同型号电力机车的每一个部件的作用和操作方法都了如指掌。“提前做好预想非常重要，对出乘一趟的运行揭示、慢行处所、特殊地段等情况了然于胸，严把第一道关，才能确保值乘一路平安。”他说。

攻坚克难、锤炼技艺，“驭龙宝典”显神通

2014 年，兰新高铁开通前夕，为保证动车组列车顺利开行，兰州铁路局从全局电力机车司机中公开选拔动车组司机。赵丕凭着精湛的业务技能和丰富的行车经验，被选拔为兰州铁路局第一批动车组司机。

当时，西北地区在高速列车安全操纵技术和规章制度等方面没有现成经验可借鉴，赵丕从零开始，下决心啃下这块“硬骨头”。

外出培训期间，从动车组的基础构造、制动与牵引基本原理，到 ATP 的控车模式、动车组的平稳操纵，他利用一切可利用的时间搜集动车组开行前的基础资料，夜以继日地潜心钻研，逐渐熟练掌握了各种型号动车组的操纵要领。

2017 年 5 月，宝兰高铁开始全线联调联试。为了高质量完成调试任务，赵丕根据

线路海拔高、坡度大、隧道多的特点，在值乘作业中摸索出了平稳起车、恒速控车、稳准停车的“赵丕操纵法”，并在全段推广应用。

作为兰州铁路局第一代动车组司机，从兰新高铁、中川城际铁路、宝兰高铁的联调联试到开通运营，赵丕全程参与并圆满完成了各项任务。在值乘动车组列车将近 7 年的时间里，他对每条线路的坡度、曲线以及各种车型性能都了然于心，对每一次值乘都精神高度集中、一丝不苟。2018 年，赵丕先后取得段技术比武第一名、兰州铁路局技术比武第一名、全路技术比武第六名的好成绩，成为名副其实的高铁工匠、“驭龙先锋”。

传道授业、榜样引领，危难时刻见担当

西北地区海拔高、温差大、风沙多，从兄弟单位学到的操纵经验在这里会“水土不服”。为此，赵丕汇总、梳理出宝兰高铁操纵方法，固化作业流程、关键点操纵技巧，先后编写了系列动车组列车《一次出乘作业标准固化作业流程》《动车组操纵提示卡》等 10 余册操纵指南。面对高坡地段的行车条件，他坚持“一点不能差，差一点也不行”的工作标准，练就了站内对标停车前后误差不超过 20 cm 的绝技。同时，他凭借多年行车经验总结出了“长大坡道操纵法”，为兰新高铁安全行车提供了可靠的技术保障。

一花独放不是春，百花齐放春满园。宝兰高铁开通运营后，上线运用的动车组车型多达 14 种，安装的车载列控设备有 5 种。在实际运用过程中，面对繁多的机型和设备，动车组司机普遍感觉操纵压力大。于是，赵丕在工作之余将自己总结的操作要点和工作心得整理成册，并结合《高速铁路技术管理规程》《CRH 系列动车组操作规则》等规章制度，有针对性地编写了 CRH2 型、CRH5 型、CRH380A 型、CRH380B 型、CR400AF 型、CR400BF 型动车组固化流程作业手册，进一步细化了不同动车组车型的作业流程。

为了让同事们真正地理解和掌握标准化作业流程，赵丕主动请缨，自告奋勇地担任了“教练”。起初，他专门对 40 名刚单独上岗的新司机进行“一对一”跟车示范、“面对面”难点讲解，取得了良好成效。后来，他在兰州西站至西安北站间，逐一对所有机班进行现场指导和示范作业，一天两个往返，1 100 多 km，每个往返指导一名司机。半年多的时间，他完成了 200 多名动车组司机全员全覆盖指导示范工作，总里程达 20 多万 km，规范了全段动车组司机的作业标准，有效防控了误听、误通、错操作等安全风险，为高铁运输安全筑起了坚实防线。

行百里者半九十。在平凡的岗位上，赵丕没有满足于所获得的荣誉和成就，尽自己所能弘扬劳模精神、劳动精神、工匠精神，在急难险重任务中担当作为。2020 年初，车间全力创建劳模创新工作室，他再一次主动请缨，担负起车间党内品牌的创建和管理的重任。面对平时添乘、盯岗任务较多，难以集中时间和精力做好创建和管理工作的实际困难，他利用休班时间定措施、出方案。不到两个月的时间，他带领 7 人团队高质量完成了劳模创新工作室的创建工作。

为把工作室建得更优更强，在之后的一年多时间里，他聚焦车间青年职工成长需求和新机型投用情况，添乘动车组 400 多趟次，对动车组固化作业流程反复试验调研，解析攻坚了 CRH380B 型动车组防误操作业关键点，更新修订了动车组固化流程。同时，他还把车间 40 名副司机送上司机岗位，用实际行动践行了劳模精神和初心使命。

庚子新春，新冠肺炎疫情突如其来，对铁路系统造成冲击，铁路企业面临着前所未有的挑战。2020 年 1 月 27 日，农历大年初三，兰州铁路局决定成立应急储备队。赵丕带领车间 49 名党员、19 名群众第一时间找到车间党总支，递交请战书，按下红手印，先后值乘开往武汉、上海、广州方向的动车组 60 多趟次，走行 3 万余 km。当得知单位个人防护物资紧缺时，他和妻子跑药店、托朋友，购置了近 700 双防护手套和 600 只口罩，解了单位防疫工作的燃眉之急。2020 年 2 月 3 日，因为表现突出，赵丕被党组织批准"火线入党"，光荣地成为一名中国共产党预备党员。

采访手记：与风竞速　追梦前行

"做好人，开好车。"从事铁路机车乘务工作 19 年来，赵丕始终坚持"精心、精准、精诚、精益"的职业理念，秉持着"干一行、爱一行，专一行、精一行"的职业精神，在 4 m^2 的司机室里书写奋斗人生，在三寸闸把上镌刻青春印记。

追寻梦想的道路上没有捷径。赵丕学理论、背规章、练实作、记笔记，是同事眼中难不住、问不倒的"规章王"。他认真落实每个环节的作业制度，驾驶 26 种机型安全行驶 140 多万 km，是自觉践行劳模精神、劳动精神、工匠精神的追梦人。

知责任者，大丈夫之始也；行责任者，大丈夫之终也。赵丕肯学肯干肯钻研，不忘初心带高徒，培养出了一批优秀的动车组司机。他与风竞速，追梦前行，在千里铁道线上挥洒着汗水，在平凡的岗位上实现价值、展现风采、感受快乐。

证书直通车

扫描二维码，获取证书备考相关习题及答案

项目5

途 中 运 行

学习情境描述

行车凭证是列车由区间驶入站内（或由站内驶入区间）的依据；没有确认行车凭证，列车不准盲目动车，完成区间与站内的“越界”。行车凭证除了正常的信号机外，还有一些特殊情况下使用的行车凭证，这里我们一起来对行车凭证进行学习。

学习目标

通过学习，独立完成进站时正常与非正常情况下列车行车凭证操作与机车操作；独立完成出站时正常与非正常情况下列车行车凭证操作与机车操作。

学习活动

<table>
<tr><th>学习活动</th><th>内容</th><th>学习建议</th></tr>
<tr><td>自学素材</td><td>（1）列车进站行车凭证；
（2）列车出站行车凭证</td><td>课前</td></tr>
<tr><td>计划</td><td>根据任务单上各任务情境，每位同学独立归纳总结使用各种行车凭证的时机及具体行车操作办法</td><td rowspan="5">课中
（8学时）</td></tr>
<tr><td>决策</td><td>通过小组讨论和组间交流后，做出指导教师指定任务情景下列车进出站所需行车凭证的任务决策</td></tr>
<tr><td rowspan="2">实施</td><td>根据指导教师提供的资料，完成指导教师指定情景下具体的列车进出站行车凭证操作任务</td></tr>
<tr><td>正确填写（执行过程检查）评估工作页，小组成员互检工作页的正确性，提交给指导教师，让其给予评价</td></tr>
<tr><td>检查与评价</td><td>完成自我评价、小组评价以及教师评价</td></tr>
<tr><td>自我拓展</td><td>根据学习深度要求，拓展列车进出站行车凭证知识、技能</td><td>课后</td></tr>
</table>

任务相关业务知识

1. 列车进站行车凭证操作

1）正常情况下的操作

当进站信号机可以使用时，凭进站信号机显示的允许运行信号进入车站，具体操作如表 5-1 所示。

表 5-1　正常情况下的列车进站行车凭证操作

车机联控	车站值班员	司机
	××（次）××（站） ××道通过“停车”	××（站）××（次）接近
乘务员呼唤（应答）	副司机（非操纵司机）	操纵司机
	进站信号	双黄灯，侧线，限速××km/h
机车操作	根据实际限速要求掌握运行速度，提前调速，按规定速度通过车站或站内停车	

2）非正常情况下的操作

当进站、接车进路信号机不能使用时，应开放引导信号。当引导信号不能开放或无进站信号机时，应派引导人员接车，分以下 3 种情况。

（1）自动引导。

自动引导进站操作如表 5-2 所示。

表 5-2　自动引导进站操作

车机联控	车站值班员	司机
	××（次）××（站）引导接车	××（次）××（站）引导接车
	××道通过“停车”，注意引导信号	××道通过“停车”，司机明白
机车操作	（1）接到车站值班员命令后，合理操纵制动机，在进站信号机前将机车速度控制在 20 km/h 以下； （2）确认机车信号机颜色：半红半黄色闪光灯； （3）确认地面信号机颜色：一个红色灯光和一个月白色灯光（如图 5-1 所示）。	
乘务员呼唤（应答）	副司机（非操纵司机）	操纵司机
	引导信号	一红一白，引导信号好了
机车操作	确认 LKJ 自动解锁，开口 21 km/h，按规定速度要求，通过车站或站内停车	

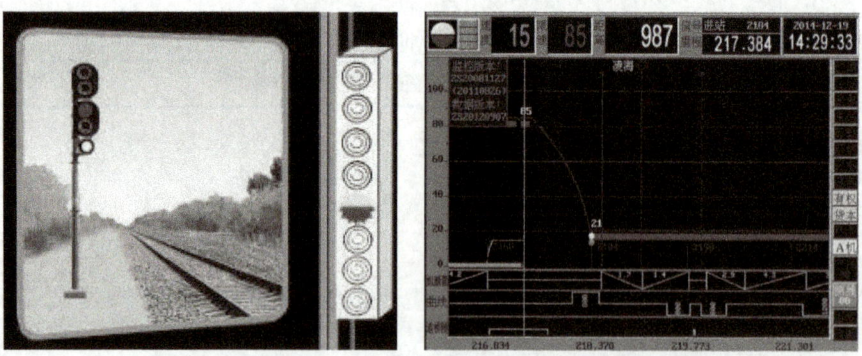

图 5-1　自动引导机车信号颜色显示样例——LKJ 解锁成功

（2）手信号引导。

手信号引导进站操作如表 5－3 所示。

表 5－3　手信号引导进站操作

车机联控	车站值班员	司机
	××（次）××（站）引导接车	××（次）××（站）引导接车
	×× 道通过“停车”，注意引导手信号	×× 道通过“停车”，司机明白
机车操作	（1）接到车站值班员命令后，合理操纵制动机，在进站信号机前将机车速度控制在 20 km/h 以下； （2）确认机车信号机：停车信号（如图 5－2 所示）； （3）确认地面引导手信号：展开的黄色信号旗（夜间黄灯）高举头上左右摇动	
乘务员呼唤（应答）	副司机（非操纵司机）	操纵司机
	引导手信号	黄旗（黄灯），引导手信号好了
机车操作	确认引导手信号显示正确后，按压“解锁”键，确认 LKJ 解锁，开口 21 km/h，按规定速度通过车站或站内停车	

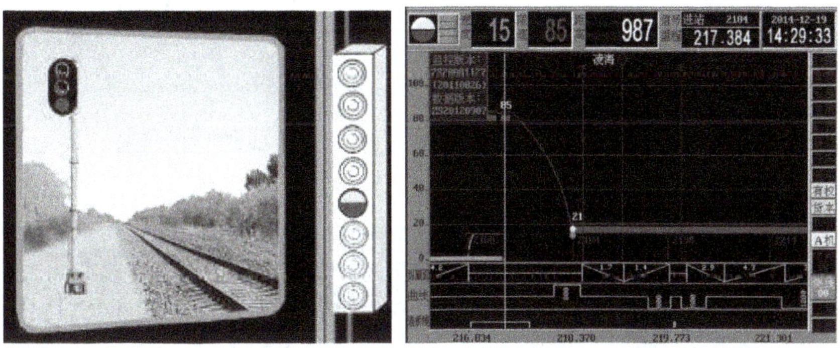

图 5－2　手信号引导机车信号颜色演示——LKJ 解锁成功样例

（3）特定引导。

遇有施工又必须接发列车的特殊情况时，可按施工特定行车办法办理。引导接车并正线通过时，准许列车司机凭特定引导手信号的显示，以不超过 60 km/h 速度进站，具体如表 5－4 所示。

表 5－4　特定引导进站操作

车机联控	车站值班员	司机
	××（次）××（站）特定引导手信号接车	××（次）××（站）特定引导手信号接车
	×道通过，调度命令××号，注意手信号	×道通过，调度命令××号，注意手信号，司机明白
机车操作	（1）接到车站值班员命令后，合理操纵制动机，在进站信号机前将机车速度控制在 60 km/h 以下； （2）确认 LKJ 运行揭示内容（见图 5－3），包括行车凭证、调度命令号； （3）确认地面引导手信号：展开的绿色信号旗（夜间绿灯）高举头上左右摇动	
乘务员呼唤（应答）	副司机（非操纵司机）	操纵司机
	特定引导手信号	绿旗（绿灯），特定引导手信号好了
机车操作	确认特定引导手信号显示正确后，按压“开车”键，5 s 内按压“解锁”键，确认 LKJ 解锁，开口 61 km/h，按规定速度通过车站或站内停车	

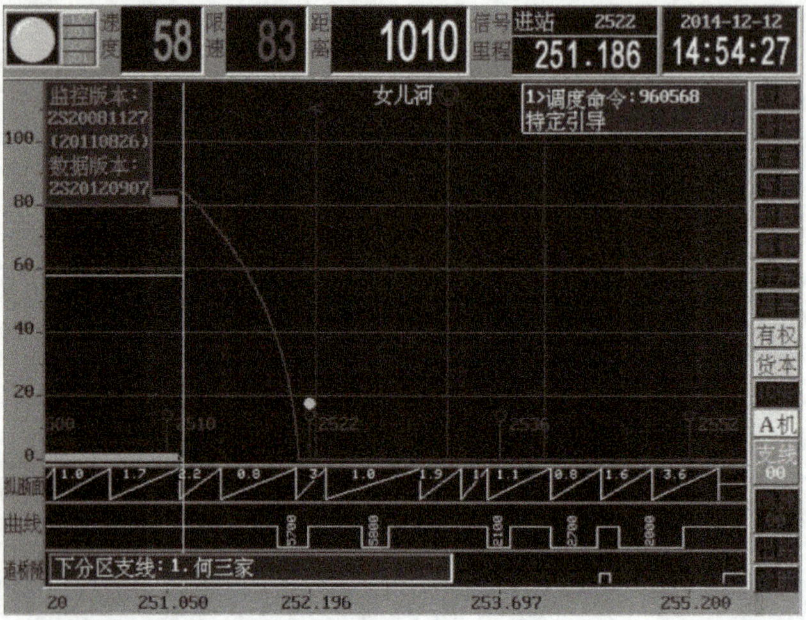

图 5-3　列车进站前的运行揭示

在按压“开车”键，5 s 内按压“解锁”键，解锁成功后的 LKT 界面如图 5-4 所示。

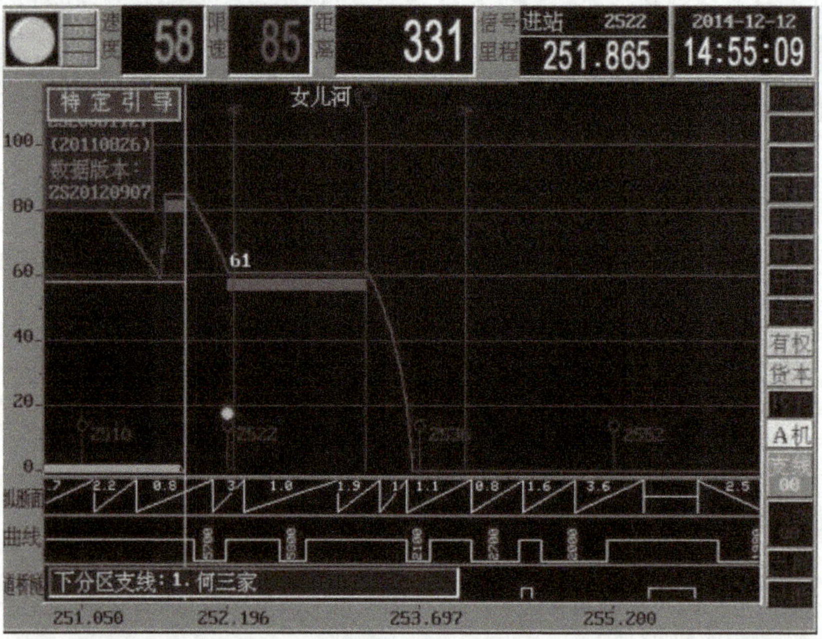

图 5-4　特定引导解锁成功后的 LKJ 界面

2. 列车出站行车凭证操作

1）正常情况下列车出站行车凭证操作

正常情况下列车出站行车凭证操作如表 5-5 所示。

表 5-5 正常情况下列车出站行车凭证操作

车机联控	车站值班员	司机
	××（次）×（道）出站（进站、进路）信号好了	××（次）×道出站（进站、进路）信号好了，司机明白
乘务员呼唤（应答）	副司机（非操纵司机）	操纵司机
	出站信号	绿灯，出站好了
机车操作	根据实际限速要求掌握运行速度，提前调速，按规定速度出车站	

2）非正常情况下列车出站行车凭证操作

非正常情况下列车出站行车凭证操作包括使用绿色许可证发车、使用路票发车和使用红色许可证发车 3 种情况

（1）使用绿色许可证发车。

使用绿色许可证发车包括使用有计划绿色许可证发车和使用临时绿色许可证发车两种情况。使用有计划绿色许可证发车的作业过程如表 5-6 所示。

表 5-6 使用有计划绿色许可证发车的作业过程

车机联控	车站值班员	司机
	××（次）××（站）×道通过，调度命令××号，××（站）至××（站）绿色许可证××号	××（次）××（站）×道通过，调度命令××号，××（站）至××（站）绿色许可证××号，司机明白
机车操作	（1）接到车站值班员命令后，合理操纵制动机，在出站信号机前将机车速度控制在 45 km/h 以下； （2）确认调度命令号，LKJ 弹出“绿色许可证输入”窗口（或手动调出），输入绿色许可证编号	
乘务员呼唤（应答）	副司机（非操纵司机）	操纵司机
	特定引导手信号	绿旗（绿灯），特定引导手信号好了
机车操作	确认特定引导手信号显示正确后，按压“解锁”键，5 s 内按压“确认”键，确认 LKJ 解锁，开口 46 km/h，按规定速度出站	

绿色许可证发车输入界面如图 5-5 所示。

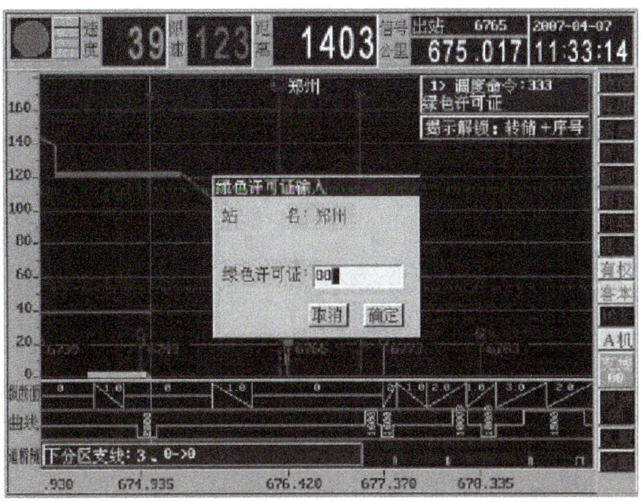

图 5-5 绿色许可证发车输入界面

系统自动弹出绿色许可证输入界面［若没有弹出，或弹出 15 s 后消失，按压“↑”键 2 s，弹出“非正常行车确认”窗口界面（如图 5－6 所示），选择“2. 绿色许可证”手动打开该界面］，参数输入完成后，出现解锁提示信息，如图 5－7 所示。

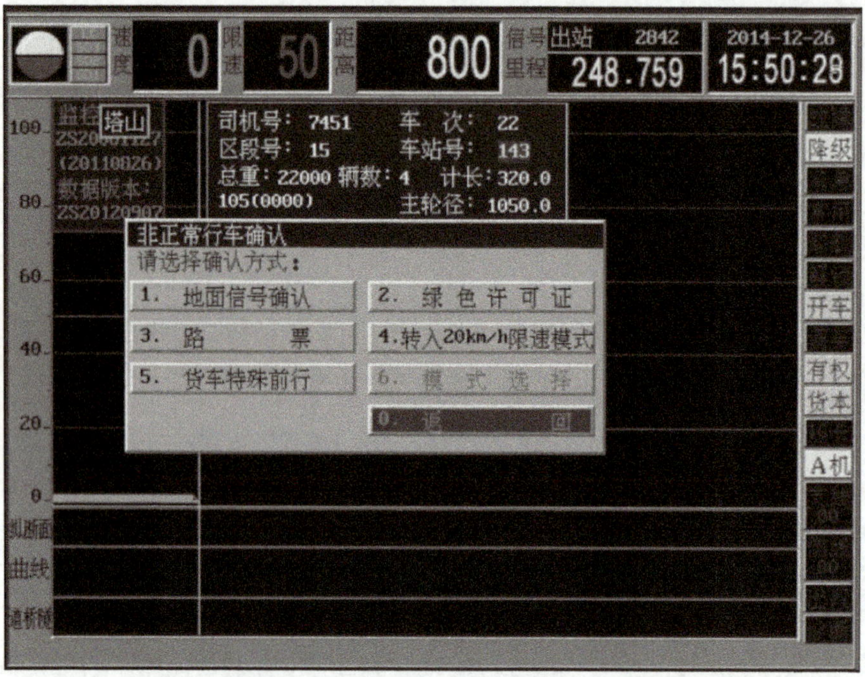

图 5－6 “非正常行车确认”窗口界面

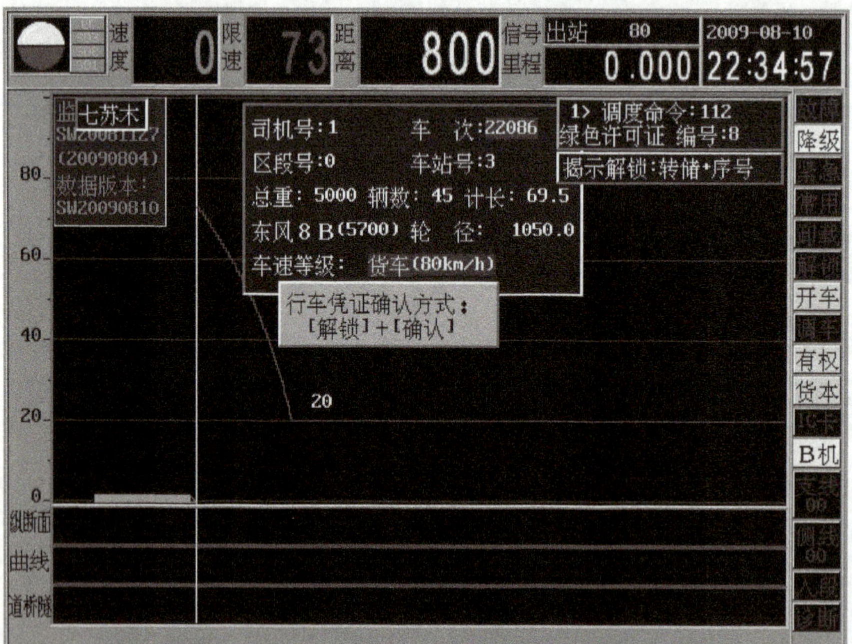

图 5－7 解锁提示信息

按压“解锁”键，5 s 内按压“确认”键，完成绿色许可证使用，绿色凭证行车界面如图 5-8 所示。

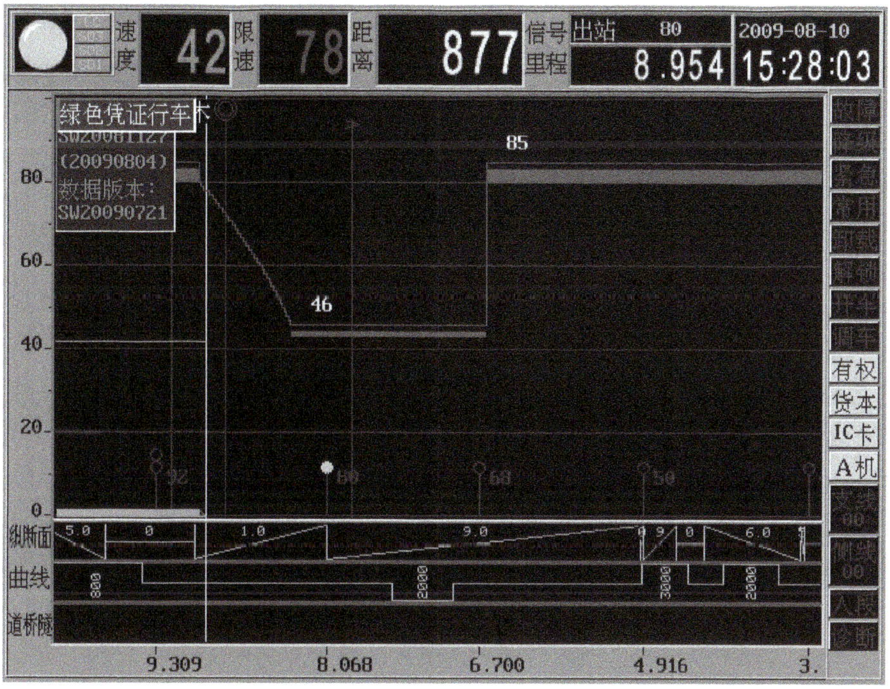

图 5-8　绿色凭证行车界面

使用临时绿色许可证发车的作业过程如表 5-7 所示。

表 5-7　使用临时绿色许可证发车的作业过程

<table>
<tr><td rowspan="2">车机联控（当面递交凭证并进行联控）</td><td>车站值班员</td><td>司机</td></tr>
<tr><td>许可证第××号，在出站信号机故障情况下，准许第××次列车由××线上发车。车站值班员××（姓名），××站，××年××月××日填发，不用字句已抹消，书面通知一并交付</td><td>××站，××次，凭证正确</td></tr>
<tr><td>机车操作</td><td colspan="2">（1）确认行车凭证正确无误；
（2）持续按压“↑”键 2 s，弹出“非正常行车确认”窗口界面，选择“2. 绿色许可证”，弹出“绿色许可证输入”窗口界面，输入默认调度命令号“99”和绿色许可证编号，如图 5-9 所示</td></tr>
<tr><td rowspan="3">车机联控</td><td>车站值班员</td><td>司机</td></tr>
<tr><td>××次××站××道发车，进路好了</td><td>××次××站××道发车，进路好了</td></tr>
<tr><td>××次司机××道发车</td><td>××次××道发车，司机明白</td></tr>
<tr><td rowspan="3">乘务员呼唤（应答）</td><td>副司机（非操纵司机）</td><td>操纵司机</td></tr>
<tr><td>确认绿色许可证</td><td>绿色许可证正确</td></tr>
<tr><td>绿色许可证正确</td><td></td></tr>
<tr><td>机车操作</td><td colspan="2">（1）确认开车条件具备；
（2）按压“解锁”键，5 s 内按压“确认”键，解除当前信号机停车控制功能</td></tr>
</table>

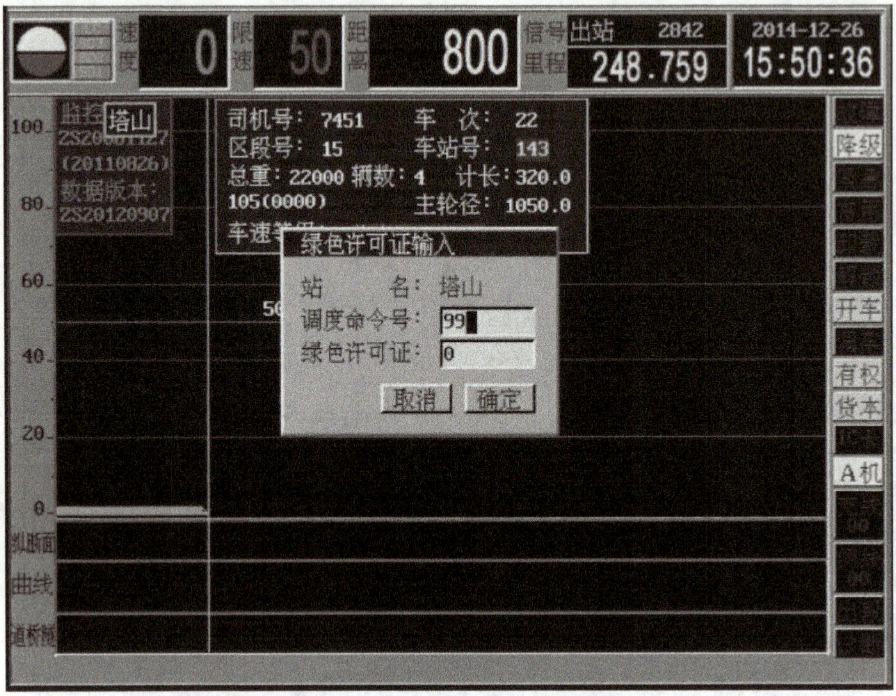

图 5-9 “绿色许可证输入”窗口界面

（2）使用路票发车。

使用路票发车包括使用有计划路票发车和使用临时路票发车两种情况。使用有计划路票发车的作业过程如表 5-8 所示。

表 5-8 使用有计划路票发车的作业过程

<table>
<tr><td rowspan="2">车机联控</td><td>车站值班员</td><td>司机</td></tr>
<tr><td>××（次）××（站）×道通过，调度命令××号，××（站）至××（站）路票电话记录号××号</td><td>××（次）××（站）×道通过，调度命令××号，××（站）至××（站）电话记录号××号，司机明白</td></tr>
<tr><td>机车操作</td><td colspan="2">（1）接到车站值班员命令后，合理操纵制动机，在出站信号机前将机车速度控制在 60 km/h 以下；
（2）确认调度命令号，LKJ 弹出“路票输入”窗口（或手动调出窗口），输入电话记录号</td></tr>
<tr><td rowspan="2">乘务员呼唤（应答）</td><td>副司机（非操纵司机）</td><td>操纵司机</td></tr>
<tr><td>确认路票</td><td>路票正确</td></tr>
<tr><td>机车操作</td><td colspan="2">在路票运行揭示窗口确认出站凭证正确（见图 5-10）后，按压“解锁”键，5 s 内按压“确认”键，确认 LKJ 解除当前信号机停车控制功能，按规定速度通过车站</td></tr>
</table>

如果没有弹出“路票输入”窗口界面，或弹出该窗口界面 15 s 后消失，则按压“↑”键 2 s，弹出“非正常行车确认”窗口界面，选择“3. 路票”后，出现“路票输入”窗口界面，如图 5-11 所示。

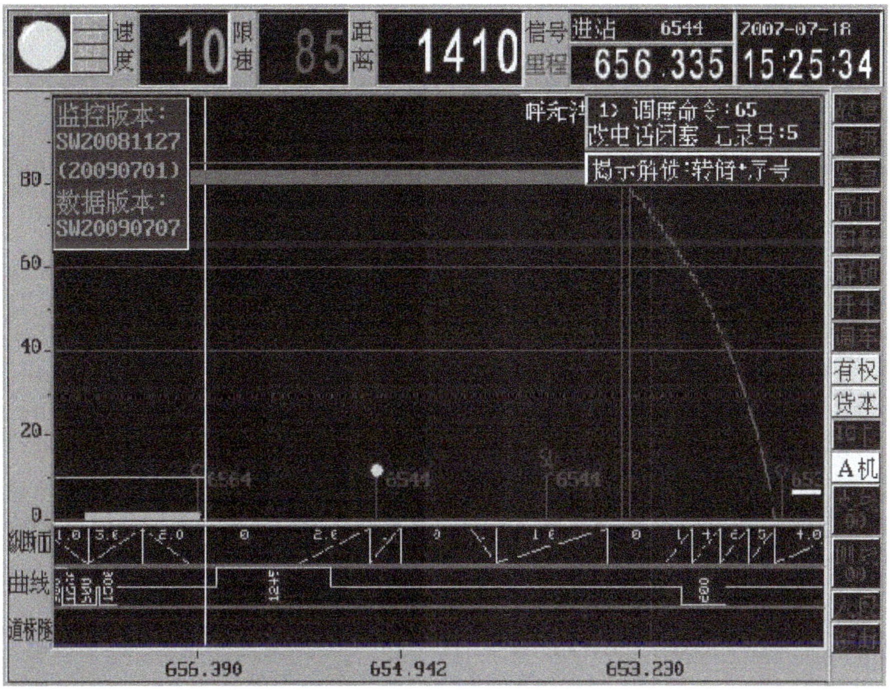

图 5－10　路票运行揭示

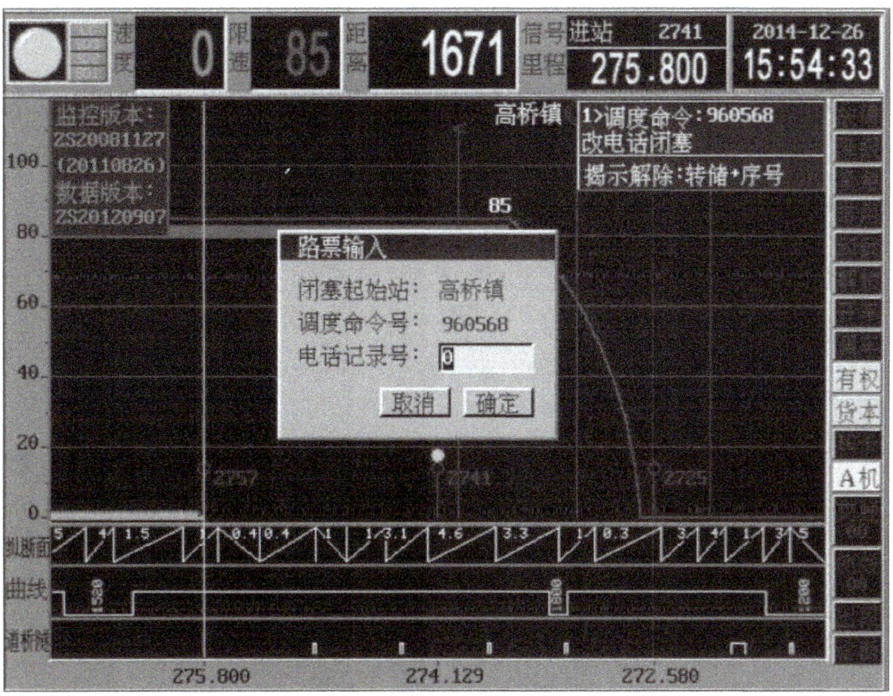

图 5－11　“路票输入”窗口界面

输入电话记录号后，按压 LKJ“解锁”键，5 s 内按压“确认”键，完成路票解锁操作。路票解锁成功后的界面如图 5－12 所示。

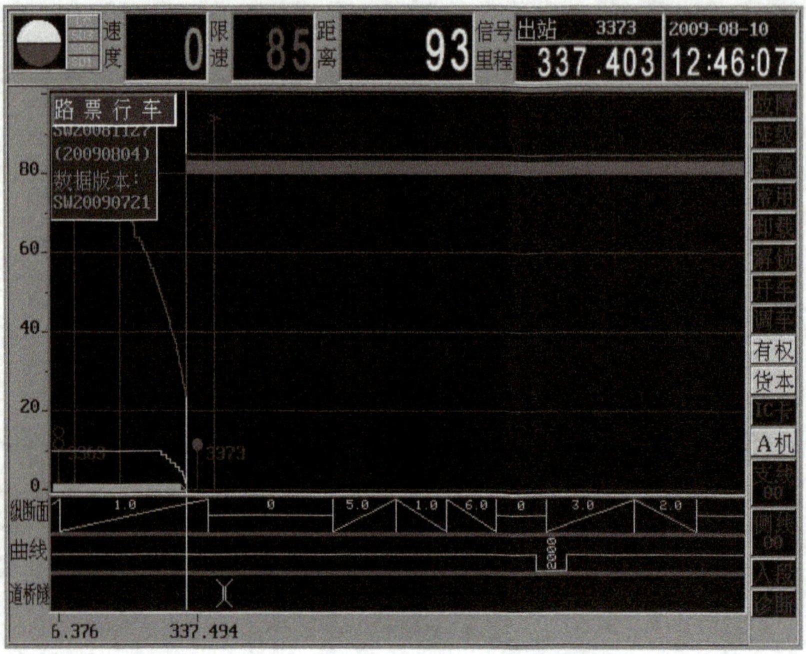

图 5－12　路票解锁成功后的 LKJ 界面

使用临时路票发车的作业过程如表 5－9 所示。

表 5－9　使用临时路票发车的作业过程

<table>
<tr><td rowspan="2">车机联控（当面递交凭证并进行联控）</td><td>车站值班员</td><td>司机</td></tr>
<tr><td>路票电话记录号第××号，在出站信号机故障情况下，准许第××次列车由××线上发车。车站值班员××（姓名），××站，××年××月××日填发，不用字句已抹消，书面通知一并交付</td><td>××站，××次，凭证正确</td></tr>
<tr><td>机车操作</td><td colspan="2">（1）确认行车凭证正确无误；
（2）持续按压“↑”键 2 s，弹出“非正常行车确认”窗口界面，选择“3.路票”，弹出“路票输入”窗口界面，输入默认调度命令号码和电话记录号码</td></tr>
<tr><td rowspan="3">车机联控</td><td>车站值班员</td><td>司机</td></tr>
<tr><td>××次××站××道发车，进路好了</td><td>××次××站××道发车，进路好了</td></tr>
<tr><td>××次司机××道发车</td><td>××次××道发车，司机明白</td></tr>
<tr><td rowspan="3">乘务员呼唤（应答）</td><td>副司机（非操纵司机）</td><td>操纵司机</td></tr>
<tr><td>确认路票</td><td>路票正确</td></tr>
<tr><td>路票正确</td><td></td></tr>
<tr><td>机车操作</td><td colspan="2">（1）确认开车条件具备；
（2）确认出站凭证正确后按压“解锁”键，5 s 内按压“确认”键，确认 LKJ 解除当前信号机停车控制功能，按规定速度通过车站</td></tr>
</table>

在“非正常行车确认”窗口界面选择“3. 路票”，弹出临时路票输入窗口界面，如图 5－13 所示输入路票信息。

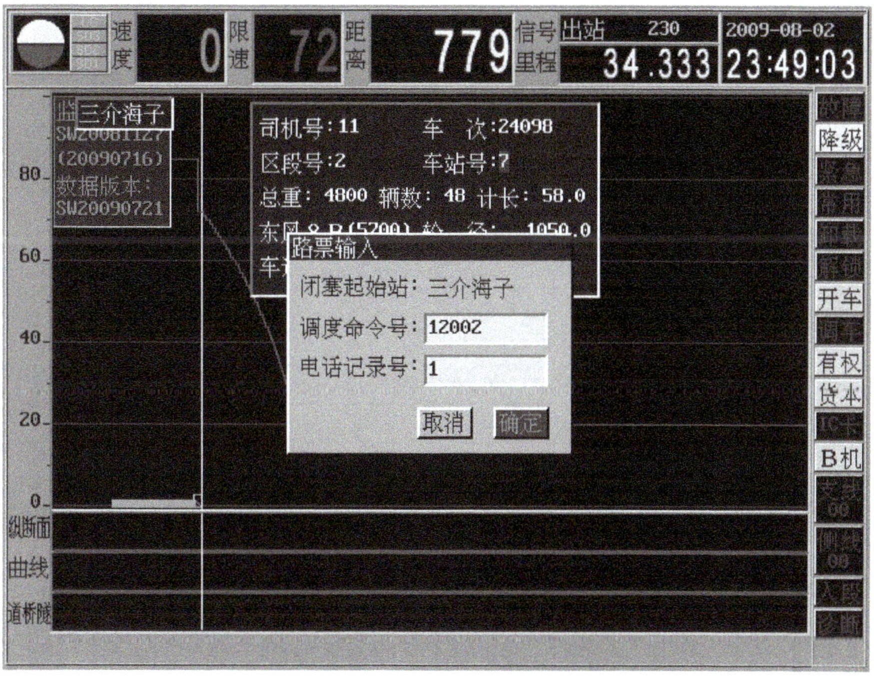

图 5－13　临时路票输入窗口界面

按压 LKJ“解锁”键，5 s 内按压“确认”键后，LKJ 界面如图 5－14 所示。

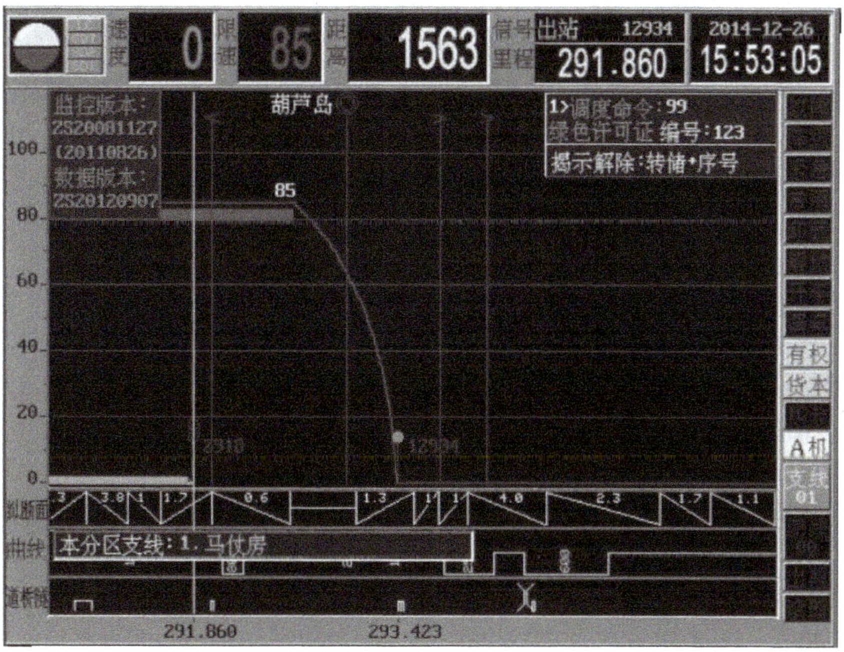

图 5－14　临时路票解锁成功后的 LKJ 界面

（3）使用红色许可证发车。

使用红色许可证发车的作业过程如表 5－10 所示。

表 5-10　使用红色许可证发车的作业过程

车机联控（当面递交凭证并进行联控）	车站值班员	司机
	红色许可证第××号，现一切电话中断，准许第××次列车由××站至××站发车。车站值班员××（姓名），××站，××年××月××日填发，不用字句已抹消，书面通知一并交付	××站，××次，凭证正确
车机联控	车站值班员	司机
	××次××站××道发车，进路好了	××次××站××道发车，进路好了
	××次司机××道发车	××次××道发车，司机明白
乘务员呼唤（应答）	副司机（非操纵司机）	操纵司机
	确认红色许可证	红色许可证正确
	红色许可证正确	
机车操作	（1）确认开车条件具备； （2）按规定速度驶出车站	

3. 开车对标

1）常规开车对标

LKJ 进入降级工作状态，确认“开车”指示灯亮，列车开车后，运行到正线出站（或发车进路）信号机或开车对标距离特殊地点，按压“开车”键，“开车”指示灯灭，LKJ 进入通常工作状态。

注意：

按压“开车”键前，若机车信号转为白灯或单红灯，车速大于或等于 5 km/h，LKJ 进行 7 s 周期性报警，注意按压“警惕”键，防止 LKJ 输出紧急制动指令。

按压“开车”键进入通常工作状态时，机车信号若为双黄灯或白灯，LKJ 按本站最低道岔限制速度进行控制；机车信号若为绿灯，则按线路限制速度进行控制。

“开车”指示灯点亮时，在停车状态下按压“开车”键有效。当 LKJ 为调车工作状态时，按压“开车”键无效。

2）在设置为出站绿灯/绿黄灯确认操作的侧线股道开车对标

机车信号显示双黄灯时，确认出站（或发车进路）信号机显示绿灯或绿黄灯后，在降级工作状态下持续按压“↑”键 2 s，弹出“非正常行车确认”窗口界面，选择“1. 地面信号确认”，运行到规定地点，按压“开车”键。

4. 中间站调车

列车停妥后，按压“调车”键，“调车”指示灯点亮，LKJ 转入调车工作状态。调车完毕后，按压“调车”键，“调车”指示灯灭，退出调车工作状态，进入通常工作状态。

若本务机车后部挂有重联或附挂机车，重联或附挂机车应进入调车工作状态运行。

注意：

进入调车工作状态后，显示屏的“距离”显示区清零。动车后，“距离”显示区显示调车走行距离，前行时距离增加，后行时距离减小。作业中换向手柄应与运行方向一致。

调车作业结束后，应根据机车所在股道和列车编组变化修改相应参数。若发现距离误差过大无法校正，应重新设定本站车站号，进入降级工作状态，运行到规定地点进行开车对标操作。

5. 过机误差校正

信号机之间的距离是地面参数设置的重要依据。列车运行中，LKJ 显示屏“距离”显示区以不断递减的数字显示距下一架信号机的距离，机车越过信号机瞬间显示的距离与机车实际位置的误差称为过机误差。

1）过机误差分类

过机误差分为滞后误差与超前误差。

（1）滞后误差。

机车越过信号机时距离显示仍有余量，经过一段距离后才到“0”。这种“0”显示出现在信号机位置之后的过机误差称为滞后误差。滞后误差如图 5－15 所示。

（2）超前误差。

机车距信号机还有一段距离，但距离显示值提前到“0”。这种“0”显示出现在信号机位置之前的过机误差称为超前误差。超前误差如图 5－16 所示。

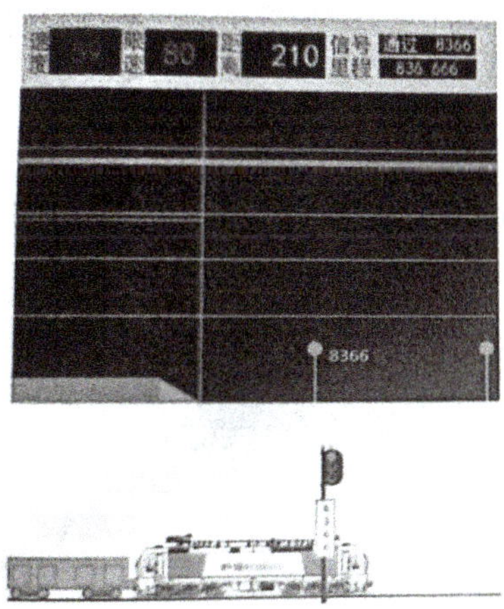

图 5－15　滞后误差

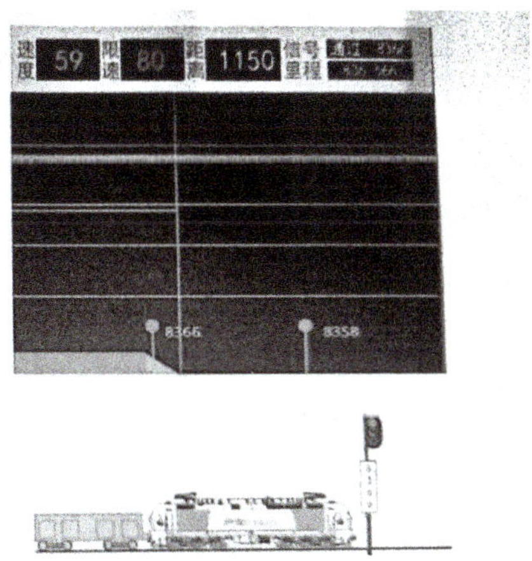

图 5－16　超前误差

2）手动修正过机误差操作

（1）车位向前。

出现滞后误差后，机车接近信号机位置时按“车位”键 1 次，在机车越过信号机的瞬间再按“向前”键 1 次，清除剩余距离，调出当前分区距离。

（2）车位向后。

出现超前误差后，机车接近信号机位置时按“车位”键 1 次，在机车越过信号机的瞬间再按“向后”键 1 次，装置将重新调用当前分区的距离。

（3）车位对中。

当超前误差或滞后误差小于 300 m 时，在信号机位置按压“自动校正”键，无论是滞后误差还是超前误差，均自动校正。

注意：

（1）使用“车位”+“向前”或“向后”键进行车位调整时，按两个键的时间间隔不得大于 5 s，否则无效。

（2）启动停车控制模式后，校正距离误差操作无效。

（3）通过信号机距离误差大于 100 m 时，必须进行人工误差校正；进、出站信号机距离误差大于 20 m 时，必须进行人工误差校正。

（4）超前距离误差超过 300 m 时，可多次采用“车位”+“向后”键进行调整，或在前方站出站信号机前采取降级重新对标方式消除。

（5）机车轮径误差、轮对空转、轮对滑行等都可能导致距离误差累积，应注意在机车越过信号机时修正过机误差。

6. 巡检操作

（1）巡检开始前，在操作端显示器按“巡检”键 1 次。

（2）巡检到机车另一端时，在非操作端显示器按“巡检”键 1 次。

（3）返回到操作端后，再按“巡检”键 1 次，完成 1 次巡检记录。

当按压“巡检”键有效时，显示器“巡检”指示灯点亮，4 s 后自动熄灭。

7. 支线号与侧线号输入

1）支线号输入

当列车接近支线分支地点时，“支线”指示灯点亮，下方显示支线号和支线方向，语音提示“请输入支线号”，按压“进路号”键，弹出“请输入支线号”窗口，输入相应的支线号，“支线”状态栏显示所输入的支线号。若所输入的是过渡支线号，显示屏左侧以红底黄字提示“过渡支线”。

当需要修改支线号时，按压“进路号”键，弹出支线号输入窗口，显示已输入的支线号，对支线号进行修改，“支线”状态栏显示修改后的支线号。

“侧线 127”和“支线 0”指示灯同时点亮表示前方同时存在多侧线和支线数据，按压“进路号”键后，弹出输入侧线号、支线号界面（见图 5－17），二者可一次性输入，也可分别输入。当只需输入其中一项时，用“↑”或“↓”键选择。操作完成后，“侧线”“支线”状态栏分别显示输入的侧线号和支线号。

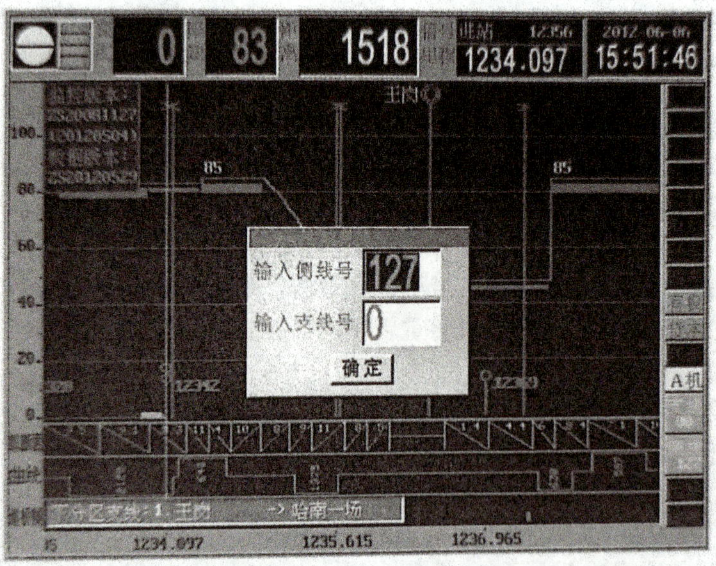

图 5－17　输入侧线号、支线号

当支线号输入错误须重新输入时，按压“进路号”键，输入正确的支线号，并确认 LKJ 显示屏右下角显示的“支线***”与输入的支线号码一致。

注意：

（1）机车信号显示红黄灯、白灯、单红灯、灭灯、多灯，均可进行支线号输入操作。

（2）在停车状态下可进行支线号输入操作。

（3）在出站信号机后有支线号输入操作的车站进行参数设定并退出后，显示屏自动显示支线号输入窗口。在有支线号输入操作的车站按压“开车”键前，允许在降级工作状态下先按压“进路号”键调出支线号输入窗口，输入前一个分区支线号。

（4）若支线号输入错误，在越过支线数据所在信号机前，重新输入正确的支线号或输入支线号“0”返回主线。若列车已经进入支线线路，必须立即停车，设定支线对应参数后重新进行开车对标操作，并在经过次一架信号机时进行人工距离校正。

2）侧线号输入

列车侧线进站停车或通过，在进站（或进路）信号机前，机车信号双黄灯收到时，“侧线 127”指示灯点亮，语音提示“请输入侧线号”，并自动弹出“请输入侧线号”界面窗口（见图 5－18），输入侧线号后，“侧线”状态栏显示所输入的侧线号。若 15 s 内未进行输入操作，界面将自动消失（距前方信号机 500 m 时再次弹出）。

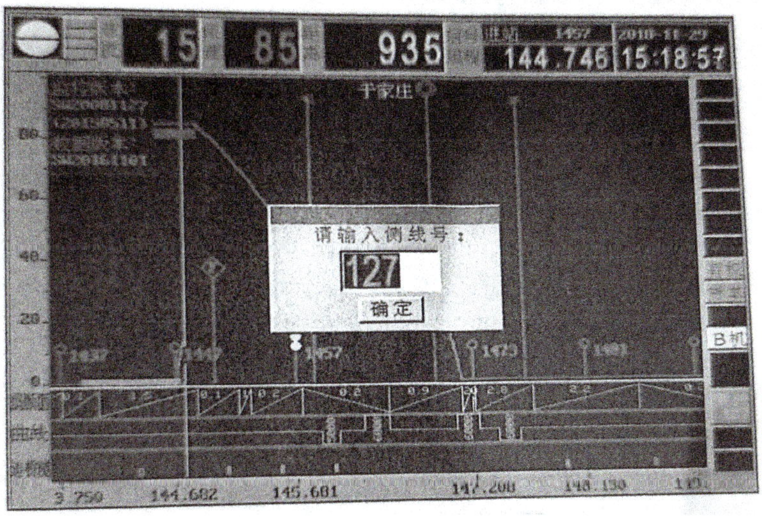

图 5－18　“请输入侧线号”界面窗口

注意：

（1）若发现输入的侧线号错误，行至出站信号机前均可修改，按压“进路号”键，弹出“请输入侧线号”界面窗口，进行侧线号修改操作。

（2）除机车信号为双黄灯时自动弹出“请输入侧线号”界面窗口外，其他情况下均须通过按压进路号键调出“请输入侧线号”界面窗口。

（3）引导进站解锁后，LKJ 提供输入侧线号条件。

（4）在存在两个及以上车场的车站，当连续两个车场同时存在多条股道时，在前一个车场，距前方信号机距离小于 200 m 时，只能输入下一个车场的侧线号；距前方信号机距离大于 200 m 时，只能修改本车场的侧线号。

（5）列车在接车兼发车进路信号机前发车，当前方车场有多条侧线股道时，在按压“开车”键进入通常工作状态之前可输入侧线号。

（6）未输入侧线号时，默认值为“127”，LKJ 按该站最低道岔限速和最短股道长度进行控制。

（7）当“请输入侧线号”窗口界面倒计时小于 5 s 时，禁止输入侧线号。

8. 防溜报警的解除

监控装置在通常、降级、调车工作状态时，均具有以下 3 种防溜功能。

1）管压防溜

（1）启动管压防溜控制。

在以下状态下：

① 列车（不含单机车次）停车后 5 s 内列车管减压量未达到 80 kPa 以上；

② 调车工作状态下（或单机车次）机车停车后 5 s 内列车管减压量未达到 80 kPa 以上且闸缸压力未达到 80 kPa 以上；

③ 降级工作状态下列车管减压量未达到 80 kPa 以上。

LKJ 装置将启动防溜控制，语音报警“注意管压防溜”，显示“管压防溜倒计时！”界面窗口（见图 5-19），机车乘务员须采取措施，否则连续报警 10 s 后自动实施紧急制动。

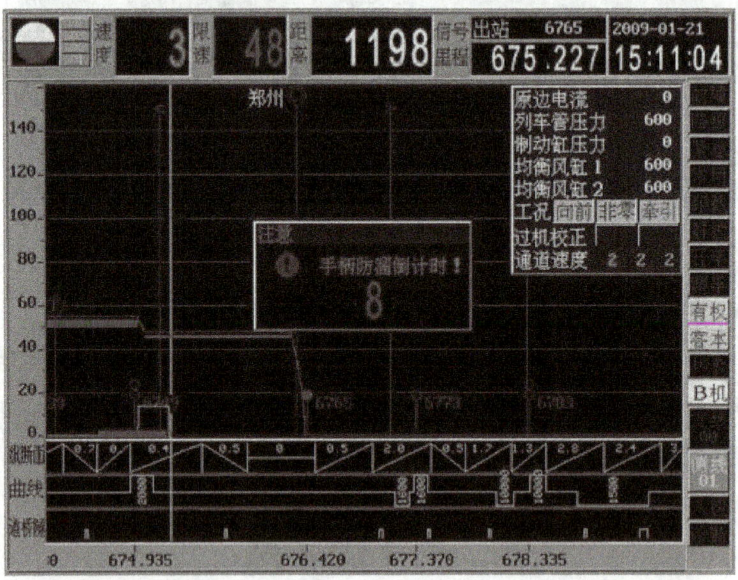

图 5-19 “管压防溜倒计时！”界面窗口

（2）解除管压防溜报警。

防溜报警后，应立即追加列车管减压量，使列车管累计减压量达到 80 kPa 以上（对于调车工作状态下或单机车次，也可使闸缸压力大于 80 kPa），解除防溜控制。

在防溜报警过程中，机车乘务员确认需按键解除报警时，可按一次“警惕”键解除防溜控制。

（3）防溜报警实施紧急制动后的解除。

防溜报警持续 10 s 后，实施紧急制动。若机车乘务员确认可以解除紧急制动后，则按“警惕”键解除紧急制动指令。

2）手柄防溜

（1）启动手柄防溜控制。

若机车主手柄工况（“零位”“非零位”）未发生变化，当机车由停车状态移动（未动手柄动车），速度≥3 km/h 或者移动距离≥10 m 时，LKJ 装置连续语音提示“注意手柄防溜”，显示“手柄防溜倒计时！”界面窗口（见图 5-20），要求机车乘务员采取措施，否则语音提示 10 s 后实施紧急制动。

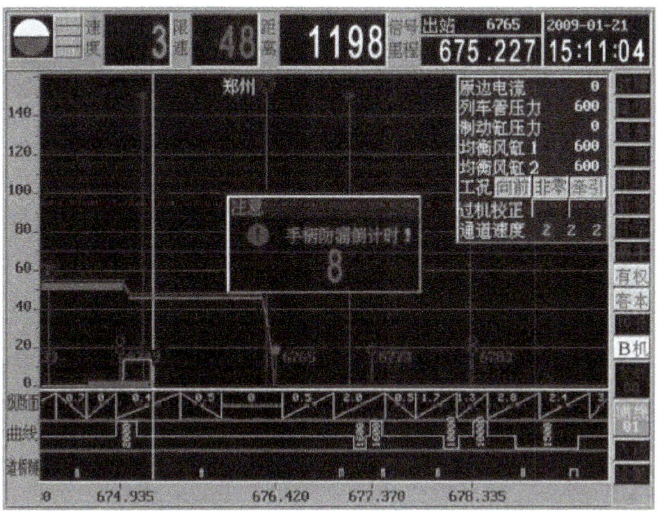

图 5-20　“手柄防溜倒计时！”界面窗口

（2）解除手柄防溜报警。

① 防溜报警后，应立即确认，若机车发生溜逸应立即停车。

② 在防溜报警过程中，通过将主手柄置于“零位—非零位—零位”（手柄状态变化，即加载、卸载状态发生变化）的操作，解除防溜控制。

③ 在防溜报警过程中，机车乘务员确认需按键解除报警时，通过按一次“警惕”键解除防溜控制。

（3）防溜报警实施紧急制动后的解除。

防溜报警持续 10 s 后，实施紧急制动。停车后，若机车乘务员确认可以解除紧急制动，则按“警惕”键解除紧急制动指令。

3）相位防溜

（1）启动相位防溜控制。

机车由停车状态移动，当机车速度传感器两通道速度信号的相位与机车运行方向（换向手柄状态）相反，机车运行速度≥3 km/h 或者移动距离≥10 m 时，连续语音提示“注意相位防溜”，显示“相位防溜倒计时”界面（见图 5-21）。若连续语音提示超过 10 s，监控装置实施紧急制动控制。

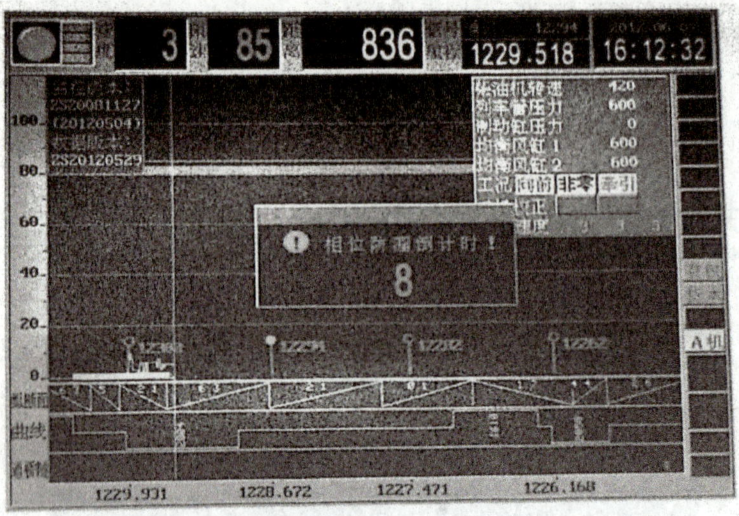

图 5－21 “相位防溜倒计时!”界面

（2）解除相位防溜报警。

相位防溜报警后，应立即确认机车运行方向，若机车发生倒溜，应立即停车。

在防溜报警过程中，机车乘务员确认需按键解除报警时，通过按“警惕”键可以暂停报警 4 s，直至车速大于 10 km/h 后，再次按“警惕”键解除防溜控制。

（3）防溜报警实施紧急制动后的解除。

防溜报警持续 10 s 后，实施紧急制动。停车后，若机车乘务员确认可以解除紧急制动，则按“警惕”键解除紧急制动指令。

9. 警惕操作

1）启动司机警惕功能

司机警惕功能是对 LKJ2000 型列车运行监控记录装置进行功能扩展后实现的一种司机警醒功能，它包括“进站确认警惕”和“周期警惕”两项子功能。

（1）进站确认警惕。

在通常工作状态下，列车运行途中，当前方信号机为进站、进出站信号机，且其次架一信号机为出站或进出站信号机时，显示器语音提示“请确认信号”2 遍。在列车越过信号机前，司机要按压 1 次警惕按钮开关（按下并松开），否则列车越过信号机后，将启动警惕控制功能，显示进站确认警惕倒计时界面。

（2）周期警惕。

在通常监控工作状态下，列车运行途中当速度大于 5 km/h 时启动周期警惕功能，当列车速度小于 3 km/h 时终止周期警惕功能。周期警惕功能启动速度示意图如图 5－22 所示。启动周期警惕功能后开始计时，在计时过程中，检测到下列信息之一时重新开始计时：

① 列车管减压 50 kPa 及以上；

② 闸缸压力大于或等于 501 Pa；

③ 车工况（零位/非零位）状态变化。

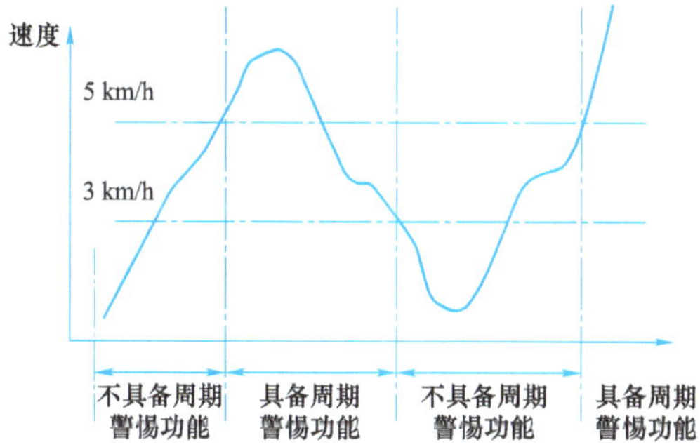

图 5－22　周期警惕功能启动速度示意图

若计时达到 120 s，则启动警惕控制功能。

2）警惕控制过程

启动警惕控制功能后，显示屏弹出警惕提示界面（见图 5－23），并开始 20 s 倒计时，倒计时到 10 s 时伴以“呜呜”报警声，若倒计时到 0 s 时仍未采取行动，则实施制动控制。

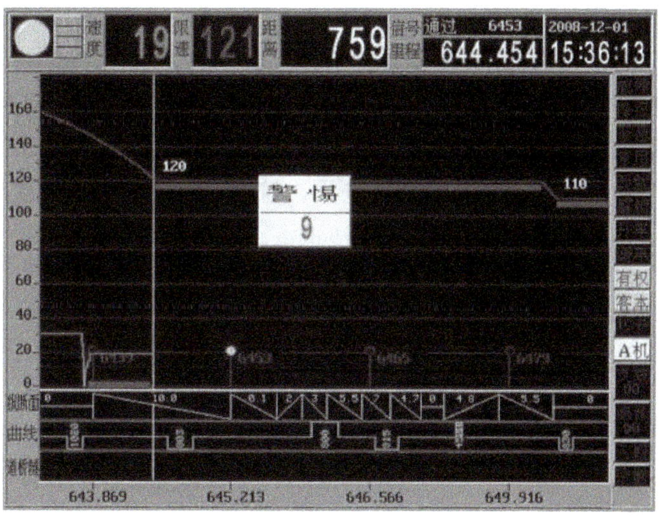

图 5－23　警惕提示界面

显示屏弹出警惕提示界面后，检测到下列信息之一时，终止本次控制过程（停止倒计时、警惕提示窗口取消、停止报警）。

（1）按压警惕按钮开关 1 次；

（2）列车管压减压 50 kPa 及以上；

（3）闸缸压力大于或等于 50 kPa；

（4）机车工况（零位/非零位）状态变化。

警惕控制过程示意图如图 5－24 所示。

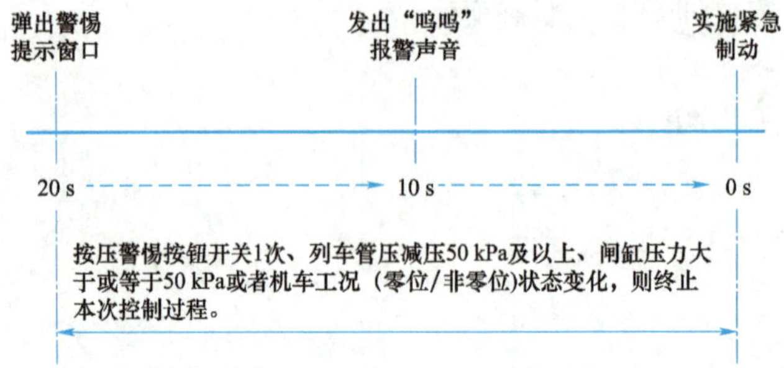

图 5-24 警惕控制过程示意图

3）LKJ 实施制动控制的方式

（1）当 LKJ 具备常用制动功能时，发出解除牵引力（卸载）和常用制动指令；不具备常用制动功能时，发出解除牵引力和紧急制动指令。

（2）一旦发出紧急制动指令，必须在停车后才能解除（若发出常用制动控制指令，还必须按“缓解”键）。

注意：

（1）当“警惕”键故障时，按压显示器上的“定标”键可替代按压“警惕”键。

（2）在警惕周期的 120 s 计时间隔内，按压“警惕”键无效。

（3）警惕功能仅适用于通常工作状态。

（4）当显示器具有操作权时，按压“警惕”键有效。

10. 显示屏亮度、音量调整

1）亮度的调整

用“↑”“↓”方向键可调整显示屏亮度。按压“↑”键增加亮度，按压“↓”键减小亮度。

2）音量调节

连续按压“→”键可逐步增加音量，连续按压“←”键可逐步减小音量。

注意：司机警惕功能语音的音量不能调整。

任务 5.1　对标开车、查询风压

任务实施

<table>
<tr><th>计划：根据任务制订发车作业计划</th></tr>
<tr><td>1. 学生了解所有任务，小组成员汇总任务单中途中运行作业所需要的具体材料。
2. 指导教师随机指定小组要完成的任务情境，学生判断是否符合途中运行条件，并准备所需资料。根据任务单上的要求，以列表的方式判断哪些是违规操作。
3. 制订完成任务的计划并准备讨论。</td></tr>
</table>

一、列车发车作业任务单

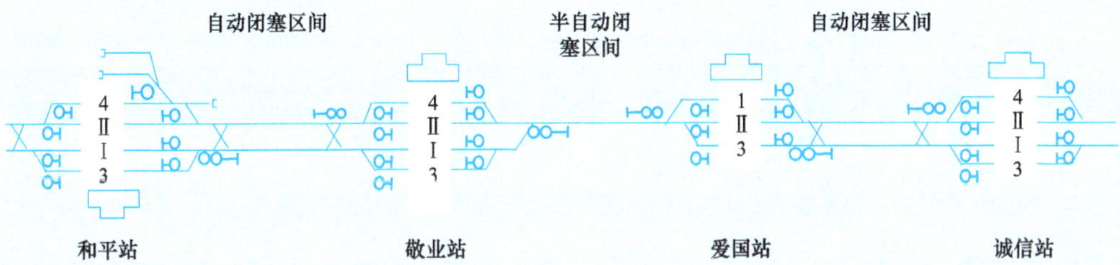

如上图所示：区段内 4 个车站分别为：和平站、敬业站、爱国站、诚信站。和平站往诚信站方向为列车运行上行方向。

和平站—敬业站采用自动闭塞法行车，货物列车限速 80 km/h，旅客列车限速 120 km/h；

敬业站—爱国站采用半自动闭塞法行车；

爱国站—诚信站采用自动闭塞法行车

任务情境 1：

假设和平站（区段号 15，车站号 1）为始发站，司机张三（工号：2021001），副司机李四（工号：2021002），使用 HX_D30001 机车，担当当日 14：36 的 27026 次货物列车（重车 30，空车 25，合计 55，自重 761 t，载重 4 015 t，计长 62.5），列尾 ID 为 123456。请机班完成发车作业，并说明对标地点、查询风压时机

任务情境 2：

假设和平站（区段号 16，车站号 32）为始发站，司机张三（工号：2021006），副司机李四（工号：2021035），使用 HX_D3C0026 机车，担当当日 20：33 的 K1234 次旅客列车，列尾 ID 为 654321，列车编组通知单如下。请机班完成发车作业，并说明对标地点及查询风压时机。

<table>
<tr><th colspan="12">客运列车编组通知单</th></tr>
<tr><td colspan="12">（客运统 1 乙）</td></tr>
<tr><td colspan="12">和平站　　××××年××月××日××时××分　K1234 次列车　××××客运段担当　　机车号</td></tr>
<tr><td colspan="12">车站制表者：　车站值班员：　机车乘务员所属单位：　　机车乘务员：</td></tr>
<tr><td rowspan="3">站名</td><td colspan="2">牵引重量/t</td><td colspan="7">辆数</td><td rowspan="3">换长</td><td rowspan="3">记事栏</td></tr>
<tr><td rowspan="2">总重</td><td rowspan="2">载重</td><td rowspan="2">合计</td><td colspan="6">其中</td></tr>
<tr><td>基本编组</td><td>加挂企业 1 及辆数</td><td>加挂企业 2 及辆数</td><td>其他客车</td><td>货车</td><td>其他</td></tr>
<tr><td>和平站</td><td>552</td><td>72</td><td>10</td><td>10</td><td></td><td></td><td></td><td></td><td></td><td>24.0</td><td></td></tr>
<tr><td></td><td></td><td></td><td></td><td></td><td></td><td></td><td></td><td></td><td></td><td></td><td></td></tr>
<tr><td></td><td></td><td></td><td></td><td></td><td></td><td></td><td></td><td></td><td></td><td></td><td></td></tr>
<tr><td></td><td></td><td></td><td></td><td></td><td></td><td></td><td></td><td></td><td></td><td></td><td></td></tr>
</table>

任务情境 3：

假设和平站（区段号 15，车站号 18）为始发站，司机张三（工号：2021001），副司机李四（工号：2021002），使用 HX_D30280 机车，担当当日 18：23 的 28022 次货物列车（重车 30，空车 25，合计 55，自重 761 t，载重 4 015 t，计长 62.5），无列尾装置。请机班完成发车作业，并说明对标地点及查询风压时机。

二、任务实施计划

1. 任务情境 1 初拟个人计划

2. 任务情境 2 初拟个人计划

3. 任务情境 3 初拟个人计划

决策：确认完成发车作业的任务实施计划

1. 小组成员的任务分工（明确组内成员资料收集、整理任务；明确主、副班岗位分配，保证岗位轮换）。
2. 分小组讨论每位成员拟订的任务实施计划。
3. 每组选派一位成员，与各组交流拟订的任务实施计划。
4. 修正任务实施计划。

小组成员	任务分工

小组内讨论后个人计划：

各组间讨论后个人计划：

任务执行过程中出现的问题及应急情况的处理：

实施：完成发车作业

一、按任务实施计划完成指定任务

根据任务情境，完整记录任务实施过程，小组成员互检任务实施正确性，提交给指导教师，让其给予指导、评价。

任务实施过程记录：

二、解决指导教师补充的问题

任务评估

检查与评价

一、检查与评价标准

（一）知识技能掌握情况评价参考标准

检查标准	评价权重（80%）
了解监控装置基本数据输入及查询操作方法	20
掌握对标时机及对标地点	20
明确风压查询时机及风压标准	20
掌握典型非正常行车凭证	20

（二）方法能力评价参考标准

<table>
<tr><th>检查依据</th><th>评价权重（20%）</th></tr>
<tr><td rowspan="4">获取和处理信息，应用知识和技能解决问题，归纳共性、总结规律和积累经验，探究操作与作业标准</td><td>不合格</td></tr>
<tr><td>合格</td></tr>
<tr><td>良好</td></tr>
<tr><td>优秀</td></tr>
<tr><td rowspan="4">协同工作关系，准确清晰的信息沟通、技术指导，班组派工、协调与任务调度</td><td>不合格</td></tr>
<tr><td>合格</td></tr>
<tr><td>良好</td></tr>
<tr><td>优秀</td></tr>
<tr><td rowspan="4">制订工作计划并进行实施，完成相互检查和评价，学习活动中自我安全操作和协助他人安全操作，对照相关知识进行标准化作业</td><td>不合格</td></tr>
<tr><td>合格</td></tr>
<tr><td>良好</td></tr>
<tr><td>优秀</td></tr>
</table>

（三）思政评价参考标准

<table>
<tr><th>检查依据</th><th>评价标准
（一票否决）</th></tr>
<tr><td rowspan="2">严守铁路相关法律法规，具有高度的安全行车意识，严格遵照作业标准完成任务，精益求精，认真履职，具有坚定的遵纪守法意识</td><td>不合格</td></tr>
<tr><td>合格</td></tr>
</table>

依照检查与评价标准完成本次任务检查与评价

二、学生自我评价

年　月　日

三、小组评价

年　月　日

四、指导教师评价

年　月　日

自我拓展

在完成指导教师指定任务的基础上，根据指导教师的要求，把你了解到的那些跟专业相关的名词和感兴趣的问题写在下面，并做好备注。

相关知识点

	对标开车，查询风压。

任务 5.2　车机联控、识读机车信号

任务实施

计划：根据任务确定车机联控时机并制订车机联控、识读机车信号计划
1. 学生了解所有任务情境，各小组成员汇总任务单中各任务情境下车机联控时机及进行车机联控所需要的具体材料。 2. 指导教师随机指定各小组要完成的任务，学生准备各环节车机联控的具体操作及标准用语，根据任务单上的要求，以列表的方式列出需要进一步搜集的信息，确定完成任务所需准备的资料。 3. 制订完成任务的计划并准备讨论。

一、列车进出站行车凭证操作任务单

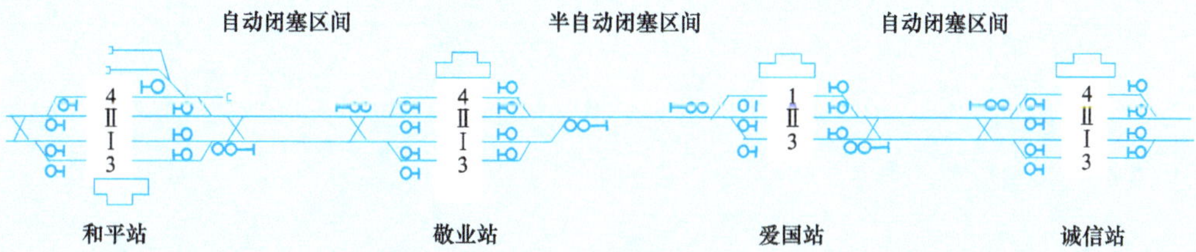

如上图所示：区段内 4 个车站分别为：和平站、敬业站、爱国站、诚信站。和平站往诚信站方向为列车运行上行方向。

和平站—敬业站采用自动闭塞法行车；

敬业站—爱国站采用半自动闭塞法行车；

爱国站—诚信站采用自动闭塞法行车

任务情境 1：担当 72002 次列车值乘任务，该列车日前在和平站 4 道停车	
运行过程	各站任务情境
1	和平站 4 道出站信号机故障，列车准备出站
2	敬业站进站信号机故障，车站值班员派引导员接车进站
3	敬业站至爱国站间，基本闭塞设备故障
4	爱国站站内施工，列车在爱国站通过
5	爱国站至诚信站间，双线改按单线行车
任务情境 2：担当 72002 次列车值乘任务，该列车即将在和平站Ⅱ道通过	
运行过程	各站任务情境
1	LKJ 运行揭示显示：和平站使用绿色许可证行车
2	敬业站站内有计划施工，采用特定引导办法进站
3	敬业站Ⅱ道通过，出站信号机不能开放，采用路票行车
4	爱国站进站信号机不能开放，车站值班员开放引导信号进站
5	爱国站 1 道停车，列车越过 1 道出站信号机发车

任务情境 3：担当 72003 次列车值乘任务，该列车目前在诚信站 3 道停车	
运行过程	各站任务情境
1	72003 次列车 3 道停车，列车头部越过出站信号机，准备出站
2	爱国站信号、联锁、闭塞设备停用，进站信号机不能开放，列车准备进站
3	爱国站至敬业站半自动闭塞设备故障，列车需继续运行
4	敬业站Ⅰ道停车，Ⅰ道出站信号机轨道电路故障，出站信号机不能开放，列车需继续运行
5	敬业站至和平站间，双线改按单线行车

任务情境 4：担当 72003 次列车值乘任务，该列车即将在诚信站Ⅰ道通过	
运行过程	各站任务情境
1	LKJ 运行揭示显示：诚信站使用路票行车
2	爱国站内有计划施工，采用特定引导办法进站
3	爱国站 1 道停车，列车头部越过 1 道出站信号机并压上出站方面轨道电路，准备发车
4	敬业站进站信号机故障不能开放，车站值班员派引导人员准备接车
5	敬业站Ⅱ道通过，敬业站至和平站间双线改单线行车

二、任务实施计划

1. 任务情境 1 初拟个人计划

2. 任务情境 2 初拟个人计划

3. 任务情境 3 初拟个人计划

4. 任务情境 4 初拟个人计划

决策：确认完成指定任务的实施计划

1. 小组成员的任务分工（明确组内成员资料收集、整理任务；明确主、副班岗位分配，保证岗位轮换）。
2. 分小组讨论每位成员拟订的任务实施计划。
3. 每组选派一位成员，在各组交流拟订的任务实施计划。
4. 每位成员修正任务实施计划。

小组成员	任务分工

小组内讨论后个人计划：

各组间讨论后个人计划：

任务执行过程中出现的问题及应急情况的处理：

实施：完成指定任务

一、根据任务实施计划完成指定任务

根据任务情境，完整记录任务实施过程，小组成员互检任务实施正确性，提交给指导教师，让其给予指导、评价。

任务实施过程记录：

二、解决指导教师补充的问题

任务评估

检查与评价

一、检查与评价标准

（一）知识技能掌握程度评价参考标准

检查标准	评价权重（80%）
明确采用引导信号进站的时机	12
明确采用引导手信号进站的时机	12
明确采用特定引导手信号的时机	12
能识别进站色灯信号机开放引导信号的颜色含义	12
能识别机车信号机显示引号信号时的颜色含义	12
掌握标准的车机联控用语并及时进行联控	10
掌握标准的乘务员呼唤应答用语并及时进行呼唤应答	10

（二）方法能力评价参考标准

检查依据	评价权重（20%）
获取和处理信息，应用知识和技能解决问题，归纳共性、总结规律和积累经验，探究操作与作业标准	不合格
	合格
	良好
	优秀
协同工作关系，准确清晰的信息沟通、技术指导，班组派工、协调与任务调度	不合格
	合格
	良好
	优秀
制订工作计划并进行实施，完成相互检查和评价，学习活动中自我安全操作和协助他人安全操作，对照相关知识进行标准化作业	不合格
	合格
	良好
	优秀

（三）思政评价参考标准

检查依据	评价标准（一票否决）
严守铁路相关法律法规，具有高度的安全行车意识，严格遵照作业标准完成任务，精益求精，认真履职，具有坚定的遵纪守法意识	不合格
	合格

依照检查与评价标准完成本次任务检查与评价

二、学生自我评价

年　月　日

三、小组评价

年　月　日

四、指导教师评价

年　月　日

自我拓展

在完成指导教师指定任务的基础上，根据指导教师的要求，把你了解到的那些跟专业相关的名词和感兴趣的问题请写在下面，并做好备注。

相关知识点

	车机联控

任务5.3 校正距离

任务实施

计划：根据任务情境制订 LKJ 校正距离的计划

1. 学生了解所有任务情境，各小组成员汇总任务单中各种特殊条件下列车操纵所需要的具体材料。
2. 指导教师随机指定各小组要完成的任务情境，学生准备各特殊条件下列车操纵的相关资料，根据任务单上的要求，以列表的方式列出需要进一步搜集的信息，确定完成任务所需的资料。
3. 制订完成任务的计划并准备讨论。

一、列车进出站行车凭证操作任务单

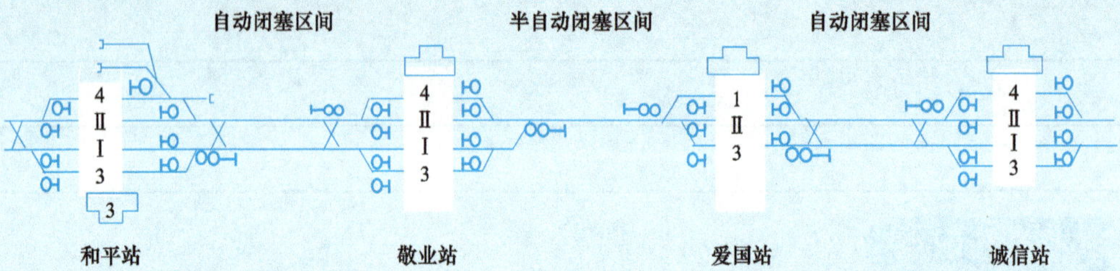

如上图所示：区段内 4 个车站分别为：和平站、敬业站、爱国站、诚信站。和平站往诚信站方向为列车运行上行方向。

和平站—敬业站采用自动闭塞法行车；

敬业站—爱国站采用半自动闭塞法行车；

爱国站—诚信站采用自动闭塞法行车

任务情境 1：夏季汛期行车，担当 72002 次列车值乘任务，该列车目前在和平站 4 道停车	
运行过程	各站任务情境
1	和平站 4 道出站后，发生空转，LKJ 与地面信号机之间的距离为 124 m
2	敬业站Ⅰ道通过，敬业站出站后区间内有长度 5 km、坡度 12‰的上坡道，列车发生空转，LKJ 与地面信号机之间的距离为 321 m
3	爱国站通过后天空中有雾气，轨面湿滑，制动后列车滑行，LKJ 与地面信号机之间的距离为 321 m
任务情境 2：冬季行车，气温为 −15～−28℃，担当客车 K325 次列车值乘任务，本务机车 HX_D3 牵引的 C123 次列车即将在和平站Ⅱ道通过	
运行过程	各站任务情境
1	和平站 4 道出站后，运行前方开始降大雪，列车发生连续空转，LKJ 与地面信号机之间的距离为 424 m
2	敬业站Ⅰ道通过，敬业站出站后区间内有长度 5 km、坡度 12‰的上坡道，列车发生空转，LKJ 与地面信号机之间的距离为 321 m
3	爱国站通过后前方轨面有结冰现象，制动时发生列车滑行，LKJ 与地面信号机之间的距离为 221 m

任务情境 3：汛期行车，担当 72003 次列车值乘任务，该列车目前在诚信站 3 道停车	
运行过程	各站任务情境
1	诚信站出站后天空中有雾气，轨面湿滑，制动后列车滑行，LKJ 与地面信号机之间的距离为 281 m
2	爱国站 1 道通过，敬业站出站后区间内有长度 5 km、坡度 12‰的上坡道，列车发生空转，LKJ 与地面信号机之间的距离为 321 m
3	列车越过变坡点后，遇天降大雨，轨面湿滑，制动后列车滑行，LKJ 与地面信号机之间的距离为 321 m

二、任务实施计划

1. 任务情境 1 初拟个人计划

2. 任务情境 2 初拟个人计划

3. 任务情境 3 初拟个人计划

决策：确认完成列车校正距离作业计划

1. 小组成员的任务分工（明确组内成员资料收集、整理任务；明确主、副班岗位分配，保证岗位轮换）。
2. 分小组讨论每位成员拟订的任务实施计划。
3. 每组选派一位成员，与各组交流拟订的任务实施计划。
4. 每位成员修正任务实施计划

小组成员	任务分工

小组内讨论后个人计划：

各组间讨论后个人计划：

任务执行过程中出现的问题及应急情况的处理：

实施：完成列车校正距离操作
一、按任务实施计划完成指定任务 根据任务情境，完整记录任务实施过程，小组成员互检任务实施正确性，提交给指导教师，让其给予指导、评价。 任务实施过程记录： **二、解决指导教师补充的问题**

任务评估

检查与评价

一、检查与评价标准

（一）知识技能掌握情况评价参考标准

检查标准	评价权重（80%）
掌握汛期行车总体要求	5
掌握汛期行车“一清楚，二认真，六停车，一减速，两报告”	10
掌握汛期“慢行警戒”行车要求	5
掌握汛期“封锁警戒”行车要求	5
掌握严寒地区行车操纵办法	5
掌握电气化区段接触网覆冰时的列车操纵办法	5
掌握长大上坡道上的列车操纵办法	5
掌握列车在上坡道运行时的停车操纵办法	10
掌握列车在上坡道运行时的起车操纵办法	10
掌握旅客列车施加常用制动的操作办法	10
掌握旅客列车运行时保障乘客安全的具体注意事项	10

（二）方法能力评价参考标准

检查依据	评价权重（20%）
获取和处理信息，应用知识和技能解决问题，归纳共性、总结规律和积累经验，探究操作与作业标准	不合格
	合格
	良好
	优秀
协同工作关系，准确清晰的信息沟通、技术指导，班组派工、协调与任务调度	不合格
	合格
	良好
	优秀

检查依据	评价权重（20%）
制订工作计划并进行实施。自觉完成相互检查和评价，学习活动中自我安全操作和协助他人安全操作，对照相关知识进行标准化作业	不合格
	合格
	良好
	优秀

（三）思政评价参考标准

检查依据	评价标准（一票否决）
严守铁路相关法律法规，具有高度的安全行车意识，完成任务过程中严格遵照作业标准完成任务、精益求精，认真履职，具有坚定的守法遵纪意识	不合格
	合格

依照检查与评价标准完成本次任务检查与评价

二、学生自我评价

年　月　日

三、小组评价

年　月　日

四、指导教师评价

年　月　日

自我拓展

在完成指导教师指定任务的基础上，根据指导教师的要求，把了解到的那些跟专业相关的名词和感兴趣的问题请写在下面，并做好备注。

____

____

____

相关知识点

	车位调整

任务 5.4　支线号与侧线号输入

任务实施

计划：根据任务制订支线号与侧线号输入计划

1. 学生了解所有任务情境，各小组成员汇总任务单中各种支线号和侧线号输入操作所需要的具体材料。
2. 指导教师随机指定各小组要完成的任务，学生准备与支线号和侧线号输入操作相关的知识。根据任务单上的要求，以列表的方式列出需要进一步搜集的信息，确定完成任务所需准备的资料。
3. 拟订完成任务的计划并准备讨论。

一、列车进出站支线号和侧线号输入操作任务单

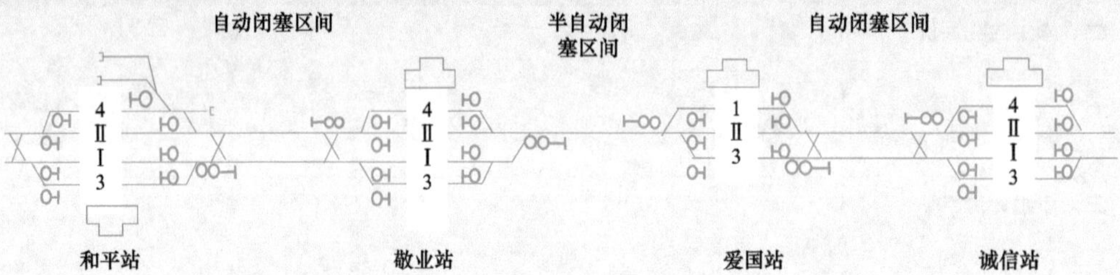

如上图所示：区段内四个车站分别为：和平站、敬业站、爱国站、诚信站。和平站往诚信站方向为列车运行上行方向。

和平站—敬业站采用自动闭塞法行车；
敬业站—爱国站采用半自动闭塞法行车；
爱国站—诚信站采用动闭塞法行车

任务情境 1： 担当 72002 次列车值乘任务，该列车目前在和平站 4 道停车

运行过程	各站任务情境
1	和平站 4 道出站信号机故障，列车准备出站
2	敬业站 4 道通过
3	爱国站站内正线施工，列车在爱国站 3 道通过
4	爱国站至诚信站间双线改按单线行车
5	诚信站 4 道停车

任务情境 2： 担当 72002 次列车值乘任务，该列车即将在和平站Ⅱ道通过

运行过程	各站任务情境
1	LKJ 运行揭示显示：和平站使用绿色许可证行车
2	敬业站站内有计划施工，采用特定引导办法进站并 4 道通过
3	爱国站进站信号机不能开放，值班员开放引导信号进站
4	爱国站 1 道停车，列车越过 1 道出站信号机发车
5	诚信站 4 道停车

任务情境 3：担当 72003 次列车值乘任务，该列车目前在诚信站 3 道停车	
运行过程	各站任务情境
1	72003 次列车 3 道停车，列车头部越过出站信号机，准备出站
2	爱国站信号、联锁、闭塞设备停用，进站信号机不能开放，列车准备进站
3	爱国站至敬业站半自动闭塞设备故障，列车需继续运行
4	敬业站Ⅰ道停车，Ⅰ道出站信号机轨道电路故障，出站信号机不能开放，列车需继续运行
5	和平站 3 道停车
任务情境 4：担当 72003 次列车值乘任务，该列车即将在诚信站Ⅰ道通过	
运行过程	各站任务情境
1	LKJ 运行揭示显示：诚信站使用路票行车
2	爱国站内有计划施工，采用特定引导办法进站
3	爱国站 1 道停车，列车头部越过 1 道出站信号机并压上出站方面轨道电路，列车准备发车
4	敬业站进站信号机因故障不能开放，值班员派引导人员准备接车
5	敬业站Ⅱ道通过，和平站 3 道停车

二、任务实施计划

1. 任务情境 1 初拟个人计划

2. 任务情境 2 初拟个人计划

3. 任务情境 3 初拟个人计划

4. 任务情境 4 初拟个人计划

决策：确认完成支线号与倒线号输入计划

1. 小组成员的任务分工（明确组内成员资料收集、整理任务；明确主、副班岗位分配，保证岗位轮换）。
2. 分小组讨论每位成员拟订的任务实施计划。
3. 每组选派一位成员，与各组交流拟订的任务实施计划。
4. 每位成员修正任务实施计划。

小组成员	任务分工

小组内讨论后个人计划：

各组间讨论后个人计划：

任务执行过程中出现的问题及应急情况的处理：

实施：完成支线号和侧线号输入作业

一、按任务实施计划完成指定任务

根据任务情境，完整记录任务实施过程，小组成员互检任务实施正确性，提交给指导教师，让其给予指导、评价。

任务实施过程记录：

二、解决指导教师补充的问题

任务评估

检查与评价

一、检查与评价标准

（一）知识技能掌握情况评价参考标准

检查标准	评价权重（80%）
明确采用引导信号进站的时机	3
明确采用引导手信号进站的时机	3
明确采用特定引导手信号的时机	3
能识别进站色灯信号机开放引导信号时的颜色含义	3
能识别机车信号机显示引号信号时的颜色含义	3
能识别引导手信号显示方式	2
能识别特定引导手信号显示方式	2
采用引导进站时，掌握机车限速要求、进站调速时机，掌握 LKJ 解锁操作	5
采用特定引导进站时，掌握机车限速要求，掌握 LKJ 解锁操作	6
明确采用绿色许可证出站的时机	6
掌握有计划使用绿色许可证时的机车限速要求、进站调速时机，以及 LKJ 绿色许可证编号输入方法及解锁操作	6
掌握临时使用绿色许可证时的机车站内要求、LKJ 相关参数输入及解锁操作	5
明确使用路票出站的时机	7
掌握有计划使用路票时的机车限速要求、进站调速时机，以及 LKJ 路票电话记录号输入方法及解锁操作	5
掌握临时使用路票时的机车站内要求、LKJ 相关参数输入及解锁操作	5
明确使用红色许可证的时机	3
掌握使用红色许可证时不同线别、不同闭塞法下的具体行车办法	3
掌握标准的车机联控用语并及时进行联控	5
掌握标准的乘务员呼唤应答用语并及时进行呼唤应答	5

（二）方法能力评价参考标准

检查依据	评价权重（20%）
获取和处理信息，应用知识和技能解决问题，归纳共性、总结规律和积累经验，探究操作与作业标准	不合格
	合格
	良好
	优秀
协同工作关系，准确清晰的信息沟通、技术指导，班组派工、协调与任务调度	不合格
	合格
	良好
	优秀
制订工作计划并进行实施。自觉完成相互检查和评价，学习活动中自我安全操作和协助他人安全操作，对照相关知识进行标准化作业	不合格
	合格
	良好
	优秀

（三）思政评价参考标准

检查依据	评价标准（一票否决）
严守铁路相关法律法规，具有高度的安全行车意识，严格遵照作业标准完成任务，精益求精，认真履职，具有坚定的守法遵纪意识	不合格
	合格

依照检查与评价标准完成本次任务检查与评价

二、学生自我评价

年　月　日

三、小组评价

年　月　日

四、指导教师评价

年　月　日

自我拓展

在完成指导教师指定任务情境的基础上，根据指导教师的要求，你了解到哪些跟专业相关的名词和感兴趣的问题，请写在下面，并做好备注。

____

____

____

相关知识点

知识点 1　铁路线路
知识点 2　LKJ2000 型监控装置侧线控制

任务 5.5　进站停车与防溜报警解除

任务实施

计划：完成终到站作业及入段作业任务计划

1. 学生了解所有任务情境，各小组成员汇总任务单中终到站作业及入段作业所需要的具体材料。
2. 指导教师随机指定各小组要完成的任务情境，学生准备终到站作业及入段作业中的具体操作相关知识。根据任务单上的要求，以列表的方式列出需要进一步搜集的信息，确定完成任务所需准备的资料。
3. 拟订完成任务的计划并准备讨论

一、终到站作业及入段作业操作任务单

任务情境 1：$HX_D3D0001$ 机车担当 72002 次旅客列车值乘任务，列车即将在和平站 3 道进站停车	
运行过程	各阶段任务情境
1	LKJ 显示距离进站信号机的距离为 300 m，实际目测距离不足 50 m
2	列车在进站过程中已看到停车标
3	列车已对标停车
4	收到车站值班员通知：列车（车底）进站后，车站采取防溜措施后方可摘开机车
5	检车员指示前行至指定位置
任务情境 2：$HX_D3D0001$ 机车担当 72002 次旅客列车值乘任务，列车在和平站 3 道进站停车	
运行过程	各阶段任务情境
1	列车已对标停车
2	未接到车辆乘务员任何通知
3	无法确认旅客乘降是否完毕
4	调车信号未开放
5	调车信号开放

任务情境 3：$HX_D3D0001$ 机车担当 72002 次旅客列车值乘任务，列车在和平站 3 道对标停车	
运行过程	各阶段任务情境
1	调车信号未开放，因 LKJ 距离限制（监控装置限制速度下降至 8 km/h 时仍未离开固定脱轨器），列检不能按作业要求进行作业
2	机车已摘开
3	机车不能及时入段
4	机车进整备线
5	机车在转盘停留
任务情境 4：$HX_D3D0001$ 机车担当 72002 次货物列车值乘任务，列车在和平站 3 道对标停车	
运行过程	各阶段任务情境
1	到达列车机车摘开
2	得到列尾销号的通知
3	车站通知同一线路内有机车停留
4	无人接取货运票据

二、任务实施计划

1，任务情境 1 初拟个人计划

2. 任务情境 2 初拟个人计划

3. 任务情境 3 初拟个人计划

4. 任务情境 4 初拟个人计划

决策：确认完成进站停车并做好防溜措施的计划

1. 小组成员的任务分工（明确组内成员资料收集、整理任务；明确主、副班岗位分配，保证岗位轮换）。
2. 分小组讨论每位成员拟订的任务实施计划。
3. 每组选派一位成员，与各组交流拟订的任务实施计划。
4. 每位成员修正任务实施计划。

小组成员	任务分工

小组内讨论后个人计划：

各组间讨论后个人计划：

任务执行过程中出现的问题及应急情况的处理：

任务评估

检查与评价

一、检查与评价标准

（一）知识技能掌握情况评价参考标准

检查标准	评价权重（80%）
明确确认 LKJ 显示距离与地面信号机位置是否一致	8
明确制动减压量要求	8
明确直供电列车卸载时机	8
明确直供电机车电钥匙管理要求	8
明确终到站列车制动机试验位置条件与时机	8
明确监控状态转调车状态的条件	8
能判断调车信号未开放时，因 LKJ 距离限制列检不能按作业要求进行时的操作	8
能熟练进行车钩、软管的摘解作业	14
明确机车摘开后前移的要求	10

（二）方法能力评价参考标准

检查依据	评价权重（20%）
获取和处理信息，应用知识和技能解决问题，归纳共性、总结规律和积累经验，探究操作与作业标准	不合格
	合格
	良好
	优秀
协同工作关系，准确清晰的信息沟通、技术指导，班组派工、协调与任务调度	不合格
	合格
	良好
	优秀
制订工作计划并进行实施，完成相互检查和评价，学习活动中自我安全操作和协助他人安全操作，进行标准化作业	不合格
	合格
	良好
	优秀

（三）思政评价参考标准

检查依据	评价标准（一票否决）
严守铁路相关法律法规，具有高度的安全行车意识，严格遵照作业标准完成任务，精益求精，认真履职，具有坚定的守法遵纪意识	不合格
	合格

检查与评价
二、学生自我评价 年　月　日
三、小组评价 年　月　日
四、指导教师评价 年　月　日

自我拓展

在完成指导教师指定进站停车并做好防溜作业学习任务的基础上，根据指导教师的要求，选择感兴趣的问题，通过查阅相关资料，了解铁路机车司机岗位所需的技能与知识。

____

____

____

____

____

____

相关知识点

	知识点 1　防溜报警

任务 5.6　中间站调车

任务实施

计划：完成中间站调车作业计划

1. 学生了解所有任务情境，各小组成员梳理任务单中调车作业流程。
2. 指导教师给各小组分发任务情境，学生准备各场景具体操作。根据任务单上的要求，以列表的方式列出需要进一步搜集的信息，确定完成任务所需准备的资料。
3. 拟订完成任务的计划并准备讨论。

一、中间站调车作业任务单

任务情境 1：调车组机班在车站接班，使用调车灯显设备进行作业。调车作业通知单如下：

调车作业通知单						
日期：03.12　班次：3　调机：D1　编号：Z123　车次：17002 计划起：08：20　止：10：45　实际起：　止：						
序号	股道	甩挂	车数	端	备注	残存
1	14	+	38	北		38
2	8	−	36			2
3	12	+	4			6
4	16	+	1			7
5	17	+	38			45
6	12	−	39			6
7	16	−	4			2
8	15	−	2			0
**						
区长：×××　调车长：×××						
注意事项： （1）接触网有电，禁止攀高。 （2）落实横越线路制度。 （3）正确进行作业记录。						

任务情境 2：调度员要求 17002 次机班在某中间站停车。为方便车站人员卸货，车站请求在 10：17 到达线内对货位，10：40 后部摘车 10 辆，11：26 在该站发车。

____

____

____

二、任务实施计划：

1. 任务情境 1 初拟个人计划

2. 任务情境 2 初拟个人计划

决策：确认中间站调车作业计划
1. 小组成员的任务分工（明确组内成员资料收集、整理任务；明确主、副班岗位分配，保证岗位轮换）。 2. 分小组讨论每位成员拟订的任务实施计划。 3. 每组选派一位成员，与各组交流拟订的任务实施计划。 4. 每位成员修正任务实施计划。

小组成员	任务分工

小组内讨论后个人计划：

各组间讨论后个人计划：

任务执行过程中出现的问题及应急情况的处理：

任务评估

检查与评价

一、检查与评价标准

（一）知识技能掌握情况评价参考标准

检查标准	评价权重（80%）
认知《操规》关于调车作业的规定	5
掌握调车机组车站交接班工作内容	7
认知无线调车灯显设备使用方法	2
熟练掌握调车作业计划知识点	5
掌握挑钩作业要求	2
正确确认信号和指令	3
熟练掌握调车作业联控要求	2
熟练使用调车作业联控用语	7
熟练掌握调车作业对速度和距离的规定	9
了解要道还道制度	3

检查标准	评价权重（80%）
熟练掌握牵出作业重要项点	3
熟练掌握推进、摘挂车辆要求	2
熟练掌握连结软管的要求	3
认知跟踪出站调车的要求	2
认知越出站界调车的要求	2
明记“十二不动”	3
明记“八必停”	1
明记“二不挂”	1
明记“二不超”	1
明记“二明确”	1
明记“二立即”	1
认知特殊车辆调车作业	1
认知无线调车灯显设备在驼峰作业的要求	2
认知铁路无线调车机车信号和监控系统（STP）的使用要求和方法	1
熟练掌握本务机车中间站调车作业要求	7
熟练掌握拔头作业要求	4
合计	80

（二）方法能力评价参考标准

<table>
<tr><th>检查依据</th><th>评价权重（20%）</th></tr>
<tr><td rowspan="4">获取和处理信息，应用知识和技能解决问题，归纳共性、总结规律和积累经验，探究操作与作业标准</td><td>不合格</td></tr>
<tr><td>合格</td></tr>
<tr><td>良好</td></tr>
<tr><td>优秀</td></tr>
<tr><td rowspan="4">协同工作关系，准确清晰的信息沟通、技术指导，班组派工、协调与任务调度</td><td>不合格</td></tr>
<tr><td>合格</td></tr>
<tr><td>良好</td></tr>
<tr><td>优秀</td></tr>
<tr><td rowspan="4">制订工作计划并进行实施，完成相互检查和评估，学习活动中自我安全操作和协助他人安全操作，对照作业指导书进行标准化作业</td><td>不合格</td></tr>
<tr><td>合格</td></tr>
<tr><td>良好</td></tr>
<tr><td>优秀</td></tr>
</table>

（三）思政评价参考标准

<table>
<tr><th>检查依据</th><th>评价标准
（一票否决）</th></tr>
<tr><td rowspan="2">严守铁路相关法律法规，具有高度的安全行车意识，严格遵照作业标准完成任务，精益求精，认真履职，具有坚定的守法遵纪意识</td><td>不合格</td></tr>
<tr><td>合格</td></tr>
</table>

检查与评价
二、学生自我评价 年 月 日
三、小组评价 年 月 日
四、指导教师评价 年 月 日

自我拓展

在完成指导教师指定中间站调车学习任务的基础上，根据指导教师的要求，选择感兴趣的问题，通过查阅相关资料，了解铁路调车作业中作业风险和注意事项。

____

____

____

____

____

____

相关知识点

	知识点 1　无线调车机车信号和监控系统（STP）

课程思政小案例

检修工匠"炼"成记
——沈阳动车段技术研发中心副主任唐云鹏

唐云鹏在动车组驾驶室测试各系统运用状态

唐云鹏是中国铁路沈阳局集团有限公司沈阳动车段技术研发中心副主任。1973 年出生的唐云鹏参加铁路工作以来，从一个名不见经传的"新兵"到一个全路闻名的检修工匠，辛勤的汗水见证了他深入现场、扎根一线、钻研技术、屡创佳绩的 23 年工作经历。

他是全路第一批从事机车监控记录装置"黑匣子"维修管理工作的技术人员；他是动车组开行以来全路第一批随车机械师；他是 CRH5 型动车组职业技能大赛第一个全路个人冠军；他是中国铁路沈阳局集团有限公司第一届动车组自主检修技术状元，也是唯一连续 4 届获得动车组自主检修技术状元称号的人；他参与编制了全路第一套《CRH5 型动车组应急故障处理手册》；他是运用部门中成功运用逻辑关系查找 CRH5 型动车组故障的第一人；他是全路动车组运用维护系统荣获国务院政府特殊津贴第一人；以他名字命名的"云鹏工作室"是中国铁路沈阳局集团有限公司最具潜力的党内优质品牌和最重要的动车组运用检修技术研发团队……唐云鹏用一个个沉甸甸的荣誉记录着自己的成长历程。

新时代开启新征程。作为新时代的铁路榜样，唐云鹏正在用自己的付出不断刷新着动车组检修各项纪录；用"专注、专心、专业"的铁路工匠精神，守护着在祖国广袤大地上奔驰的一趟趟高铁。

证书直通车

扫描二维码，获取证书备考相关习题及答案

项目 6

在站交接与退勤

学习情境描述

在站交接与退勤是保证列车按正点运行的关键。这一阶段的作业内容主要有列尾主机或电池的交接、转储 LKJ 监控文件等。

学习目标

1. 熟悉机车乘务员在站交接与退勤的作业流程。
2. 掌握机车在站交接与退勤中行车安全设备的操纵方法和注意事项。
3. 培养学生爱岗敬业、遵章守纪、安全生产等职业素养。

学习活动

<table>
<tr><th>学习活动</th><th>内容</th><th>学习建议</th></tr>
<tr><td>自学素材</td><td>（1）车站交接班作业和退勤过程；
（2）车站交接班作业和退勤注意事项</td><td>课前</td></tr>
<tr><td>计划</td><td>根据任务单上各任务情境，每位同学独立归纳总结在站交接与退勤作业流程</td><td rowspan="5">课中
（4 学时）</td></tr>
<tr><td>决策</td><td>通过小组讨论和组间交流后，做出指导教师指定任务情景下在站交接与退乘的任务决策</td></tr>
<tr><td rowspan="2">实施</td><td>根据指导教师提供的资料，完成指导教师指定情景下的在站交接与退勤作业</td></tr>
<tr><td>正确填写（执行过程检查）评估工作页，小组成员互检工作页的正确性，提交给指导教师，让其给予评价</td></tr>
<tr><td>检查与评价</td><td>完成自我评价、小组评价以及教师评价</td></tr>
<tr><td>自我拓展</td><td>根据学习深度要求，拓展完善其他机型在站交接与退勤的知识、技能</td><td>课后</td></tr>
</table>

任务相关业务知识

1. 交接站换班

（1）同向继乘时，按继乘列车开车时间，提前 10 min 到达接车地点立岗接车。

（2）换端继乘时，按继乘列车开车时间，提前 20 min 在开车端立岗接车。

列车在继乘站停车后，保持列车制动状态，与接班司机交接，确认调度命令、机车技术状态、机车钥匙、电务车载设备检测合格证，具体按继乘站换端作业程序执行。

交接班司机与司机、随车机械师交接司机室驾驶操纵设备技术状态并在动车组故障交接记录单上签认，按规定进行制动机简略试验（同向继乘除外），具体按继乘站换端作业程序执行。

2. 退勤作业

退勤作业是机车乘务员一次乘务作业的最后一个环节。退勤前，司机应复核司机报单填记是否正确，对本次列车的早、晚点情况进行分析并做出记录，报告调度员非正常行车情况，对监控装置检索分析问题及超劳运行等情况做出说明，上交司机手账、司机报单及列车时刻表后办理退勤。至此，乘务员一次出乘标准化作业就完成了。

（1）转储监控数据，确认车次齐全。

（2）填记司机报单，对本次列车早、晚点情况进行分析、记录。检查司机报单、司机手册填记情况，开好退勤小组会，总结一次乘务作业情况。

（3）对运行中发生的非正常情况，按规定填写“机调 – 18”，反映真实情况以协助分析。

（4）机班全员到退勤调度员处退勤，交回列车时刻表、司机报单、机车乘务员乘前休息证明书、司机手册、运行揭示（施工明示图）、手持电台（G 网手持终端）及调车作业通知单、书面调度命令、非正常行车凭证及通知书等。

注意：机车乘务组人员不齐时，不得退勤。

（5）司机：“××次（调）机班退勤。”机班按压指纹退勤，进行测酒，核对 LKJ 文件齐全。

（6）司机汇报本次列车运行情况及有关信息，并进行相关登记，发生失控信息时，司机在本段派班室退勤时应向退勤调度员报告。退勤调度员准许后退勤。

（7）机车自外段、异地车间入段或在所属车间派班室所在地交班时，机班全员须至派班室做退勤登记。在外段车站换班的，可采取电话退勤的方式（派班室设在公寓内时除外）。

任务 6.1 解除列尾主机“一对一”关系

任务实施

计划：根据任务情境制订解除列尾主机“一对一”关系的作业方案

1. 学生了解所有任务情境，各小组成员汇总任务单中解除列尾主机“一对一”关系需要的具体材料。
2. 指导教师随机指定各小组要完成的任务情境，学生准备解除列尾主机“一对一”关系中乘务员具体操作的相关知识。根据任务单上的要求，以列表的方式列出需要进一步搜集的信息，确定完成任务所需准备的资料。
3. 制订完成任务的计划并准备讨论。

一、解除列尾主机“一对一”关系

任务情境 1：计划担当 72002 次货物列车值乘任务

操作设备名称	操作步骤

任务情境 2：计划担当 T20 次旅客列车值乘任务

操作设备名称	操作步骤

二、任务实施计划

1. 任务情境 1 初拟个人计划

2. 任务情境 2 初拟个人计划

决策：完成解除列尾主机“一对一”关系的任务实施计划

1. 小组成员的任务分工（明确组内成员资料收集、整理任务；明确主、副班岗位分配，保证岗位轮换）。
2. 分小组讨论每位成员拟订的任务实施计划。
3. 每组选派一位成员，与各组交流拟订的任务实施计划。
4. 每位成员修正任务实施计划。

小组成员	任务分工

小组内讨论后个人计划：

各组间讨论后个人计划：

任务执行过程中出现的问题及应急情况的处理：

实施：完成解除列尾主机“一对一”关系作业

一、根据任务实施计划完成指定任务

根据任务情境，完整记录任务实施过程，小组成员互检任务实施正确性，提交给指导教师，让其给予指导、评价。

任务实施过程记录：

二、解决指导教师补充的问题

任务评估

检查与评价

一、检查与评价标准

（一）掌握知识技能评价参考标准

检查标准	评价权重（80%）
明确终到入段作业流程	10
明确退勤作业操作流程	10
掌握列尾装置按键基本操作	10
明确机车乘务员入段与退勤作业的具体操作	10
掌握解除列尾主机“一对一”关系的操作流程	40

（二）方法能力评价参考标准

检查依据	评价权重（20%）
获取和处理信息，应用知识和技能解决问题，归纳共性、总结规律和积累经验，探究操作与作业标准	不合格
	合格
	良好
	优秀
协同工作关系，准确清晰的信息沟通、技术指导，班组派工、协调与任务调度	不合格
	合格
	良好
	优秀
制订工作计划并进行实施，自觉完成相互检查和评价，学习活动中自我安全操作和协助他人安全操作，对照作业指导书进行标准化作业	不合格
	合格
	良好
	优秀

（三）思政评价参考标准

检查依据	评价标准（一票否决）
严守铁路相关法律法规，具有高度的安全行车意识，严格遵照作业标准完成任务，精益求精，认真履职，具有坚定的守法遵纪意识	不合格
	合格

依照检查与评价标准完成本次任务检查与评价

二、学生自我评价

年　月　日

三、小组评价

年　月　日

四、指导教师评价

年　月　日

自我拓展

在完成指导教师指定进站停车并做好防溜作业、解除列尾主机“一对一”关系等学习任务的基础上，通过查阅相关资料，深度了解操作列尾装置的注意事项和作业风险。

____

____

____

____

____

____

____

____

____

相关知识点

	知识点 1　列车尾部标识的有关规定 知识点 2　双模列尾装置操作方法

任务 6.2 注销 CIR 和 GSM－R 手持终端车次

任务实施

计划：根据任务情境制订注销 CIR 和 GSM－R 手持终端车次的作业方案

1. 学生了解所有任务情境，各小组成员汇总任务单中注销 CIR 和 GSM－R 手持终端车次所需要的具体材料。
2. 指导教师随机指定各小组要完成的任务情境，学生为注销 CIR 和 GSM－R 手持终端车次中乘务员的具体操作做准备。根据任务单上的要求，以列表的方式列出需要进一步搜集的信息，确定完成任务所需准备的资料。
3. 制订完成任务的计划并准备讨论。

一、注销 CIR 和 GSM－R 手持终端车次

任务情境 1： 计划担当 72002 次货物列车值乘任务

操作设备名称	操作步骤

任务情境 2： 计划担当 T20 次旅客列车值乘任务

操作设备名称	操作步骤

二、任务实施计划

1. 任务情境 1 初拟个人计划

2. 任务情境 2 初拟个人计划

决策：确认完成注销 CIR 和 GSM－R 手持终端车次的任务实施计划

1. 小组成员的任务分工（明确组内成员资料收集、整理任务；明确主、副班岗位分配，保证岗位轮换）。
2. 分小组讨论每位成员拟订的任务实施计划。
3. 每组选派一位成员，与各组交流拟订的任务实施计划。
4. 每位成员修正任务实施计划。

小组成员	任务分工

小组内讨论后个人计划：

各组间讨论后个人计划：

任务执行过程中出现的问题及应急情况的处理：

实施：完成注销 CIR 和 GSM－R 手持终端车次

一、根据任务实施计划完成指定任务

根据任务情境，完整记录任务实施过程，小组成员互检任务实施正确性，提交给指导教师，让其给予指导、评价。

任务实施过程记录：

二、解决指导教师补充的问题

任务评估

检查与评价

一、检查与评价标准

（一）掌握知识技能评价参考标准

检查标准	评价权重（80%）
明确终到入段作业流程	10
明确退勤作业操作流程	10
掌握 CIR 按键基本操作	15
掌握 GSM－R 手持终端按键基本操作	15
明确机车乘务员入段与退勤作业的具体操作	15
掌握注销 CIR 和 GSM－R 手持终端车次的操作流程	15

（二）方法能力评价参考标准

检查依据	评价权重（20%）
获取和处理信息，应用知识和技能解决问题，归纳共性、总结规律和积累经验，探究操作与作业标准	不合格
	合格
	良好
	优秀
协同工作关系，准确清晰的信息沟通、技术指导，班组派工、协调与任务调度	不合格
	合格
	良好
	优秀
制订工作计划并进行实施，自觉完成相互检查和评估，学习活动中自我安全操作和协助他人安全操作，对照作业指导书进行标准化作业	不合格
	合格
	良好
	优秀

（三）思政评价参考标准

检查依据	评价标准（一票否决）
严守铁路相关法律法规，具有高度的安全行车意识，严格遵照作业标准完成任务，精益求精，认真履职，具有坚定的守法遵纪意识	不合格
	合格

依照检查与评价标准完成本次任务检查与评价

二、学生自我评价

年　月　日

三、小组评价

年　月　日

四、指导教师评价

年　月　日

自我拓展

在完成指导教师指定注销 CIR 和 GSM-R 手持终端车次学习任务的基础上，根据指导教师的要求，选择感兴趣的问题，通过查阅相关资料，深度了解铁路通信设备应用情况。

____

____

____

____

____

____

____

____

____

相关知识点

	知识点 1　GSM-R 手持终端简介

任务 6.3　转储 LKJ 监控文件

任务实施

计划：根据任务情境制订转储 LKJ 监控文件的作业方案
1. 学生了解所有任务情境，各小组成员汇总任务单中转储 LKJ 监控文件所需要的具体材料。 2. 指导教师随机指定各小组要完成的任务情境，学生为准备转储 LKJ 监控文件下乘务员的具体操作做准备。根据任务单上的要求，以列表的方式列出需要进一步搜集的信息，确定完成任务所需准备的资料。 3. 制订完成任务的计划并准备讨论。

一、转储 LKJ 监控文件

任务情境 1：计划担当 72002 次货物列车值乘任务	
操作设备名称	操作步骤

任务情境 2：计划担当 T20 次旅客列车值乘任务	
操作设备名称	操作步骤

二、任务实施计划

1. 任务情境 1 初拟个人计划

2. 任务情境 2 初拟个人计划

决策：确认完成转储 LKJ 监控文件的任务实施计划
1. 小组成员的任务分工（明确组间成员资料收集、整理任务；明确主、副班岗位分配，保证岗位轮换）。 2. 分小组讨论每位成员拟订的任务实施计划。 3. 每组选派一位成员，与各组交流拟订的任务实施计划。 4. 每位成员修正任务实施计划。

小组成员	任务分工

小组内讨论后个人计划：

各组间讨论后个人计划：

任务执行过程中出现的问题及应急情况的处理：

实施：完成转储 LKJ 监控文件作业

一、根据任务实施计划完成指定任务

根据任务情境，完整记录任务情境实施过程，小组成员互检任务实施正确性，提交给指导教师给予指导、评价。

任务实施过程记录：

二、解决指导教师补充的问题

任务评估

检查与评价

一、检查与评价标准

（一）掌握知识技能评价参考标准

检查标准	评价权重（80%）
明确在站交接与继乘作业流程	10
能识读监控装置操作界面	10
掌握监控装置按键基本操作	15
明确机车乘务员退勤操作	15
掌握 LKJ 转储文件操作流程	30

（二）方法能力评价参考标准

检查依据	评价权重（20%）
获取和处理信息，应用知识和技能解决问题，归纳共性、总结规律和积累经验，探究操作与作业标准	不合格
	合格
	良好
	优秀
协同工作关系，准确清晰的信息沟通、技术指导，班组派工、协调与任务调度	不合格
	合格
	良好
	优秀
制订工作计划并进行实施，自觉完成相互检查和评价，学习活动中自我安全操作和协助他人安全操作，对照作业指导书进行标准化作业	不合格
	合格
	良好
	优秀

（三）思政评价参考标准

检查依据	评价标准（一票否决）
严守铁路相关法律法规，具有高度的安全行车意识，严格遵照作业标准完成任务，精益求精，认真履职，具有坚定的守法遵纪意识	不合格
	合格

依照检查与评价标准完成本次任务检查与评价

二、学生自我评价

年　月　日

三、小组评价

年　月　日

四、指导教师评价

年　月　日

自我拓展

在完成指导教师指定转储 LKJ 监控文件学习任务的基础上，根据指导教师的要求，选择感兴趣的问题，通过查阅相关资料，深度了解 LKJ 监控文件对行车安全的重要性。

相关知识点

	知识点 1　转储 LKJ 监控文件方法

课程思政小案例

机车排障“千里眼”
——记中国铁路成都局集团有限公司贵阳机务段运用科机车调度员徐建涛

“人在台中坐，故障千里除。”说起中国铁路成都局集团有限公司（以下简称成都铁路局）贵阳机务段运用科机车调度员徐建涛，同事们总把他比作秦末汉初运筹帷幄的谋士张良。手里的一部小小电话，就是徐建涛处置故障的“指挥棒”——短短的几分钟内，他能准确诊断出机车的故障原因，并指导机车乘务员及时排除故障，确保机车安全运行。

多年来，徐建涛精研业务，熟练掌握 9 种电力机车的应急故障处理方法，推出了“立听诊、明故障、准部位、快排除”工作流程。“徐建涛 110 工作法”现已在成都铁路局广泛运用。从事故障应急处置工作的每一个寒暑，他都 24 h 待命，随时为机车乘务员提供技术指导，有效减少了行车安全风险，为保障铁路运输安全畅通做出了积极贡献。

从业零事故，担起机车乘务员的责任

1981 年 12 月，徐建涛成为一名火车司机学徒工。穿上路服、登上梦寐以求的机车后，面对类型繁杂的机车设备、超负荷的工作量，徐建涛的工作热情丝毫不减。这名年轻的学徒工满怀激情，觉得离自己儿时的梦想更近了。

熟记一组组线号，熟悉一个个联锁，理顺一条条电路，辨认一处处部件……徐建涛陆续认识了一大批“新伙伴”。一有空闲，他就钻进机车，白天练、晚上练，从零部件名称到尺寸限度，从检查顺序到故障查找，反复背诵，日夜练习。

为了早日驾驭这个“庞然大物”，他一点一滴地学，一笔一画地记，平常跑车时总在乘务包里装上书和笔记本，有时间就拿出来看一会儿。他告诉自己，想要干好这项工作，必须刻苦再刻苦。

用他自己的话说：“当上火车司机后，列车运行安全系于我手中的闸把。少看一次车，多偷一次懒，都可能酿成大祸。”

无数次的挑灯夜战和对自己的严格要求，让徐建涛从学徒工逐渐成长为一名称职的火车司机。在岗位上，他和搭档从没简化过一次作业、放松过一次标准，严格按标出乘、安全退勤，出色地完成了每一次任务。在担任机车乘务员的 18 年中，他牢记安全在心中，从未发生过一起责任行车事故。

2002 年，徐建涛先后担任机车保养指导和专检组工长，在专业知识方面更加严格要求自己。无论寒冬酷暑，每天他都要登上 20 多台入库机车进行检查，并将每一台机车的电气设备、线路代号、安装位置及用途铭记于心。

通过刻苦钻研，他牢牢记住了 6 种电力机车的电气设备安装和控制电路接线的准确位置，熟练掌握了各种机型的电子设备、电气设备、网络传输和制动机等的原理及常见故障的应急处置方法。

一台机车电路有几千条，条条在他心里都有一本账。长期的刻苦训练，让徐建涛随便拿张纸就可以画出各种机车的内部结构。他不仅能说出机车各部件的名称和位置，

而且可以进行远程诊断。尽管不在现场，但只要报出机车故障的现象和方位，他就能找出故障原因，并提出最佳解决办法。工友们十分佩服，亲切地称他为“徐老师”。

在专检组担任工长期间，徐建涛带领职工检查机车 6 万多台次，报修 13.44 万件，未发生一件责任事故。“徐建涛能吃苦，工作踏实，工作起来是个拼命三郎。”这是身边同事对徐建涛的评价。

铁路工作不分寒暑和昼夜，徐建涛就像上了发条的闹钟，不论从事什么工作他都是冲锋在前、吃苦在前，同事们说：“他就像一只风筝，线的那头是奔驰在千里铁道线上的机车，线的这头是他深情的牵挂。”

号码向全段公布，把“调度室搬到了家”

机会总是青睐有准备的人。由于工作出色，2008 年 1 月，贵阳机务段成立机车故障应急处理“110”调度台，徐建涛众望所归成为调度长，并将他的手机号向全段火车司机公布，机车在运行途中发生任何故障都可向他求助。

调度台的工作性质特殊，不分白天黑夜，24 h 值班，同时需要娴熟的业务技能和准确的判断能力。

刚上任，徐建涛就遇到了冰雪凝冻灾害。应急工作变得十分忙碌，他常常一天就靠一包方便面、一杯白开水、一个茶叶蛋充饥。每次值完班该休息了，徐建涛又“串岗”到其他同事的工作台忙前忙后。他带领同事奋力工作、超常付出，终于取得了抗击冰雪凝冻、确保运输安全畅通的最后胜利。

2008 年 2 月 13 日 3 时 42 分，睡梦中的徐建涛被急促的手机铃声惊醒。K79 次列车司机王海打来求助电话，称他值乘的韶山 3 型电力机车走行部有异响。

他立即要求司机监听声音处所，确认是从第五轮处传出后，果断命令司机切断第五牵引电机，并以不超过 10 km 的时速运行到前方站，同时向行调请求救援。机车甩下后，检修人员赶到现场，拆开第五牵引电机齿轮箱，发现大齿轮已经断裂，如果继续运行，后果将不堪设想。正是徐建涛的准确判断，避免了一起行车事故的发生。

像这样的求助电话，徐建涛几乎每天深夜都会接到，少时一两次，多时五六次。妻子身体不好，夜里被电话惊醒后常常难以入睡。为此，徐建涛干脆在阳台上支起了床铺，被家人调侃“把调度室搬到了家里”。

自 2008 年徐建涛向全段火车司机提供机车故障处理电话以来，他从最初的每月接到求助电话 20 余通陆续增加到每月 300 余通。13 年间，他共接听乘务员求助电话 20 867 次，处理故障 19 990 起，故障排除率达 98%，创造了上千万元的经济效益，确保了贵州山区铁路安全畅通。

如今，“徐建涛 110 服务热线”已成为“反应速度快捷、技术指导有效、安全保障有力”的安全品牌。

艰辛付出结硕果，毫无保留传递薪火

“特别能吃苦，特别让人信任，特别能奉献”，是这位“铁路工匠”日常工作的真实写照。

多年来，徐建涛常常牺牲业余时间和节假日，奔波于各行车公寓和教学点，把自己的技术毫无保留地传授给大家。他把自己多年积累总结出来的机车典型故障案例及故障处理方法编制成小册子，发放到各行车公寓点供乘务员学习。

他勤思考、善总结、苦钻研，总结提炼出和谐型电力机车在长大上坡道临时停车后的起动操纵方法，创效折合经济价值 1 200 万元。他还结合多年实践经验编制《韶山 3B 型固定重联机车低、高压试验程序》《韶山 3B 型固定重联机车一般故障处理》及《韶山 3B 型固定重联电力机车在长大坡道运行的操纵办法》，在全段广泛推广运用，取得了很好的效果。

一位乘务员感慨地说："机车运行途中遇到疑难问题，我第一个想到的就是徐师傅。他业务技能强，我们信任他。"工作以来，徐建涛先后培训转型火车司机 5 000 多人次。

2020 年，徐建涛被聘为成都铁路局党校（成铁大学）的兼职教师，开展现场技术讲座（劳模大讲堂）41 场，培训一线职工 5 000 人次，为推进铁路高质量发展贡献力量。

全路优秀共产党员、火车头奖章，成都铁路局优秀共产党员、劳动模范……2007 年至今，徐建涛收获了许多荣誉，也将这些荣光播撒到了更多地方。

2011 年，贵阳机务段"徐建涛 110 服务热线"被评为全路党内优质品牌。2016 年，中华全国铁路总工会命名徐建涛劳模工作室为"火车头劳模创新工作室"。2017 年，徐建涛被授予 2017 年度铁路工匠称号。

自劳模工作室创建以来，通过"师带徒""匠带兵"等载体，徐建涛带头总结推出重点环节示范法、模拟仿真训练法、岗位实地提升法等培训方式，推动职工素质提升、学练比用一体化，先后培养出多名劳模先进、铁路工匠、铁路局级首席技师等，创新创效集聚效应、辐射效应、品牌效应初步显现。

"我愿意做一粒优良的种子，撒到哪里，都将长出一片绿荫。"徐建涛感慨地说。正如他所说，他用自己辛勤的付出，诠释着奉献铁路的人生价值，在平凡的岗位上留下了一串串闪光的足迹。

采访手记

潜心"低处"踏实做事

铁路工匠、火车头奖章……这些荣誉直接反映出徐建涛在专业领域取得的成绩。为了做好工作，他的头总是埋得很低；为了弄通业务，他的眼睛总是看得很细。潜心在"低处"踏实做事，是徐建涛始终遵循的信条。

采访中，徐建涛把工作中每一次遇到的困难和起伏都讲述得波澜不惊。一年处置上千次故障，让他练就了临危不乱的本领。每到紧要关头，他总能以过硬的业务能力化解风险、解决问题，守住运输安全底线。

与火车头打了几十年交道，57 岁的徐建涛依然身姿挺拔。在守护西南山区铁路安全的道路上，他全身心投入，彰显着坚韧不拔、持之以恒的劳动之美。

证书直通车

扫描二维码，获取证书备考相关习题及答案

项目 7

非正常行车

学习情境描述

铁路机务非正常行车是指机车乘务员在运行中遇到的停基改电、使用绿色许可证行车等情况下的行车，要求机车乘务员必须严格按照规章制度执行，严格执行作业标准，明确行车凭证，正确操作行车安全设备，确保行车安全。

学习目标

1. 熟知典型非正常行车办法。
2. 掌握典型非正常行车过程中行车安全设备的操作方法和注意事项。
3. 培养学生爱路护路、遵章守纪、团队协作和安全责任等职业素养。

学习活动

学习活动	内容	学习建议
自学素材	认知典型非正常行车办法	课前
计划	小组每位同学独立归纳总结典型非正常行车办法的基本思路	课中（6 学时）
决策	通过小组讨论和组间交流后，做出指导教师指定工作情景下所需的非正常行车的任务决策	
实施	根据指导教师提供的资料，完成指导教师指定非正常行车实际工作情景下的任务	
	正确填写（执行过程检查）评估工作页，小组成员互检工作页的正确性，提交给指导教师，让其给予评价	
检查与评价	完成自我评价、小组评价以及教师评价	
自我拓展	拓展完善机车保养知识、技能	课后

注意：本项目内容为拓展学习内容，可根据教学需要进行教学实施。

任务 7.1　使用绿色许可证行车

任务相关业务知识

1. 使用有计划绿色许可证

（1）在列车运行至使用绿色许可证发车站的进站信号机、出站信号机或接发车进路信号机前，运行速度低于 45 km/h 时，LKJ 显示屏自动弹出“绿色许可证输入”窗口界面，提示司机输入绿色许可证号，如图 7－1 所示。

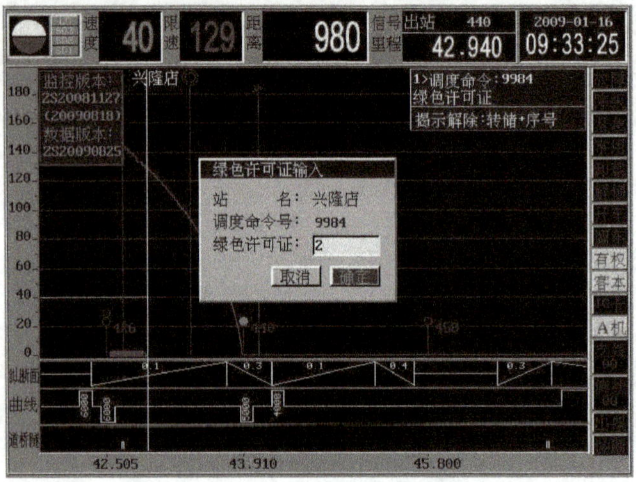

图 7－1　有计划绿色许可证输入窗口

（2）若司机未输入，该窗口界面消失后，持续按压“↑”键 2 s，LKJ 显示屏显示“非正常行车确认”窗口，司机将光标移动到“2. 绿色许可证”选项处，按压“确认”键，弹出“绿色许可证输入”窗口界面。

（3）全员确认行车凭证正确后，司机输入绿色许可证号（输入范围为 1～255），在半自动闭塞区段有计划使用“半自动闭塞发车进路通知书”时，按有计划绿色许可证办理，输入统一规定编号“1”并确认，再次按压“确认”键，“绿色许可证输入”窗口界面消失。

（4）在出站信号机或发车进路信号机前，司机按压“解锁”+“确认”键，监控装置解除列车在该信号机前的停车控制，监控列车以不超过出站道岔的限速（最高不超过 45 km/h）越过出站信号机。

提示： 在监控装置降级状态下使用有计划绿色许可证，“开车”灯点亮时，以与普通揭示相似方式在揭示窗口进行显示。当速度低于 45 km/h 时，LKJ 显示屏弹出“绿色许可证输入”窗口界面，司机按上述有计划绿色许可证的操作方法操作，解锁成功后，在规定的对标点处对标，监控列车以不超过出站道岔限速（最高不超过 45 km/h）越过出站信号机。

2. 使用临时绿色许可证

（1）机车运行至站内，地面出站信号机不能开放。当机车信号显示红黄灯（红黄灯后的单红灯、红黄灯后的白灯）时，在出站信号机或发车进路信号机前停车，机车乘务员接取行车凭证（绿色许可证、半自动闭塞区段接到“半自动闭塞发车进路通知书”）。

（2）全员确认凭证无误后，当速度为 0 km/h 时，司机持续按压“↑”键 2 s，LKJ 显示屏显示“非正常行车确认”窗口，司机将光标移动到“2.绿色许可证”选项处，按压“确认”键后输入“绿色许可证号”（半自动闭塞区段接到“半自动闭塞发车进路通知书”时，按临时绿色许可证办理，输入规定的统一编号“1”）并确认，如图 7－2 所示。

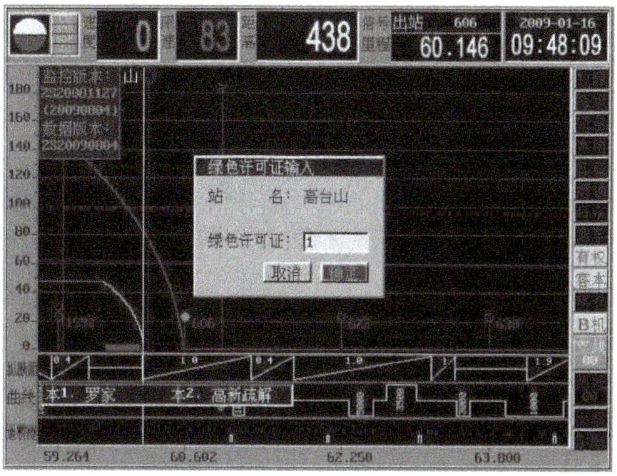

图 7－2　临时绿色许可证输入窗口

（3）机车乘务员确认发车信号正确或得到电台发车通知后，司机按压“解锁”+“确认”键解锁，解锁成功后的 LKJ 界面如图 7－3 所示。监控装置解除列车在该信号机前的停车控制，监控列车以不超过出站道岔的限速（最高不超过 45 km/h）越过出站信号机。

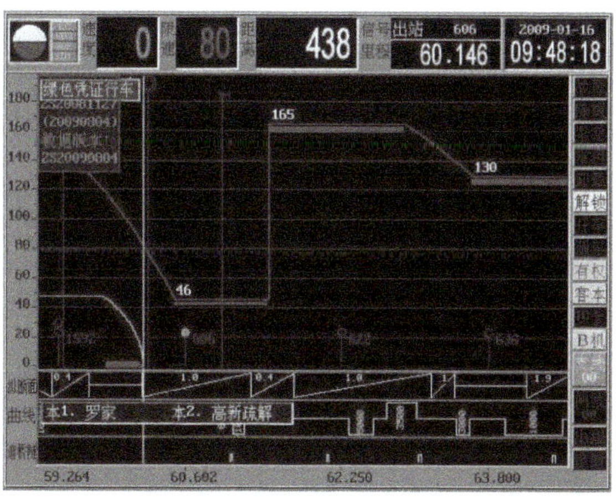

图 7－3　绿色许可证解锁后的 LKJ 界面

提示： 在监控装置降级状态下使用临时绿色许可证，"开车"灯点亮时，停车后按上述使用临时绿色许可证操作方法办理，解锁成功后，在规定的对标点处对标，监控列车以不超过出站道岔限速（最高不超过45 km/h）越过出站信号机。

3. 有计划施工

当车站有计划施工电码化停用时，机车乘务员确认进站（接车进路）、出站（发车进路）地面信号为进行信号条件下，按如下方式通过车站：

（1）进站（接车进路）信号机前，监控装置按停车模式控制时，按引导解锁方式办理。

（2）出站（发车进路）信号机前，机车信号显示白灯（含单红灯），按停车模式控制时，停车后司机按压"解锁"+"确认"键解锁越过出站（发车进路）信号机。

（3）出站（发车进路）信号机前，机车信号显示红黄灯，停车后按临时绿色许可证方式输入统一绿色许可证号"1"，解锁后起动列车越过出站（发车进路）信号机。

任务实施

计划：为指定任务制订使用绿色许可证行车的作业方案

1. 学生了解所有任务情境，小组成员汇总任务单中绿色许可证的具体材料。
2. 指导教师随机指定各小组要完成的任务情境，学生为不同行车条件下绿色许可证的操作方法做准备。根据任务单上的要求，以列表的方式列出需要进一步搜集的信息，确定完成任务所需准备的基础知识组合。
3. 制订完成任务的计划并准备讨论。

任务情境1： 担当57002次货物列车值乘任务，始发站爱国站临时使用绿色许可证发车

作业程序	作业内容	操作行车安全设备方法	注意事项

任务情境2： 担当T20次旅客列车值乘任务，运行至复兴站时有计划使用绿色许可证行车

作业程序	作业内容	操作行车安全设备方法	注意事项

任务情境3： 担当T66次旅客列车值乘任务，运行至敬业站时临时使用绿色许可证行车

作业程序	作业内容	操作行车安全设备方法	注意事项

任务实施计划：

1. 任务情境 1 初拟个人计划

____

____

____

2. 任务情境 2 初拟个人计划

____

____

____

决策：确认完成使用绿色许可证行车的任务实施计划

1. 小组成员的任务分工（明确组内成员资料收集、整理任务；明确主、副班岗位分配，保证岗位轮换）。
2. 分小组讨论每位成员拟订的任务实施计划。
3. 每组选派一位成员，与各组交流拟订的任务实施计划。
4. 每位成员修正任务实施计划。

小组成员	任务分工

小组内讨论后个人计划：

各组间讨论后个人计划：

任务执行过程中出现的问题及应急情况的处理：

实施：确认完成使用绿色许可证作业按任务实施

一、按任务实施计划完成指定任务

根据任务情境，完整记录任务实施过程，小组成员互检任务实施正确性，提交给指导教师，让其给予指导、评价。

任务实施过程记录：

二、解决指导教师补充的问题

任务评估

检查与评价

一、检查与评价标准

（一）掌握知识技能评价参考标准

检查标准	评价权重（80%）
明确绿色许可证的作用	10
明确使用有计划绿色许可证的条件	10
明确使用临时绿色许可证的条件	20
掌握使用绿色许可证解锁的操作办法	20
掌握使用绿色许可证解锁操作的注意事项	20

（二）方法能力评价参考标准

检查依据	评价权重（20%）
获取和处理信息，应用知识和技能解决问题，归纳共性、总结规律和积累经验，探究操作与作业标准	不合格
	合格
	良好
	优秀
协同工作关系，准确清晰的信息沟通、技术指导，班组派工、协调与任务调度	不合格
	合格
	良好
	优秀
制订工作计划并进行实施，自觉完成相互检查和评估，学习活动中自我安全操作和协助他人安全操作，对照作业指导书进行标准化作业	不合格
	合格
	良好
	优秀

（三）思政评价参考标准

检查依据	评价标准（一票否决）
严守铁路相关法律法规，具有高度的安全行车意识，严格遵照作业标准完成任务，精益求精，认真履职，具有坚定的守法遵纪意识	不合格
	合格

检查与评价
二、学生自我评价 年　月　日
三、小组评价 年　月　日
四、指导教师评价 年　月　日

自我拓展

在完成指导教师指定使用绿色许可证学习任务的基础上，根据指导教师的要求，查阅非法解锁绿色许可证操作的事故案例相关资料，加深对绿色许可证的认识。

______

______

______

______

______

______

相关知识点

[QR code]	《技规》对绿色许可证行车的规定

任务 7.2 使用路票行车

任务相关业务知识

使用路票行车（停用基本闭塞法改用电话闭塞法行车）监控操作办法如下。

1. 使用有计划路票发车

（1）列车运行至有计划改用电话闭塞法行车的起始车站的进站信号机、出站信号机或接发车进路信号机前，当运行速度低于 60 km/h 时，LKJ 显示屏自动弹出“路票输入”窗口界面，提示司机输入“电话记录号”（输入范围为 1～255）。

（2）若司机未输入，该窗口界面消失后，持续按压“↑”键 2 s，LKJ 显示屏显示“非正常行车确认”窗口，司机将光标移动到“3. 路票”选项处，按压“确认”键，弹出“路票输入”窗口界面。

（3）机车乘务员全员确认凭证无误后，司机输入“电话记录号”并按压“确认”键确认（如图 7－4 所示）。

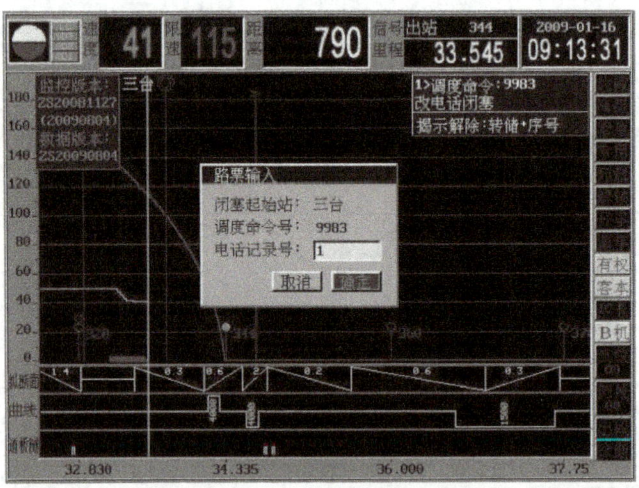

图 7－4 有计划路票输入窗口界面

（4）在出站信号机或发车进路信号机前，按压“解锁”＋“确认”键，监控装置解除列车所在线路的出站信号机或发车进路信号机以及至下一站间所有分区通过信号机的停车控制，LKJ 界面如图 7－5 所示。列车运行至下一车站进站信号机前，监控装置按其对应的机车信号显示要求监控列车运行。

提示：在监控装置降级状态下有计划使用路票行车，“开车”灯点亮时，以与普通揭示相似方式在揭示窗口进行显示。当运行速度低于 60 km/h 时，LKJ 显示屏弹出“路票输入”窗口；司机按上述有计划改用电话闭塞法行车的操作方法操作，解锁成功后，在规定的对标点处对标，监控装置解除列车所在线路出站信号机或发车进路信号机以及至下一站间所有分区通过信号机的停车控制。

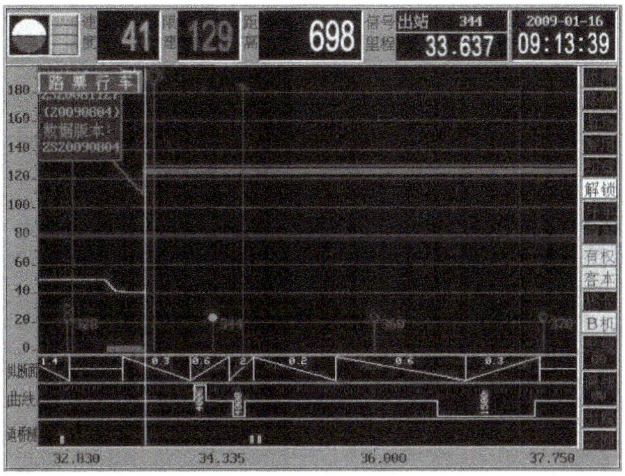

图 7－5　有计划路票解锁后的 LKJ 界面

2. 使用临时路票发车

当列车运行中临时接到改用路票行车的调度命令后，按以下方法操作。

（1）在改用路票行车起始车站的出站信号机或发车进路信号机前停车，车站应向机车乘务员递交行车凭证（路票）。

（2）机车乘务员接到行车凭证（路票）并确认无误后，当速度为 0 km/h 时，司机持续按压“↑”键 2 s，LKJ 显示屏显示“非正常行车确认”窗口界面，司机将光标移动到“3.路票”选项处，按压“确认”键，输入调度命令号及路票的电话记录号并确认。

（3）机车乘务员确认发车信号正确或得到电台发车通知后，司机按压“解锁”+“确认”键解锁，解锁成功后的界面如图 7－5 所示。监控装置解除列车所在线路出站信号机或发车进路信号机以及至下一站间所有分区通过信号机的停车控制。列车运行至下一站进站信号机前，监控装置按其对应的机车信号显示要求监控列车运行。

提示：在监控装置降级状态下临时改用路票行车，“开车”灯点亮时，停车后按上述临时改用路票行车操作方式办理，解锁成功后，在规定的对标点处对标，开车对标后监控装置按侧线道岔最低限速进行控制，解除列车所在线路出站信号机或发车进路信号机以及至下一站间所有分区通过信号机的停车控制。

3. 列车在改用路票行车区间的速度规定

（1）对旅客列车，按照该次列车最高限速和车载数据中对应区间信号机设置的限速值低值的 80%作为固定模式限速值监控列车运行，该区间限速值低于上述取值的按低值控制。

（2）对货物列车，按规定速度监控列车运行。

（3）当在路票行车过程中遇有临时限速、较低的特殊区段限速时，监控装置将取低值。

使用路票解锁操作的注意事项如下：

（1）临时：必须在出站信号机或发车进路信号机前停车状态下解锁，否则操作无效。

（2）有计划：必须在出站信号机或发车进路信号机前限速 60 km/h 以下解锁，否则操作无效。

（3）准确输入“调度命令号”及路票的“电话记录号”。

（4）解锁操作必须在出站信号机或接发车进路信号机前完成，但不得超过 5 s。

任务实施

计划：为指定任务制订使用路票行车的作业方案

1. 学生了解所有任务情境，小组成员汇总任务单中对应不同情况下使用路票行车时的监控装置操作方法。

2. 指导教师随机指定各小组要完成的任务情境，学生准备不同行车条件下路票的操作方法，根据任务单上的要求，以列表的方式列出需要进一步搜集的信息，确定完成任务所需准备的基础知识组合。

3. 制订完成任务的计划并准备讨论。

任务情境 1：担当 57002 次货物列车值乘任务，始发站敬业站临时使用路票发车

作业程序	作业内容	操作行车安全设备方法	注意事项

任务情境 2：担当 T20 次旅客列车值乘任务，运行至和平站时有计划使用路票行车

作业程序	作业内容	操作行车安全设备方法	注意事项

任务情境 3：担当 T66 次旅客列车值乘任务，运行至诚信站（通过）时临时使用路票行车

作业程序	作业内容	操作行车安全设备方法	注意事项

个人计划：

1. 有计划使用路票操作办法总结

2. 临时使用路票操作办法总结

决策：确认完成路票行车的任务实施计划
1. 小组成员的任务分工（明确组内成员资料收集、整理任务；明确主、副班岗位分配，保证岗位轮换）。 2. 分小组讨论每位成员拟订的任务实施计划。 3. 每组选派一位成员，与各组交流拟订的任务实施计划。 4. 每位成员修正任务实施计划。

小组成员	任务分工

小组内讨论后个人计划：

各组间讨论后个人计划：

任务执行过程中出现的问题及应急情况的处理：

实施：完成路票行车作业

一、按任务实施计划完成指定任务

根据任务情境，完整记录任务实施过程，小组成员互检任务实施正确性，提交给指导教师，让其给予指导、评价。

任务实施过程记录：

二、解决指导教师补充的问题

任务评估

检查与评价

一、检查与评价标准

（一）掌握知识技能评价参考标准

检查标准	评价权重（80%）
明确路票的作用	10
明确使用有计划路票的条件	10
明确使用临时路票的条件	20
掌握使用路票的解锁操作办法	20
掌握使用路票解锁的操作注意事项	20

（二）方法能力评价参考标准

检查依据	评价权重（20%）
获取和处理信息，应用知识和技能解决问题，归纳共性、总结规律和积累经验，探究操作与作业标准	不合格
	合格
	良好
	优秀
协同工作关系，准确清晰的信息沟通、技术指导，班组派工、协调与任务调度	不合格
	合格
	良好
	优秀
制订工作计划并进行实施。自觉完成相互检查和评价，学习活动中自我安全操作和协助他人安全操作，对照作业指导书进行标准化作业	不合格
	合格
	良好
	优秀

（三）思政评价参考标准

检查依据	评价标准（一票否决）
严守铁路相关法律法规，具有高度的安全行车意识，严格遵照作业标准完成任务，精益求精，认真履职，具有坚定的守法遵纪意识	不合格
	合格

检查与评价

二、学生自我评价

年　月　日

三、小组评价

年　月　日

四、指导教师评价

年　月　日

自我拓展

在完成指导教师指定使用路票行车学习任务的基础上，根据指导教师的要求，查阅非法解锁路票操作的事故案例相关资料，加深对路票的认识。

相关知识点

《技规》对路票行车的规定

任务 7.3 反方向行车操作

任务相关业务知识

1. 反方向运行监控装置操作方法

（1）反方向运行时，机车乘务员应将机车信号载频（上下行转换）开关置于所运行线路规定的位置。

提示：恢复正方向运行时，及时将机车信号载频（上下行转换）开关置于所运行线路规定的位置。

（2）输入反方向车站号、区段号（按监控交路明细表中监控交路类别栏内对应的监控交路号输入），LKJ 显示屏左上方显示“反向运行”。遇没有反方向监控数据时，列车停车后依据调度命令在监控装置降级状态下转入 20 km/h 限速工作状态运行。

（3）在列车反方向运行区段，对于旅客列车，若不使用电话闭塞法反方向行车，监控装置按最高允许速度不超过 120 km/h 确定固定模式限速值监控列车运行，当该区间限速值低于上述取值时，按低值控制；若使用电话闭塞法反方向行车，按照该次列车最高限速和车载数据中对应反方向区间信号机设置的限速值低值的 80%作为固定模式限速值监控列车运行，该区间限速值低于上述取值的按低值控制；对于货物列车，进入反方向运行时，按最高速度不超过 80 km/h 监控列车运行。

2. 使用有计划路票反方向行车

列车运行至使用有计划路票反方向行车起始车站的出站信号机或发车进路信号机前，在停车状态下输入反方向运行区段号、车站号、原车速等级，进入降级状态，LKJ 显示屏自动弹出“路票输入”窗口界面，提示司机确认调度命令编号，机车乘务员全员确认行车凭证无误后，输入路票的电话记录号并确认，按压“解锁”+“确认”键解锁，起动列车运行，运行至规定对标点处按压“开车”键进入监控状态。

3. 使用临时路票反方向行车

（1）列车运行至使用临时路票反方向行车起始车站的出站信号机或发车进路信号机前停车后，车站应向机车乘务员递交行车凭证（路票）。

（2）机车乘务员接到行车凭证（路票）并全员确认无误后，输入反方向运行区段号、车站号、原车速等级，进入降级状态，司机持续按压“↑”键 2 s，LKJ 显示屏显示“非正常行车确认”窗口，将光标移动到“3.路票”选项处，按压“确认”键后输入调度命令号，在“路票输入”窗口界面输入路票的电话记录号并确认。

（3）机车乘务员确认发车信号正确或得到电台发车通知后，司机按压“解锁”+“确认”键解锁，起动列车运行，运行至规定对标点处按压“开车”键进入监控状态。

4. 不使用路票反方向行车

（1）列车运行至反方向运行起始站出站信号机或发车进路信号机前，机车乘务员确认地面信号为进行信号。

（2）当机车信号为进行信号且速度低于 60 km/h、机车信号为双黄灯且速度低于 45 km/h 时，司机输入反方向运行区段号、车站号、原车速等级，进入降级状态，在规定对标点处按压“开车”键进入监控状态。在有速度的情况下，如未选择原车速等级，将语音提示“输入无效”，“开车”灯不点亮；当机车信号为停车信号（含白灯、单红灯）时，停车后输入反方向运行区段号、车站号、原车速等级，进入降级状态，起车后在规定对标点处按压“开车”键进入监控状态。

（3）如果地面信号为停车信号，必须在出站信号机或发车进路信号机前停车，待出站信号机或发车进路信号机显示进行信号后输入反方向运行区段号、车站号、原车速等级，进入降级状态，起车后在规定对标点处按压“开车”键进入监控状态。

5. 三站两区间（或以上）反方向行车

1）使用有计划路票

（1）列车运行至使用有计划路票反方向运行的中间站进站信号机、出站信号机或接发车进路信号机前，当运行速度低于 60 km/h 时，LKJ 显示屏自动弹出“路票输入”窗口界面，提示司机确认调度命令号。

（2）机车乘务员全员确认行车凭证无误后，在“路票输入”窗口界面输入路票的电话记录号并确认，按压“解锁”+“确认”键解锁，按反方向路票模式控制列车运行。

2）使用临时路票

（1）列车运行至使用临时路票反方向运行的中间站的出站信号机或接发车进路信号机前停车后，车站应向机车乘务员递交行车凭证（路票）。

（2）机车乘务员接到行车凭证（路票）并全员确认无误后，司机持续按压“↑”键 2 s，LKJ 显示屏显示“非正常行车确认”窗口界面，将光标移动到“3.路票”选项处，按压“确认”键后输入调度命令号，在“路票输入”窗口界面输入路票的电话记录号并确认。

（3）机车乘务员确认发车信号正确或得到电台发车通知后，司机按压“解锁”+“确认”键解锁，起动列车运行。

6. 恢复正方向运行

运行在反方向区间的列车，恢复正方向运行时，在出站信号机前，地面信号为进行信号。

（1）当机车信号为进行信号且速度低于 60 km/h（机车信号为双黄灯速度低于 45 km/h）时，司机输入正方向区段号、车站号、原车速等级，进入降级状态，运行至正向规定的对标点处按压“开车”键进入监控状态。

（2）当机车信号为白灯或单红灯，监控装置按停车模式控制时，需停车后输入正方向区段号、车站号、原车速等级，进入降级状态，运行至正向规定的对标点处按压“开车”键进入监控状态。

7. 旅客列车反方向运行要求

当旅客列车需要改变原径路反方向运行时，在取得相应行车凭证的前提下，必须在停车状态下方可对监控装置进行操作，输入反方向区段号、车站号，并需要选择原车速等级，之后“开车”灯点亮。

当恢复正方向运行时，只有在停车状态下方可对监控装置进行操作，输入对应正方向区段号、车站号，选择原车速等级，重新对标开车。

任务实施

计划：为指定任务制订反方向行车的作业方案

1. 学生了解所有任务情境，小组成员汇总任务单中对应不同情况下反方向行车时监控装置操作方法。
2. 指导教师随机指定各小组要完成的任务情境，学生准备不同行车条件下反方向行车的操作方法。根据任务单上的要求，以列表的方式列出需要进一步搜集的信息，确定完成任务所需准备的基础知识组合。
3. 制订完成任务的计划并准备讨论。

任务情境 1：担当 57002 次货物列车值乘任务，列车运行至敬业站—和平站（自动闭塞区段）间有计划使用路票反方向行车

作业程序	作业内容	操作行车安全设备方法	注意事项

任务情境 2：担当 57002 次货物列车值乘任务，列车运行至敬业站—和平站（自动闭塞区段）间临时使用路票反方向行车

作业程序	作业内容	操作行车安全设备方法	注意事项

任务情境 3：担当 59001 次货物列车值乘任务，列车运行至和平站—诚信站间（无反方向行车数据）反方向行车

作业程序	作业内容	操作行车安全设备方法	注意事项

个人计划：

1. 有计划反方向行车运行监控操作办法总结：

2. 临时反方向行车运行监控操作办法总结：

决策：确认完成反方向行车任务的任务实施计划

1. 小组成员的任务分工（明确组内成员资料收集、整理任务；明确主、副班岗位分配，保证岗位轮换）。
2. 分小组讨论每位成员拟订的任务实施计划。
3. 每组选派一位成员，与各组交流拟订的任务实施计划。
4. 每位成员修正任务实施计划。

小组成员	任务分工

小组内讨论后个人计划：

各组间讨论后个人计划：

任务执行过程中出现的问题及应急情况的处理：

实施：完成反方向行车作业

一、根据任务实施计划完成指定任务

根据任务情境，完整记录任务实施过程，小组成员互检任务实施正确性，提交给指导教师，让其给予指导、评价。

任务实施过程记录：

二、解决指导教师补充的问题

任务评估

检查与评价

一、检查与评价标准

（一）掌握知识技能评价参考标准

检查标准	评价权重（80%）
明确反方向行车	10
明确不同情况的反方向行车凭证	10
掌握有计划反方向行车监控装置操作方法	20
掌握临时反方向行车监控装置操作方法	20
掌握恢复正方向行车的监控装置操作办法	20

（二）方法能力评价参考标准

检查依据	评价权重（20%）
获取和处理信息，应用知识和技能解决问题，归纳共性、总结规律和积累经验，探究操作与作业标准	不合格
	合格
	良好
	优秀
协同工作关系，准确清晰的信息沟通、技术指导，班组派工、协调与任务调度	不合格
	合格
	良好
	优秀

检查依据	评价权重（20%）
制订工作计划并进行实施，自觉完成相互检查和评价，学习活动中自我安全操作和协助他人安全操作，对照作业指导书进行标准化作业	不合格
	合格
	良好
	优秀

（三）思政评价参考标准

检查依据	评价标准（一票否决）
严守铁路相关法律法规，具有高度的安全行车意识，严格遵照作业标准完成任务，精益求精，认真履职，具有坚定的守法遵纪意识	不合格
	合格

检查与评价
二、学生自我评价 年 月 日
三、小组评价 年 月 日
四、指导教师评价 年 月 日

自我拓展

在完成指导教师指定反方向行车作业任务的基础上，根据指导教师的要求，对不同情况下的反方向行车操作方法进行对比分析，总结反方向行车的监控装置操作规律。

____

____

____

____

____

____

相关知识点

	《技规》对反方向行车的规定

任务 7.4　靠标停车困难与特殊前行操作

任务相关业务知识

1. 关于靠标停车困难特殊车站和特殊前行的规定

（1）在车载数据文件中已预先设置为“靠标停车困难特殊车站”的车站，按“靠标停车困难特殊车站”控制模式操作监控装置。

（2）在车载数据文件中未设置为“靠标停车困难特殊车站”的货物列车，按货物列车站内靠标特殊前行控制模式（以下简称“特殊前行”）操作监控装置。

2.“靠标停车困难特殊车站”操作

（1）机车牵引的旅客列车和动车组运行速度＜20 km/h 且距出站信号机距离小于200 m 时，司机可按压“解锁”键解锁，监控装置开口限速 21 km/h，允许列车以不超过 20 km/h 速度靠标停车，不得越过关闭的地面信号机。当本分区机车信号变为进行信号时，按其显示进行列车控制。

（2）货物列车运行速度＜15 km/h 且距出站信号机距离小于 200 m 时，司机可按压“解锁”键解锁，监控装置开口限速 16 km/h，允许列车以不超过 15 km/h 速度靠标停车，不得越过关闭的地面信号机。当本分区机车信号变为进行信号时，按其显示控制。

（3）列车停车 5 min 后，恢复对出站信号机的停车控制，本站不再允许靠标解锁操作。

3. 货物列车“特殊前行”操作

1）进入特殊前行模式的条件

列车站内停车后，同时满足以下条件时，允许通过 LKJ 显示屏操作进入特殊前行模式：

（1）货物列车；

（2）运行速度为 0 km/h；

（3）首次进入时显示的前方信号机为出站（包括进出站，线路所除外，下同）信号机；

（4）首次进入时显示距前方信号机距离＜70 m；

（5）监控装置显示的前方信号机在车载数据中未预先设置为“靠标停车困难特殊车站”；

（6）监控装置接收的机车信号为停车信号（红灯、低频信息为“H”码除外）或按停车信号控制时；

（7）监控装置不处于“20 km/h 限速工作状态”下。

2）进入特殊前行模式

进入特殊前行模式前，必须先经列车调度员口头同意后方可使用 LKJ“特殊前行”功能，进入“特殊前行”的操作统一使用调度命令号 98。

注意：列车距出站信号机不足 30 m 距离时禁止使用“特殊前行”功能。

（1）持续按压 LKJ 显示屏“↑”键 2 s，LKJ 显示屏弹出“非正常行车确认”窗口（如图 7－6 所示）。

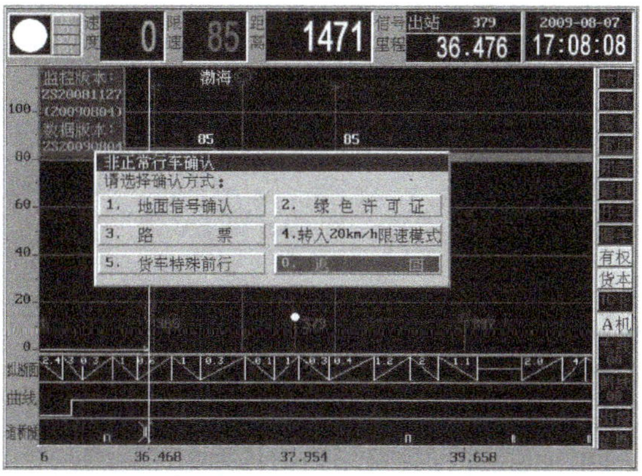

图 7－6　“非正常行车确认”窗口界面

（2）选择“5. 货车特殊前行”，如果进入“特殊前行”的各种条件都同时满足，进入“特殊前行输入”窗口界面（如图 7－7 所示）。如果此时进入“特殊前行”的条件不能同时满足，LKJ 显示屏将显示进入特殊前行操作无效提示信息，并提示有效的操作方法（如图 7－8 所示）。

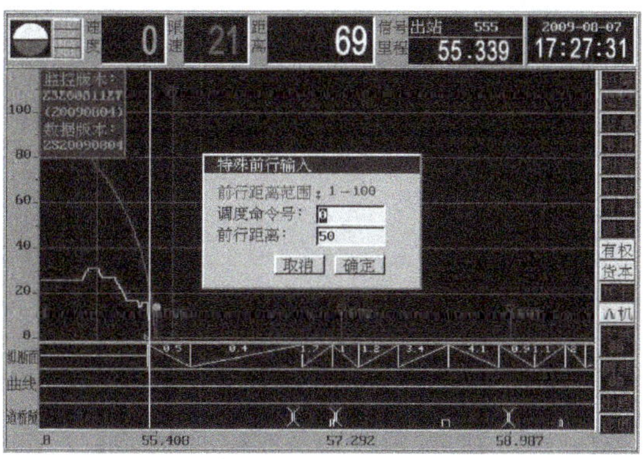

图 7－7　“特殊前行输入”窗口界面

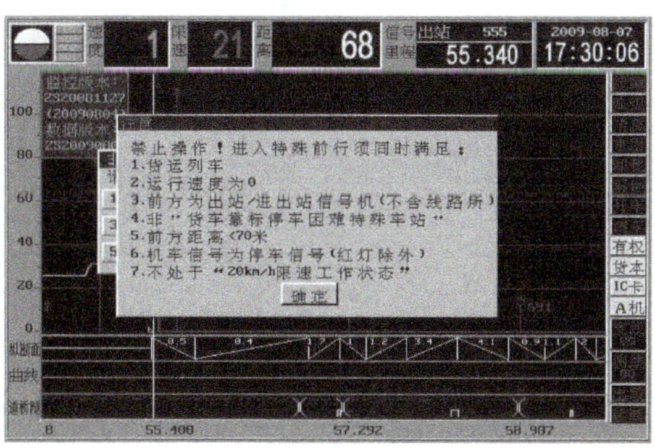

图 7－8　特殊前行操作无效提示

（3）在“特殊前行输入”窗口界面，前行距离默认为50 m，并用红色字体提示前行距离的有效范围。输入完成并确认后，监控装置对输入的调度命令号和前行距离进行判断，如果调度命令号为0或者前行距离不满足有效范围，LKJ显示屏将进行相应的提示（如图7-9、图7-10所示）。

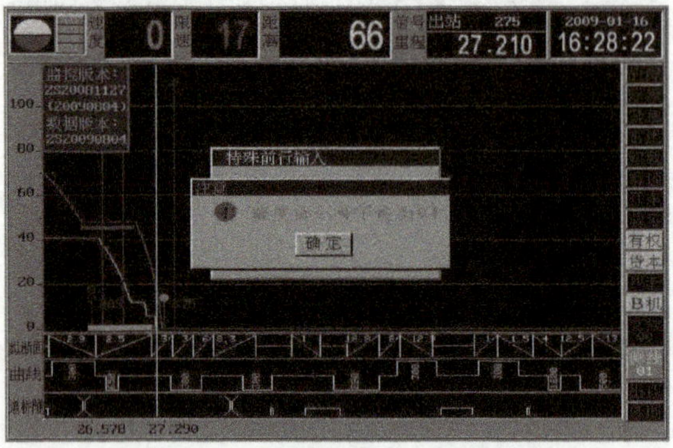

图7-9　调度命令号不满足要求

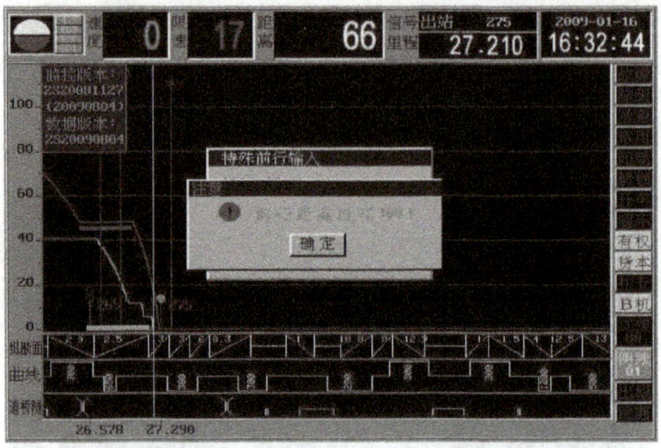

图7-10　前行距离不满足要求

（4）当进行了正确输入后，监控装置进入“特殊前行”控制模式，在LKJ显示屏上方提示特殊前行信息（如图7-11所示）。

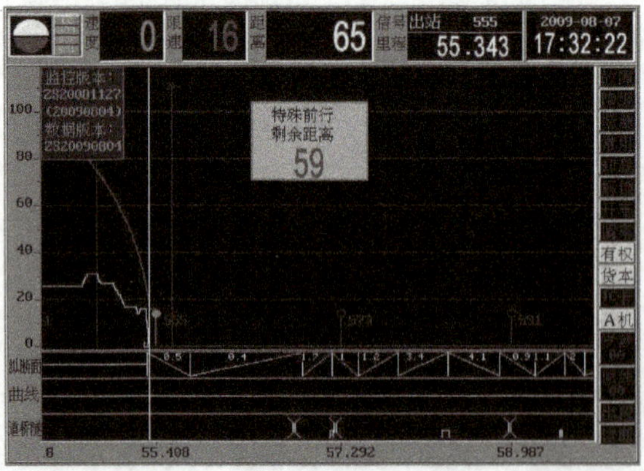

图7-11　进入特殊前行控制后的LKJ界面

4. 特殊前行模式的控制

进入特殊前行控制模式后，监控装置监控列车以不超过 15 km/h 的速度运行，LKJ 显示屏显示“特殊前行”剩余距离。当剩余距离为 0 m 时，监控装置限速突降为 0 km/h（如图 7－12 所示），若此时列车运行速度非 0 km/h，监控装置立即输出紧急制动指令。监控装置接收到机车信号红灯或低频信息为“H”码时立即输出紧急制动指令（考虑压钩起动，速度从 0 km/h 开始且走行距离小于 10 m 除外）。

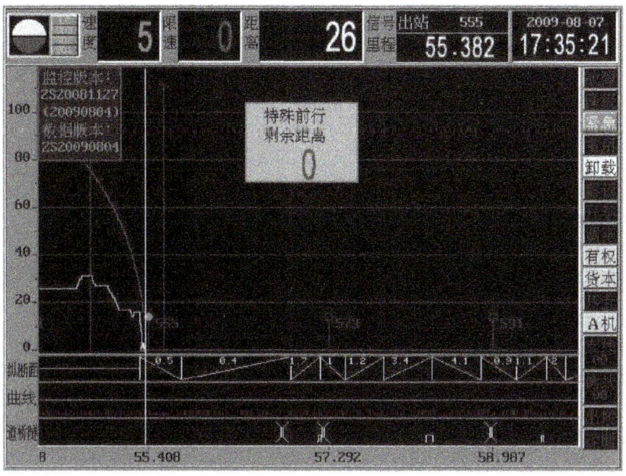

图 7－12 特殊前行控制界面

5. 特殊前行模式的退出

当满足下列任何一个条件时，监控装置自动退出特殊前行模式：

（1）监控装置接收到机车信号为开放信号且监控装置未按停车信号控制时；

（2）监控装置进入调车或降级工作状态；

（3）监控装置显示位于出站信号机前且停车时间超过 5 min；

（4）监控装置显示位于出站信号机前且显示前行剩余距离为 0 m 停车后；

（5）监控装置显示位于出站信号机前且接收到机车信号红灯或低频信息为“H”码停车后。

注意：使用特殊前行，禁止越过关闭的地面信号机。

任务实施

计划：为指定任务制订作业方案
1. 学生了解所有任务情境，小组成员汇总任务单中靠标停车困难和特殊前行操作方法。 2. 指导教师随机指定各小组要完成的任务情境，学生准备不同列车类型特殊前行的操作方法。根据任务单上的要求，以列表的方式列出需要进一步搜集的信息，确定完成任务所需准备的基础知识组合。 3. 制订完成任务的计划并准备讨论。

任务情境 1：担当 T40 次旅客列车值乘任务，列车运行至和平站停车时需进行靠标停车困难操作

作业程序	作业内容	操作行车安全设备方法	注意事项

任务情境 2：担当 57002 次货物列车值乘任务，列车运行至敬业站时进 5 道停车。由于列车是超长列车，需要进行特殊前行操作

作业程序	作业内容	操作行车安全设备方法	注意事项

个人计划：

1. 靠标停车困难监控操作办法总结

2. 特殊前行操作监控操作办法总结

决策：确认完成指定任务的任务实施计划
1. 小组成员的任务分工（明确组内成员资料收集、整理任务；明确主、副班岗位分配，保证岗位轮换）。 2. 分小组讨论每位成员拟订的任务实施计划。 3. 每组选派一位成员，与各组交流拟订的任务实施计划。 4. 每位成员修正任务实施计划。

小组成员	任务分工

小组内讨论后个人计划：

各组间讨论后个人计划：

任务执行过程中出现的问题及应急情况的处理：

实施：完成指定作业

一、根据任务实施计划完成指定任务

根据任务情境，完整记录任务实施过程，小组成员互检任务实施正确性，提交给指导教师，让其给予指导、评价。

任务实施过程记录：

二、解决指导教师补充的问题

任务评估

检查与评价

一、检查与评价标准

（一）掌握知识技能评价参考标准

检查标准	评价权重（80%）
明确靠标停车困难和特殊前行的原因	10
明确靠标停车困难和特殊前行的操作条件	10
掌握靠标停车困难监控装置操作方法	20
掌握特殊前行监控装置操作方法	20
掌握靠标停车困难和特殊前行的区别	20

（二）方法能力评价参考标准

检查依据	评价权重（20%）
获取和处理信息，应用知识和技能解决问题，归纳共性、总结规律和积累经验，探究操作与作业标准	不合格
	合格
	良好
	优秀
协同工作关系，准确清晰的信息沟通、技术指导，班组派工、协调与任务调度	不合格
	合格
	良好
	优秀
制订工作计划并进行实施，自觉完成相互检查和评价，学习活动中自我安全操作和协助他人安全操作，对照作业指导书进行标准化作业。	不合格
	合格
	良好
	优秀

（三）思政评价参考标准

检查依据	评价标准（一票否决）
严守铁路相关法律法规，具有高度的安全行车意识，严格遵照作业标准完成任务，精益求精，认真履职，具有坚定的守法遵纪意识。	不合格
	合格

检查与评价

二、学生自我评价

年 月 日

三、小组评价

年 月 日

四、指导教师评价

年 月 日

自我拓展

在完成指导教师指定靠标停车困难和特殊前行操作学习任务的基础上，根据指导教师的要求，通过查阅资料或现场调研等形式，了解现场作业中还有哪些具体情况需要进行靠标停车困难和特殊前行操作。

相关知识点

知识点 1　超长列车与站线有效长度
知识点 2　轨道电路的组成、功用与工作原理

任务 7.5　运行超速后操作

任务相关业务知识

1. 模式控制

1）速度分级控制模式

（1）如果监控状态采用速度分级控制，则按列车类别设定各色灯出口限速值，红黄灯出口限速值为 0 km/h，其他灯限速值如表 7–1 所示。

表 7－1　速度分级控制模式下各色灯出口限速值　　单位：km/h

类别	色灯					
	绿灯	绿黄灯	黄 2 闪灯	黄 2 灯	黄灯	双黄灯 双黄闪
部分特快等	140	120	120	80	80	按道岔限速值
快速、普客等	120	120	120	80	80	按道岔限速值
快速货物班列等	120	100	100	60	60	按道岔限速值
货　　车	90	90	90	60	60	按道岔限速值
单　　机	80	80	80	60	60	按道岔限速值

注：快速货物班列的绿灯限速控制按有关规定设置，其他色灯限速按货车设定，制动计算按货物列车设定。单机（以单机车次 50001～52998 判别）制动计算按货物列车设定。

机车信号显示黄 2 闪灯时按照绿黄灯控制。

预告信号机：自动闭塞区段，监控装置预告信号机与通过信号机控制相同；半自动闭塞预告分区，机车信号显示的任何信号监控装置均按绿灯控制。

监控装置按线路允许速度、接触网限制速度、机车最高运行速度、车辆最高运行速度、动车组最高运行速度、特定限速等各项最高允许速度和限制速度的最低值确定固定模式限速值；对于线路曲线半径为 400 m 及以下的地段，按线路允许速度值下浮 2 km/h 确定固定模式限速值。

（2）机车信号绿灯（半自动闭塞区间白灯）按固定模式限速值+5 km/h 确定常用制动限速值，+8 km/h 确定紧急制动限速值。正常状态下 LKJ 显示屏限制速度窗口显示常用制动限速值；未开通常用制动的，按固定模式限速值+5 km/h 确定紧急制动限速值。

（3）列车在恒速模式（出口限速等于入口限速，且不等于 0 km/h）下按固定模式限速值+5 km/h 确定常用制动出口限速值，+8 km/h 确定紧急制动出口限速值。当实际速度低于常用制动限速值 3 km/h 时语音报警，低于常用制动限速值 2 km/h 时卸载，等于常用制动限速值时实施常用制动，等于紧急制动限速值时实施紧急制动。

对于侧向道岔和临时施工慢行引起的列车限速，特殊规定为固定模式限速值+3 km/h

确定常用固定模式限速值，按固定模式限速值+5 km/h 确定紧急固定模式限速值。当实际速度低于常用制动限速值 3 km/h 时语音报警，低于常用制动限速值 2 km/h 时卸载，等于常用制动限速值时实施常用制动，等于紧急制动限速值时实施紧急制动。

（4）列车在减速模式（出口限速低于入口限速，且不等于 0 km/h），按固定模式限速值+5 km/h 确定常用制动出口限速值，+8 km/h 确定紧急制动出口限速值。当实际速度低于常用制动限速值 5 km/h 时语音报警，低于常用制动限速值 1 km/h 时卸载，等于常用制动限速值时实施常用制动，等于紧急制动限速值时实施紧急制动。

对于侧向道岔和临时施工慢行引起的列车限速，当实际速度低于常用制动限速值 5 km/h 时语音报警，低于常用制动限速值 1 km/h 时卸载，等于常用制动限速值时实施常用制动，等于紧急制动限速值时实施紧急制动。

减速模式的恒速区，按恒速模式控制。

各减速信号，运行时前方有长期施工慢行地点、临时施工慢行处所，限速的桥、涵、曲线、隧道等线路限速下降情况时，按减速模式控制。

（5）停车模式（出口限速值等于 0 km/h）。列车在停车模式的恒速区，实际速度低于常用制动限速值 3 km/h 时语音报警，低于常用制动限速值 2 km/h 时卸载，等于常用制动限速值时实施常用制动，等于紧急制动限速值时实施紧急制动；在减速区，当实际速度低于常用制动限速值 5 km/h 时语音报警，低于常用制动限速值 1 km/h 时卸载，等于常用制动限速值时实施常用制动，等于紧急制动限速值时实施紧急制动。

（6）牵引总重 8 000 t 及以上的货物列车，当运行速度低于 20 km/h 时，取消监控装置紧急制动控制，但站内停车和防溜控制除外。

2）速度连续控制模式

通常工作状态下，普速列车及动车组在自动闭塞和提速半自动闭塞区段 LKJ 均采用速度连续控制模式。牵引总重 8 000 t 及以上的货物列车，当运行速度低于 20 km/h 时，取消监控装置紧急制动控制，但站内停车和防溜控制除外。

（1）采用速度连续控制模式时，若机车信号为绿黄灯（如图 7－13 所示）或黄灯（如图 7－14 所示），监控装置不设固定出口限速值，监控列车在显示停车信号的信号机前停车；若机车信号为黄 2 灯或黄 2 闪灯（如图 7－15 所示），监控列车按道岔侧向限制速度通过道岔。

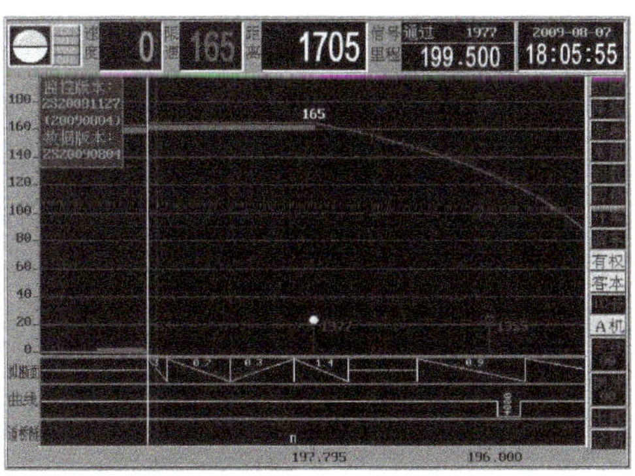

图 7－13 连续控制（绿黄灯）

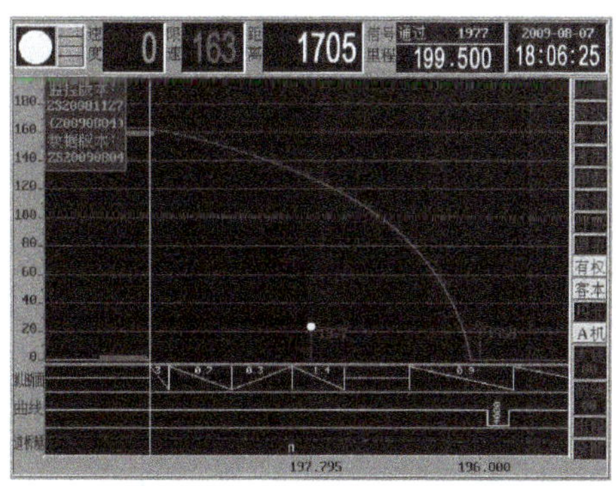

图 7－14 连续控制（黄灯）

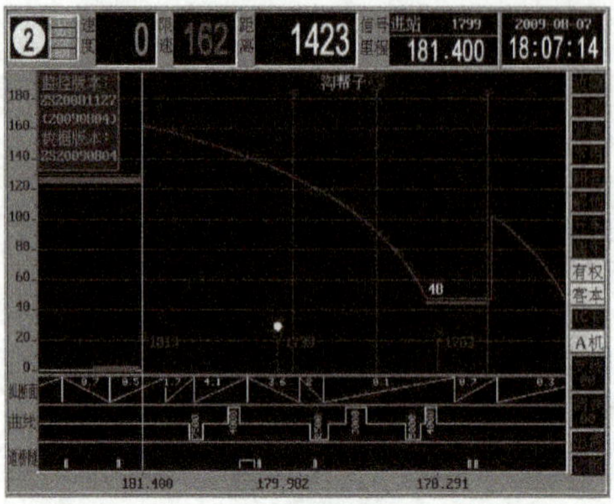

图 7－15　连续控制（黄 2 灯）

（2）列车在绿灯、恒速模式（出口限速等于入口限速，且不等于 0 km/h）下运行时，当实际速度低于常用制动限速值 3 km/h 时语音报警，低于常用制动限速值 2 km/h 时卸载，等于常用制动限速值时实施常用制动，等于紧急制动限速值时实施紧急制动。

动车组在固定限速区运行，按固定模式限速值+5 km/h 确定常用制动限速值，按固定模式限速值+10 km/h 确定紧急制动限速值。对于侧向道岔和临时施工慢行引起的列车限速，特殊规定为按固定模式限速值+3 km/h 确定常用固定模式限速值，按固定模式限速值+5 km/h 确定紧急固定模式限速值。

（3）运行时前方有长期施工慢行地点及限速的桥、涵、曲线、隧道等线路限速下降情况时，按减速模式控制，按限速值+5 km/h 确定常用制动出口限速值，+8 km/h 确定紧急制动出口限速值。

动车组的常用计算模式限速值按减速目标地点的限速值+5 km/h 计算确定；动车组的紧急计算模式限速值按减速目标地点的限速值+10 km/h 计算确定。

前方有临时施工慢行处所、限速道岔线路限速下降情况时，按减速模式控制，按限速值+3 km/h 确定常用制动出口限速值，+5 km/h 确定紧急制动出口限速值。

（4）列车在停车模式（出口限速为 0 km/h）下运行时，当实际速度低于紧急制动限速值 5 km/h 时语音报警，低于限速值 1 km/h 时卸载，等于常用制动限速值时实施常用制动，等于紧急限速值时实施紧急制动。

2. 常用制动的有关规定

（1）在减速区，机车牵引的旅客列车常用制动减压量为 130 kPa，货物列车常用制动减压量为 120 kPa，动车组取最大常用；在恒速区，机车牵引的旅客列车、货物列车常用制动减压量均为 80 kPa，动车组取最大常用；调车模式实施常用制动控制的减压量为 120 kPa。

（2）在车载数据中预先设置为“长大下坡道”的区段，取消常用制动控制功能，此时紧急固定模式限速值按常用固定模式限速值取值。

（3）恒速模式、减速模式及停车模式下的恒速区，当司机使用自阀减压 50 kPa 及其以上时，监控装置不取消常用制动控制模式，发生常用制动后立即变为紧急制动控制模式，LKJ 显示屏限制速度窗口只显示常用制动限速值。

（4）减速模式下的减速区，当司机使用自阀减压 50 kPa 及其以上时，监控装置取消常用制动控制模式，变为紧急制动控制模式，LKJ 显示屏限制速度窗口只显示紧急制动限速值，当速度等于紧急制动限速值时，实施紧急制动。

减速模式下的减速区，发生常用制动后，LKJ 显示屏速度显示窗口显示的是紧急制动限速值。

（5）停车模式下的减速区，当司机使用自阀减压 50 kPa 及其以上时，监控装置取消常用制动控制功能（保留紧急制动控制功能），LKJ 显示屏速度显示窗口显示的是紧急制动限速值。

停车模式下的减速区，发生常用制动后，LKJ 显示屏速度显示窗口显示的是紧急制动限速值。

上述（4）、（5）两种情况只在停车后管压回升或操作监控装置手动缓解常用制动后恢复常用制动控制。

（6）列车在出站（发车进路）信号机前，监控装置按停车模式（指越过道岔限速后的停车模式曲线）控制时：

① 在恒速限速区内既有常用制动控制，也有紧急制动控制；

② 发生常用制动后，有速度时按压“缓解”键不能缓解常用制动，只有停车后按压“缓解”键才能缓解常用制动；

③ 在减速限速区取消常用制动控制，按紧急制动控制，LKJ 显示屏速度显示窗口显示的是紧急制动限速值。

3. 发生卸载、常用制动后的处理

1）监控装置卸载后恢复

当监控装置发生卸载动作（主手柄在零位、非零位均有卸载功能）后，当实际速度低于常用制动限速值 3 km/h 时，监控装置自动退出卸载功能。防溜控制及警惕控制产生的卸载除外。

2）常用制动后缓解

（1）恒速模式下发生常用制动，当实际速度低于固定模式限速值 5 km/h 时，监控装置语音提示“允许缓解”，司机手动按压“缓解”键缓解常用制动，缓解后监控装置语音提示“缓解成功”。

（2）减速模式下发生常用制动，当实际速度低于目标限速值时，监控装置语音提示“允许缓解”，司机可以手动按压“缓解”键缓解常用制动，缓解后监控装置语音提示“缓解成功”。缓解后，本分区不停车不恢复常用制动功能。

（3）停车模式下发生常用制动，必须先停车，然后司机方可手动按压“缓解”键缓解常用制动。

4. 监控装置制动后缓解

（1）监控装置发生紧急制动，停车后，紧急制动自动缓解；

（2）如果同时发生常用制动和紧急制动，停车后，常用制动和紧急制动会自动缓解。

（3）如果监控装置只发生常用制动（未同时发生紧急制动），停车后，需要司机手动按压“缓解”键缓解常用制动。

5. 防溜控制产生的卸载和紧急制动后缓解

防溜控制产生的卸载和紧急制动，停车后需缓解时，司机按压“警惕”键缓解。

6. 警惕控制产生的卸载和紧急制动的解除

警惕控制产生的卸载和常用制动，只有停车后方可按压“缓解”键解除。

任务实施

计划：为指定任务制订作业方案

1. 学生了解所有任务情境，小组成员汇总任务单中对应不同情况下运行超速后操作方法。
2. 指导教师随机指定各小组要完成的任务情境，学生准备不同行车条件下运行超速后操作方法，根据任务单上的要求，以列表的方式列出需要进一步搜集的信息，确定完成任务所需准备的基础知识组合。
3. 制订完成任务的计划并准备讨论。

任务情境 1：担当 T40 次旅客列车值乘任务，由于司机超速运行，致使列车运行监控装置动作而停车，需进行列车超速后操作

	常用制动速度	实际速度	现象	操作行车安全设备方法
恒速区	125	120		
	125	122		
	125	123		
	125	125		
	125	128		

个人计划：

1. 利用“超速的预警方式”总结不同情况下的超速操作处理办法

2. 通过查询资料找到两个因超速造成的铁路事故

决策：确认完成指定任务的任务实施计划

1. 小组成员的任务分工（明确组内成员资料收集、整理任务；明确主、副班岗位分配，保证岗位轮换）。
2. 分小组讨论每位成员拟订的任务实施计划。
3. 每组选派一位成员，与各组交流拟订的任务实施计划。
4. 每位成员修正任务实施计划。

小组成员	任务分工

小组内讨论后个人计划：

各组间讨论后个人计划：

任务执行过程中出现的问题及应急情况的处理：

实施：完成指定任务作业

一、根据任务实施计划完成指定任务

根据任务情境，完整记录任务实施过程，小组成员互检任务实施正确性，提交给指导教师，让其给予指导、评价。

任务实施过程记录：

二、解决指导教师补充的问题

任务评估

<table>
<tr><th colspan="2">检查与评价</th></tr>
<tr><td colspan="2">

一、检查与评价标准

（一）掌握知识技能评价参考标准

</td></tr>
<tr><td>检查标准</td><td>评价权重（80%）</td></tr>
<tr><td>明确监控装置速度控制模式</td><td>10</td></tr>
<tr><td>明确输出卸载、常用制动、紧急制动的条件</td><td>10</td></tr>
<tr><td>掌握输出卸载的操作办法</td><td>20</td></tr>
<tr><td>掌握输出常用制动的操作办法</td><td>20</td></tr>
<tr><td>掌握输出紧急制动的操作办法</td><td>20</td></tr>
<tr><td colspan="2">（二）方法能力评价参考标准</td></tr>
<tr><td>检查依据</td><td>评价权重（20%）</td></tr>
<tr><td rowspan="4">获取和处理信息，应用知识和技能解决问题，归纳共性、总结规律和积累经验，探究操作与作业标准</td><td>不合格</td></tr>
<tr><td>合格</td></tr>
<tr><td>良好</td></tr>
<tr><td>优秀</td></tr>
<tr><td rowspan="4">协同工作关系，准确清晰的信息沟通、技术指导，班组派工、协调与任务调度</td><td>不合格</td></tr>
<tr><td>合格</td></tr>
<tr><td>良好</td></tr>
<tr><td>优秀</td></tr>
<tr><td rowspan="4">制订工作计划并进行实施，自觉完成相互检查和评价，学习活动中自我安全操作和协助他人安全操作，对照作业指导书进行标准化作业</td><td>不合格</td></tr>
<tr><td>合格</td></tr>
<tr><td>良好</td></tr>
<tr><td>优秀</td></tr>
<tr><td colspan="2">（三）思政评价参考标准</td></tr>
<tr><td>检查依据</td><td>评价标准
（一票否决）</td></tr>
<tr><td rowspan="2">严守铁路相关法律法规，具有高度的安全行车意识，严格遵守限速规定，精益求精，认真履职，具有坚定的守法遵纪意识。</td><td>不合格</td></tr>
<tr><td>合格</td></tr>
<tr><td></td><td></td></tr>
</table>

<table>
<tr><th>检查与评价</th></tr>
<tr><td>

二、学生自我评价

年　月　日

</td></tr>
</table>

<table>
<tr><td>三、小组评价

年　月　日</td></tr>
<tr><td>四、指导教师评价

年　月　日</td></tr>
</table>

自我拓展

在完成指导教师指定运行超速后操作学习任务的基础上，根据指导教师的要求，查阅列车运行超速的事故案例相关资料，提高对铁路运输安全的认识。

____

____

____

____

____

____

相关知识点

	各类列车速度的相关概念

任务 7.6 运行揭示解除操作

任务相关业务知识

解除临时限速、有计划地停用基本闭塞法改用电话闭塞法行车、有计划地使用绿色许可证、有计划地特定引导控制揭示的操作，必须在接到解除前发（有计划）临时限速、改用电话闭塞法、绿色许可证、特定引导的调度命令的条件下方可进行下列操作：

1. 运行中解除限速揭示的操作方法

机车乘务员接到取消前发（有计划）限速揭示调度命令后，距揭示地点 4 000 m 时，LKT 显示屏右上方自动弹出前方控制揭示信息栏（如图 7－16 所示），标明前方各条控制揭示的信息，监控装置根据距离远近自动对各条揭示进行排序并编号；距揭示地点旅客列车 3 000 m、货物列车 2 000 m 时，语音提示，在速度不为 0 km/h 时，司机按压“转储”键+相应数字键（揭示信息栏显示的对应揭示编号），弹出“取消调度命令”窗口界面，输入取消前发（有计划）命令的调度命令号（如图 7－17 所示），解除指定的揭示，解除成功后，LKJ 显示屏左上方显示取消揭示成功提示栏（如图 7－18 所示）。因监控装置屏幕显示器最多只能显示 8 条正在控制的揭示信息，当需要解除未显示的揭示时，须按压“查询”+“3”键，进入全部揭示查询界面，解除需要解除的揭示。

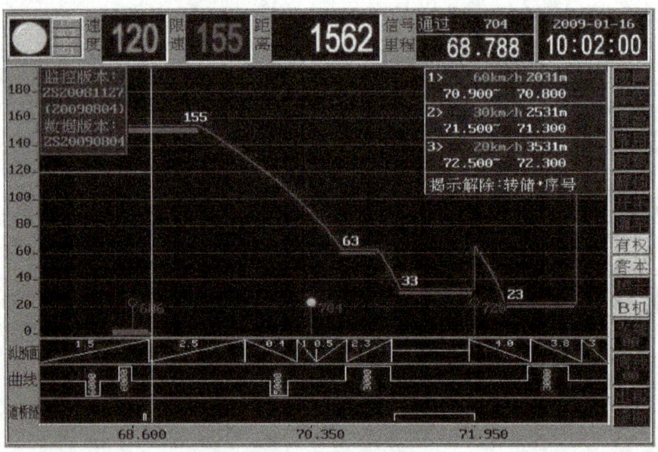

图 7－16 揭示控制显示

2. 运行中解除前发（有计划）改用电话闭塞法、绿色许可证、有计划的特定引导的操作方法

机车乘务员接到解除前发（有计划）改用电话闭塞法、绿色许可证、有计划的特定引导的调度命令后，当列车运行至进站信号机前时，LKJ 显示屏右上方自动弹出前方控制揭示信息栏，标明前方各条控制揭示的信息，司机按压“转储”键+相应“数

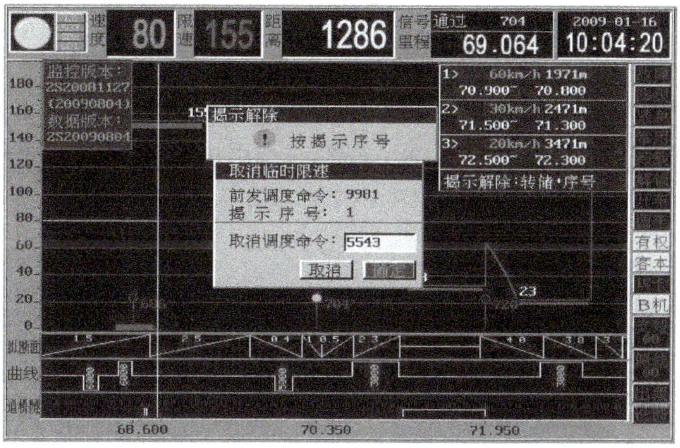

图7-17 解除前方揭示

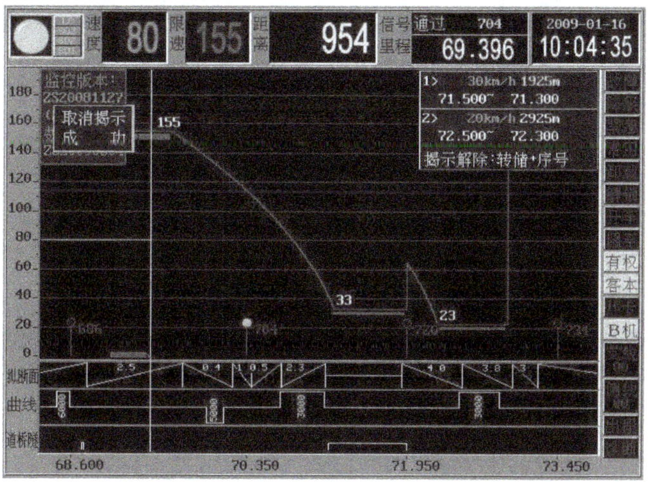

图7-18 揭示解除后状态显示

字键”（揭示信息栏显示的对应揭示编号），弹出取消调度命令窗口界面，输入调度命令号，解除监控装置对前发（有计划）改用电话闭塞法、绿色许可证、有计划的特定引导的控制。

若某站存在有计划改用电话闭塞法行车、有计划使用绿色许可证发车，而列车不经由改用电话闭塞法行车、使用绿色许可证发车的信号机时，统一输入调度命令号“99”，解除监控装置对前发（有计划）改用电话闭塞法、绿色许可证的控制。

3. 通过查询当前揭示或全部揭示解除揭示控制的操作方法

机车乘务员接到解除前发（有计划）改用电话闭塞法、绿色许可证、有计划的特定引导、限速揭示的调度命令后，司机按压“查询”键进入“查询选择”窗口界面（如图7-19所示），将光标移动到“1.当前揭示”或“3.全部揭示”选项处，按压“确认”键，进入到“当前揭示信息查询”或“全部揭示信息查询”界面（如图7-20所示），将光标移动到选项处，按压“确认”键，使用“↑”“↓”方向键将光标移动到要取消的揭示条目上，按压“确认”键，光标自动转到“解锁”项处（如图7-21所示），同时选中的揭示变为蓝色（若要选择多条揭示时，重复上述选择过程；如要取消选择，将光标移动到将撤选项处按压“确认”键），按压“确认”键后 LKJ 显示屏弹出取消调度命令窗口界面，输入调度命令号后，按压“确认”键，将光标移至确定要取消的揭示项处，再次按压“确认”键，LKJ 显示屏弹出“取消揭示成功”提示信息（如图 7－22 所示），按压“确认”键，取消已选中的揭示，已取消的揭示变为红色（如图 7－23 所示），将光标移动到“1. 返回”项处，按压“确认”键，退出全部揭示信息查询界面。

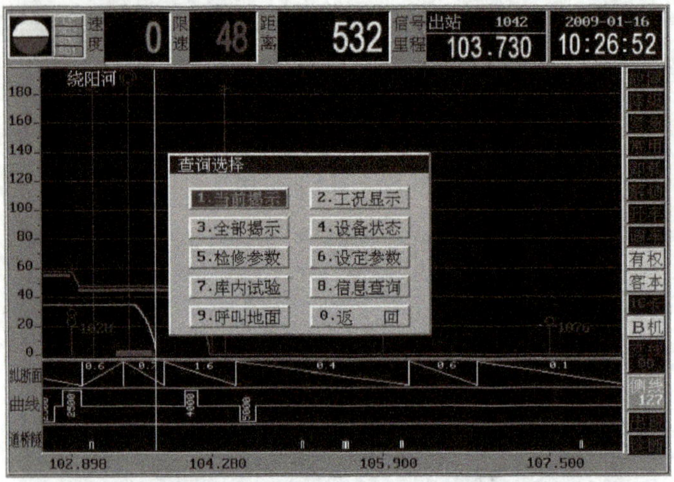

图 7－19 “查询选择”窗口界面

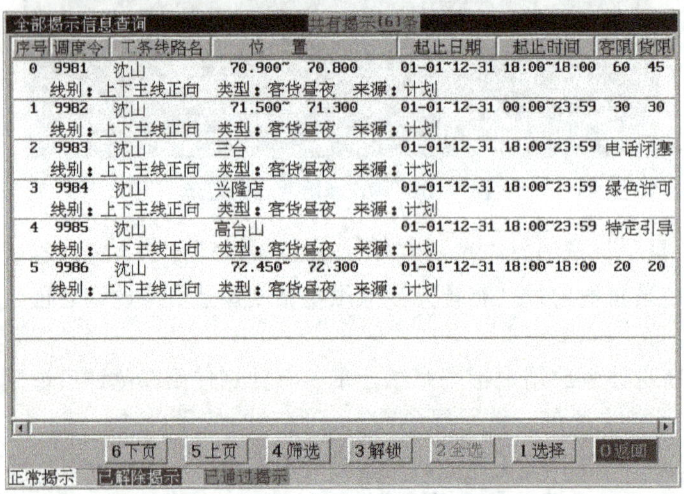

图 7－20 全部揭示信息查询

4. 乘降所揭示解除

（1）列车距控制点 300 m 内停车后，监控装置自动解除。

（2）如果列车在距控制点 300 m 外停车，按上述“3. 通过查询当前揭示或全部揭示解除揭示控制的操作方法”进行操作，输入统一调度命令号“99”。

5. 解除存在多个控制点的揭示

相邻两站间一条经路内存在重复公里标（如长链）时或车载数据中某站内、场内

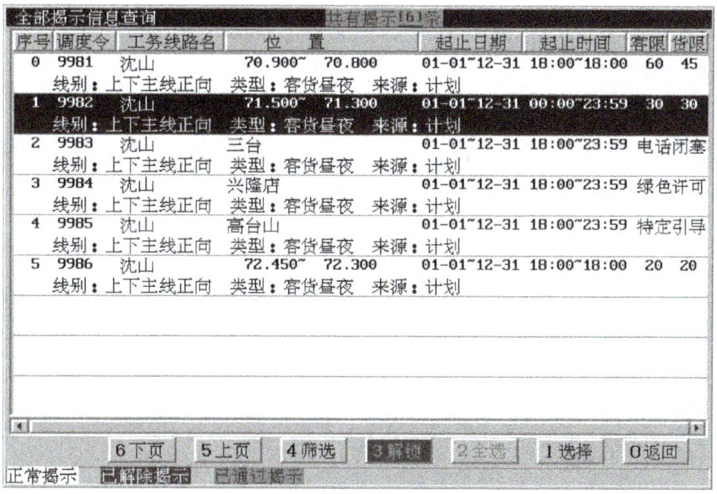

图 7-21　已选择揭示

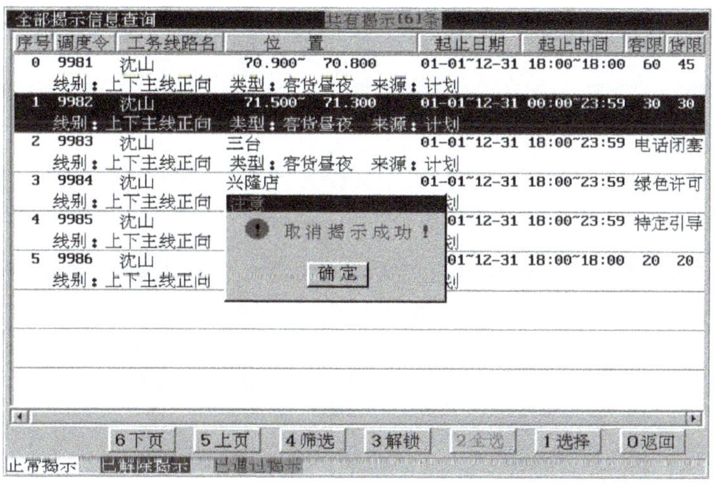

图 7-22　“取消揭示成功”提示信息

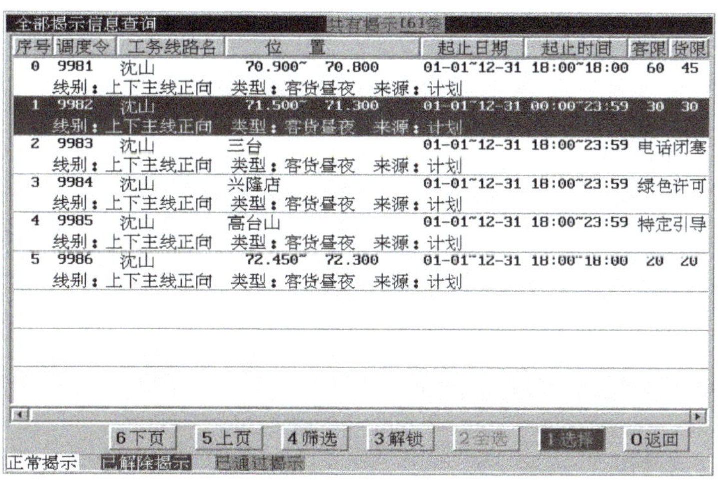

图 7-23　已取消揭示用红色显示

不同经路存在重复公里标时，一条揭示会存在多个控制点，无揭示区段需要人工解除揭示限速控制，输入统一调度命令号“99”。

6. 解除同方向同一个出站的连续进站特定引导

对于同方向同一个出站具有连续进站特定引导，需要根据调度命令解除特定引导时，监控装置一次性解除连续进站（接车进路）特定引导的揭示控制。

任务实施

计划：为揭示解除操作制订作业方案

1. 学生了解所有任务情境，小组成员汇总任务单中揭示解除操作方法。
2. 指导教师随机指定各小组要完成的任务情境，学生准备不同行车条件下解除揭示的操作方法，根据任务单上的要求，以列表的方式列出需要进一步搜集的信息，确定完成任务所需准备的基础知识组合。
3. 制订完成任务的计划并准备讨论。

任务情境 1： 担当 T40 次旅客列车值乘任务，和平站有计划使用路票行车，但由于施工提前完成，列车运行至和平站时恢复正常行车，故需对该条运行揭示进行解除

作业程序	作业内容	操作行车安全设备方法	注意事项

任务情境 2： 担当 57002 次货物列车值乘任务，诚信站有计划使用绿色许可证行车，但由于施工提前完成，列车运行至诚信站时恢复正常行车，故需对该条运行揭示进行解除

作业程序	作业内容	操作行车安全设备方法	注意事项

个人计划：

1. 利用“前方控制揭示信息栏”揭示解除操作办法总结

2. 通过查询当前揭示或全部揭示解除揭示控制的操作办法总结

决策：确认完成解除揭示的任务实施计划

1. 小组成员的任务分工（明确组内成员资料收集、整理任务；明确主、副班岗位分配，保证岗位轮换）。
2. 分小组讨论每位成员拟订的任务实施计划。
3. 每组选派一位成员，与各组交流拟订的任务实施计划。
4. 每位成员修正任务实施计划。

小组成员	任务分工

小组内讨论后个人计划：

各组间讨论后个人计划：

任务执行过程中出现的问题及应急情况的处理：

实施：完成解除揭示作业

一、根据任务实施计划完成指定任务

根据任务情境，完整记录任务实施过程，小组成员互检任务实施正确性，提交给指导教师，让其给予指导、评价。

任务实施过程记录：

二、解决指导教师补充的问题

任务评估

检查与评价

一、检查与评价标准

（一）掌握知识技能评价参考标准

检查标准	评价权重（80%）
明确运行揭示包括哪些内容	20
明确常见监控装置中查询揭示的方法	20
掌握解除揭示的操作办法	40

（二）方法能力评价参考标准

检查依据	评价权重（20%）
获取和处理信息，应用知识和技能解决问题，归纳共性、总结规律和积累经验，探究操作与作业标准	不合格
	合格
	良好
	优秀
协同工作关系，准确清晰的信息沟通、技术指导，班组派工、协调与任务调度	不合格
	合格
	良好
	优秀
制订工作计划并进行实施，自觉完成相互检查和评价，学习活动中自我安全操作和协助他人安全操作，对照作业指导书进行标准化作业	不合格
	合格
	良好
	优秀

（三）思政评价参考标准

检查依据	评价标准（一票否决）
严守铁路相关法律法规，具有高度的安全行车意识，严格遵照作业标准完成任务，精益求精，认真履职，具有坚定的守法遵纪意识	不合格
	合格

检查与评价

二、学生自我评价

年　月　日

三、小组评价   年　月　日
四、指导教师评价   年　月　日

自我拓展

在完成指导教师指定运行揭示解除操作学习任务的基础上，根据指导教师的要求，查阅运行揭示操作相关的事故案例资料，谈一谈你的心得体会。

____

____

____

____

____

____

相关知识点

(二维码)	列车运行调度命令相关资料

任务 7.7　机车信号突变控制与机车信号故障处置

任务相关业务知识

1. 机车信号突变控制

（1）在自动闭塞区段，当监控装置计算列车距前方信号机距离≤50 m 时，机车信号由黄灯突变为红黄灯或白灯，或者由双黄灯突变为红黄灯或白灯，或者由双黄灯闪突变为红黄灯，监控装置自动解除对当前信号机的停车控制，不报“信号突变”，并将计算的剩余里程消除，按距次一架信号机的距离监控列车运行。消除剩余里程时语音提示“注意距离”。

在自动闭塞区段，当监控装置计算列车距前方信号机距离>50 m 时遇以上机车信号突变，按停车模式控制，如满足制动条件将实施制动控制。

（2）在半自动闭塞区段，当监控装置计算列车距前方信号机距离≤100 m 时，机车信号由黄灯突变为红黄灯或白灯，或者由双黄灯突变为红黄灯或白灯，或者由双黄灯闪突变为红黄灯，监控装置持续发出“信号突变”语音报警，司机 7 s 内按压“警惕”键后停止报警，并解除对当前信号机的停车控制，按次一架信号机的显示要求监控列车运行；如果 7 s 内未按压“警惕”键，监控装置将实施紧急制动。如果在报警期间实际速度未超过限速值，改按停车模式控制。如果在报警期间过机，则自动解除停车控制，下一分区按其信号显示要求控制。

在半自动闭塞区段，当监控装置计算列车距前方信号机距离>100 m 时遇以上机车信号突变，按停车模式控制，如满足制动条件将实施制动控制。

注意： 机车信号变为灭灯、多灯，监控装置均不按信号突变控制，直接按停车模式控制。

2. 机车信号故障时监控装置的操作方法

1）判断机车信号故障条件

（1）地面信号为进行信号，机车信号灭灯、多灯、乱变。

（2）站内，地面信号为进行信号，机车信号为红黄灯。

（3）自动闭塞区段，地面信号为进行信号，机车信号连续两架不上码（固定不发码的信号机除外）。

（4）自动闭塞区间，地面信号为进行信号，机车信号连续两架显示红黄灯。

（5）半自动闭塞区段，地面信号为进行信号，进站、出站信号机前机车信号连续两架不上码（机车信号固定不上码的车站或无码区段除外）。

2）LKJ 转入随时停车工作状态（20 km/h 限速模式，下同）的操作和要求

（1）列车运行途中，确认机车信号故障，机车乘务员应立即停车，并使用列车无线通信设备报告车站值班员或列车调度员，严格按地面信号机的显示要求，操纵列车以规定的速度运行至前方站停车处理或请求更换机车。在自动闭塞区间列车运行速度不超过 20 km/h（动车组不超过 40 km/h），仅机车信号故障而 LKJ 作用良好时，应将

LKJ 转为随时停车工作状态。

（2）列车运行途中，发现 LKJ 基础数据与开通运行的铁路运输基础设备、设施的数据不一致时，机车司机应立即停车，并报告车站值班员或列车调度员；列车调度员应发布允许在数据不对应的区域将 LKJ 由通常工作状态人工转为随时停车工作状态或降级工作状态（无法进入随时停车工作状态时转为降级工作状态）运行的调度命令，以特别行车措施保障运输安全。

（3）LKJ 转为随时停车工作状态的操作方法如下：确认地面信号为进行信号时，监控装置在监控或降级状态下速度为 0 km/h，司机按压 LKJ 显示屏“↑”键 2 s，弹出“非正常行车确认”窗口界面，将光标移到“4.转入 20 km/h 限速模式”选项处，按压“确认”键，进入“转入 20 km/h 限速模式确认”窗口界面（如图 7－24 所示），将光标移动到“确定”按钮处，再次按压“确认”键，屏幕出现“20 km/h 限速模式”标志，模式曲线显示为“限速 0 km/h”（如图 7－25 所示）。2 min 后，监控装置开口限速 21 km/h（如图 7－26 所示），语音提示“注意前方限速”，监控装置转入 20 km/h 限速模式状态。

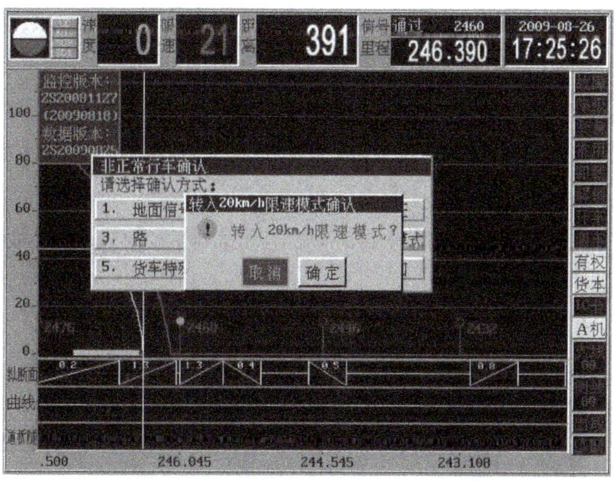

图 7－24　“转入 20 km/h 限速模式确认”窗口界面

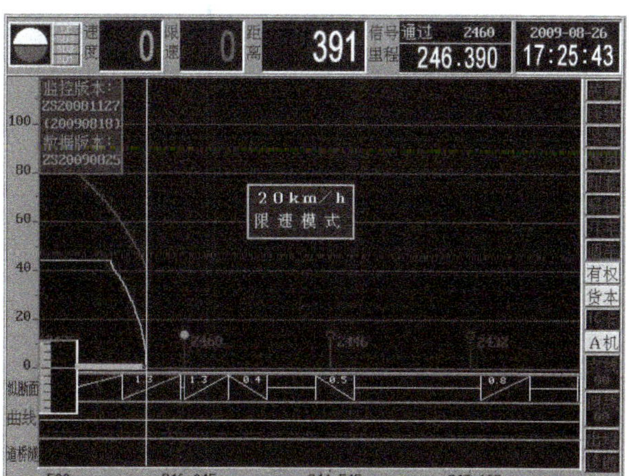

图 7－25　20 km/h 限速模式

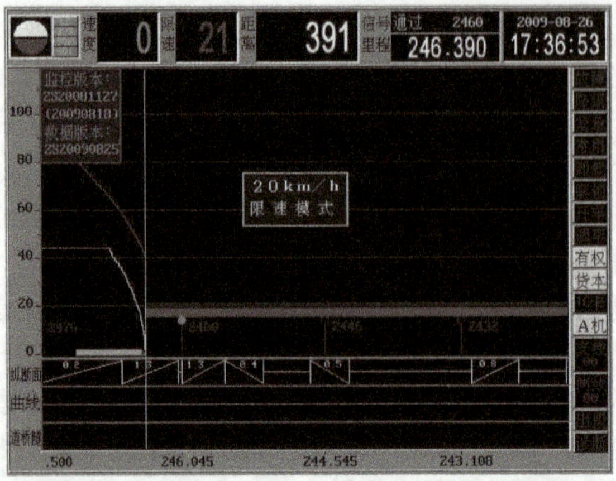

图 7－26　转入 20 km/h 限速模式停车 2 min 后的 LKJ 界面

注意：自动闭塞区间通过信号机前，有速度操作监控装置时不能转入 20 km/h 限速模式，同时，LKJ 显示屏提示“停车有效”（如图 7－27 所示）。监控状态下，在发车进路或出站信号机前，无论机车有无速度，操作监控装置都不能转入 20 km/h 限速模式（如有需要可降级后再转入），同时，屏幕提示“禁止操作”（如图 7－28 所示）。

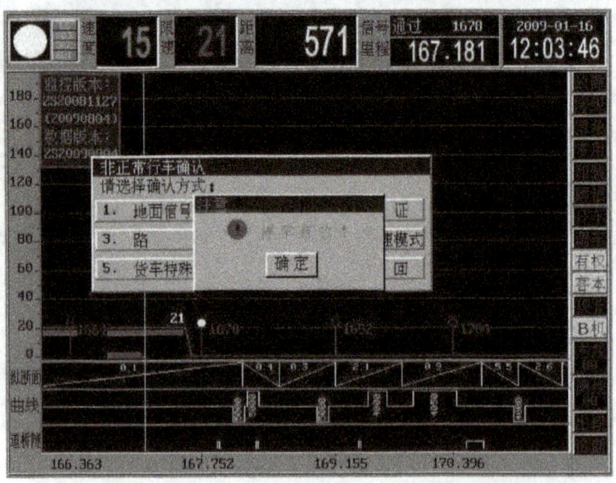

图 7－27　有速度转入 20 km/h 限速模式禁止操作提示

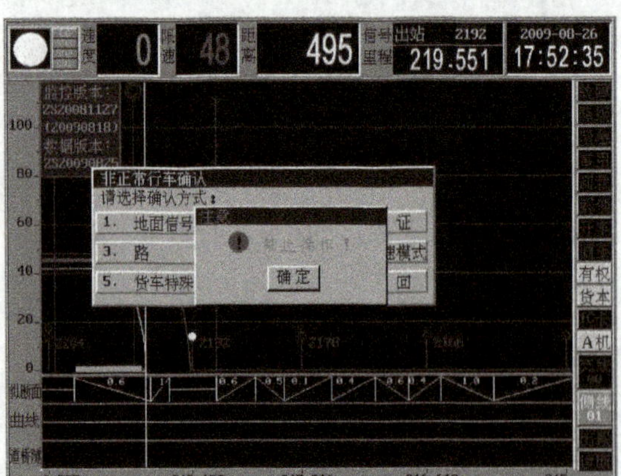

图 7－28　站内转入 20 km/h 限速模式禁止操作提示

（4）监控装置转入 20 km/h 限速模式后，监控装置不按机车信号显示监控列车运行。机车乘务员（双班单司机值乘区段，必须执行双司机值乘）严格执行呼唤应答制度，及时车机联控。

3）监控装置转入 20 km/h 限速模式后的注意事项

（1）运行中监控装置不能自动校正距离，要求司机注意人工校正距离。发车进路和出站信号机前（不含线路所）只能向后车位调整；可在区间、进站或接车进路信号机前人工操作“自动校正”键进行车位对中，校正距离。

（2）不能输入侧线股道号。

（3）不能进入调车和降级控制状态。

（4）无监控装置引导解锁、靠标解锁、白灯无码解锁功能。

（5）无监控装置的路票、绿色许可证、特定引导、绿灯/绿黄灯确认功能；无揭示限速、区段限速控制和显示功能。

（6）在区间至进站分区间运行，按固定模式限速控制；在发车进路或出站信号机前，按停车模式控制（如图 7－29 所示）。

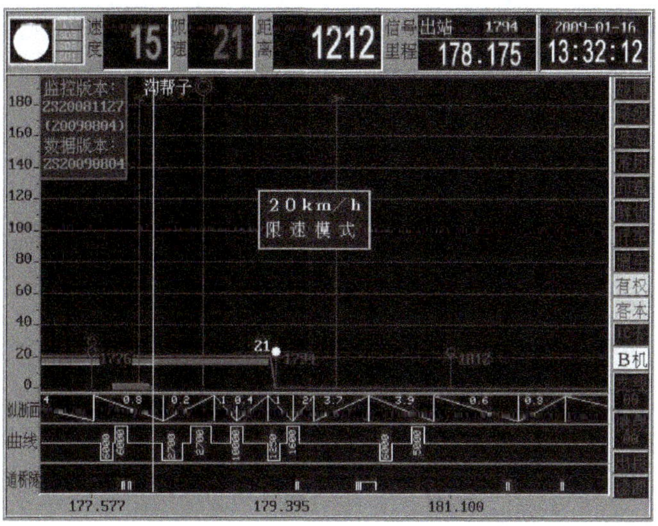

图 7－29　20 km/h 限速模式站内停车控制

（7）机车信号变化无语音提示。

4）监控装置转出 20 km/h 限速模式的操作和要求

（1）转入 20 km/h 限速模式后，机车乘务员确认机车信号恢复正常或已越过数据不对应区域，通知车站值班员或列车调度员。由通常模式转入 20 km/h 限速模式的，列车必须运行至站内并处于停车状态，进行转出 20 km/h 限速模式的操作；由降级状态转入 20 km/h 限速模式的，列车必须处于停车状态，可进行转出 20 km/h 限速模式的操作。

（2）司机按压 LKJ 显示屏“↑”键 2 s，弹出“非正常行车确认”窗口，将光标移到“4.转出 20 km/h 限速模式”选项处，按压“确认”键，进入“转出 20 km/h 限速模式确认”窗口界面如图 7－30 所示，将光标移到“确定”选项处，再次按压“确认”

键，监控装置转入上电启机的原始工作状态（降级控制状态），司机输入参数后，待运行到规定对标点处，按压“开车”键恢复监控状态运行。

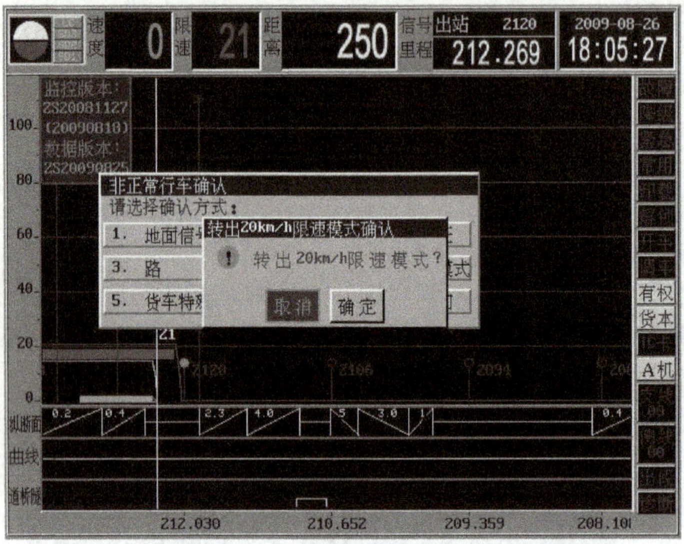

图 7-30 “转出 20 km/h 限速模式确认”窗口界面

注意：有速度操作监控装置时，不能转出 20 km/h 限速模式，同时，LKJ 显示屏提示“停车有效”。

5）站内确认机车信号故障的处理

列车运行在站内，若确认机车信号故障，机车乘务员应立即停车，并报告车站值班员或列车调度员，请求更换机车（动车组请求救援）。

任务实施

计划：为机车信号突变控制和机车信号故障处理操作制订作业方案
1. 学生了解所有任务情境，小组成员汇总任务单中机车信号突变控制和机车信号故障处理操作方法。 2. 指导教师随机指定各小组要完成的任务情境，学生准备不同行车条件下机车信号突变控制和机车信号故障处理操作方法，根据任务单上的要求，以列表的方式列出需要进一步搜集的信息，确定完成任务所需准备的基础知识组合。 3. 制订完成任务的计划并准备讨论。

任务情境 1： 担当 T40 次旅客列车值乘任务，监控装置显示运行至敬业站前一架通过信号机（自动闭塞区段）前 150 m 处信号突变

现象	操作行车安全设备方法	注意事项

任务情境 2： 担当 557097 次货物列车值乘任务，监控装置显示运行至和平站（半自动闭塞区段）进站信号机前 95 m 处信号突变

作业程序	操作行车安全设备方法	注意事项

任务情境 3： 担当 T60 次旅客列车值乘任务，运行至自动闭塞区间时发生机车信号故障

现象	操作行车安全设备方法	注意事项

任务情境 4： 担当 57907 次货物列车值乘任务，运行全半自动闭塞区间时发生机车信号故障

现象	操作行车安全设备方法	注意事项

任务情境 5：担当 51111 次货物列车值乘任务，运行中遇有特殊情况需要进行“20 km/h 限速模式”操作		
现象	操作行车安全设备方法	注意事项

个人计划：

1. 机车信号突变和机车信号故障处理办法总结

2. 机车信号故障处理办法总结

决策：确认完成机车信号突变控制和机车信号故障处理任务的任务实施计划

1. 小组成员的任务分工（明确组内成员资料收集、整理任务；明确主、副班岗位分配，保证岗位轮换）。
2. 分小组讨论每位成员拟订的任务实施计划。
3. 每组选派一位成员，与各组交流拟订的任务实施计划。
4. 每位成员修正任务实施计划。

小组成员	任务分工

小组内讨论后个人计划：

各组间讨论后个人计划：

任务执行过程中出现的问题及应急情况的处理：

实施：完成指定任务

一、根据任务实施计划完成指定任务

根据任务情境，完整记录任务实施过程，小组成员互检任务实施正确性，提交给指导教师，让其给予指导、评价。

任务实施过程记录：

二、解决指导教师补充的问题

任务评估

检查与评价

一、检查与评价标准

（一）掌握知识技能评价参考标准

检查标准	评价权重（80%）
了解机车信号显示方式与含义	10
明确机车信号突变条件	10
掌握机车信号突变控制方法	20
明确判断机车信号故障条件	10
掌握机车信号故障处理方法	10
掌握进出 20 km/h 工作模式操作方法	20

（二）方法能力评价参考标准

检查依据	评价权重（20%）
获取和处理信息，应用知识和技能解决问题，归纳共性、总结规律和积累经验，探究操作与作业标准	不合格
	合格
	良好
	优秀
协同工作关系，准确清晰的信息沟通、技术指导，班组派工、协调与任务调度	不合格
	合格
	良好
	优秀
制订工作计划并进行实施，自觉完成相互检查和评价，学习活动中自我安全操作和协助他人安全操作，对照作业指导书进行标准化作业	不合格
	合格
	良好
	优秀

（三）思政评价参考标准

检查依据	评价标准（一票否决）
严守铁路相关法律法规，具有高度的安全行车意识，严格遵照作业标准完成任务，精益求精，认真履职，具有坚定的守法遵纪意识。	不合格
	合格

检查与评价

二、学生自我评价

年　月　日

三、小组评价

年　月　日

四、指导教师评价

年　月　日

自我拓展

在完成指导教师指定机车信号突变控制和机车信号故障处置学习任务的基础上，根据指导教师的要求，查阅关于机车信号不上码现场案例，提高铁路运输安全意识。

相关知识点

知识点 1　机车信号及其分类、工作原理
知识点 2　《技规》的相关规定

任务 7.8　LBJ 装置操作

任务相关业务知识

1. LBJ 系统的构成

列车防护报警和客车列尾安全防护（LBJ）系统由数据采集编码器（以下简称“编码器”）、列车防护报警设备（以下简称“LBJ”）、道口报警设备、施工防护报警设备、列车接近预警器（以下简称“预警器”）、客车列尾安全防护设备（以下简称“KLW”）和专用维护设备（含便携测试台、数据管理器和出入库检测设备）等组成。

编码器和 LBJ 安装于机车，KLW 安装于列车尾部，道口报警设备安装于道口，工务人员配备施工防护报警设备和预警器，维护人员配备便携测试台和数据管理器，出入库检测设备安装于机车出入库检测地点。列车防护报警和客车列尾安全防护系统构成示意图如图 7－31 所示。

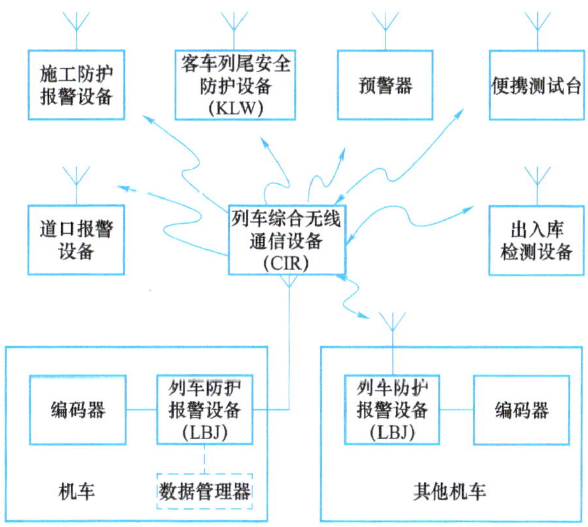

图 7－31　列车防护报警和客车列尾安全防护系统构成示意图

2. LBJ 系统的主要功能

（1）LBJ 具有向 KLW 查询列车尾部风压和控制 KLW 排风制动的功能。

（2）LBJ 具有发送和接收列车防护报警信息并发出声光提示的功能。

（3）LBJ 具有接收道口事故报警信息和施工防护报警信息并发出声光提示的功能。

（4）LBJ 具有发送列车接近预警信息的功能。

（5）预警器具有接收列车接近预警信息并发出声光提示的功能。

（6）道口报警设备具有接收列车接近预警信息和发送道口事故报警信息并发出声光提示的功能。

（7）施工防护报警设备具有接收列车接近预警信息和发送施工防护报警信息并发

出声光提示的功能。

（8）LBJ、预警器、道口报警设备、施工防护报警设备、KLW、数据管理器和出入库检测设备均具有记录功能。

（9）专用维护设备具有对 LBJ 进行出入库检测和数据维护管理的功能。

3. LBJ 系统的工作过程

1）启动列车防护报警

按下 LBJ 控制盒（与 CIR 配套使用时为 MMI，以下同）上的“报警”键，LBJ 每 5～10 s 随机连续（10 s）发送 5 帧列车防护报警信息并进行记录，报警信息包含当前车次号、机车号、公里标和时间。当 LBJ 处于发送报警状态时，状态指示灯每 1 s 闪亮一次，同时扬声器发出提示音。

邻近列车的 LBJ 接收到列车防护报警信息后进行记录，同时显示报警信息包含的公里标，每 5 s 发出一次提示语音。按下控制盒上的“确认”键，可停止播放提示语音。当 LBJ 接收到列车防护报警解除信息，或者连续 30 s 以上未再次收到列车防护报警信息时，恢复守候接收状态。

2）解除列车防护报警

再次按下 LBJ 控制盒的“报警”键，解除报警并恢复为守候接收状态。解除报警时，LBJ 连续发送 5 帧列车防护报警解除信息并进行记录，报警解除信息包含当前车次号、机车号、公里标和时间，控制盒的状态指示灯持续闪亮 5 s 后转为长亮，扬声器发出 5 s 提示音后停止。邻近列车的 LBJ 接收到报警解除信息后进行记录，发出提示语音后恢复守候接收状态。

3）启动和解除道口报警

（1）启动道口报警。按下道口报警设备的“报警”键，道口报警设备每 5～10 s 随机连续发送 6 帧道口事故报警信息并进行记录。邻近列车的 LBJ 接收到道口事故报警信息后进行记录，同时显示报警信息包含的公里标并每 5 s 发出一次提示语音。当 LBJ 接收到道口事故报警解除信息，或者连续 30 s 以上未再次收到道口事故报警信息时，恢复守候接收状态。

（2）解除道口报警。再次按下道口报警设备“报警”键解除报警，道口设备连续发送 6 帧道口事故报警解除信息，邻近列车的 LBJ 接收到报警解除信息后进行记录，发出提示语音后恢复守候接收状态。

4）启动和解除施工防护报警

（1）启动施工防护报警。按下施工防护报警设备的“报警”键，施工防护报警设备每 5～10 s 随机连续发送 6 帧施工防护报警信息并进行记录。邻近列车的 LBJ 接收到施工防护报警信息后进行记录。显示报警信息包含的公里标并每 5 s 发出一次提示语音。LBJ 接收到施工防护报警解除信息，或者连续 30 s 以上未再次收到施工防护报警信息时，恢复守候接收状态。

（2）解除施工防护报警。再次按下施工防护报警设备的“报警”键解除报警，施工防护报警设备连续发送 6 帧施工防护报警解除信息，邻近列车的 LBJ 接收到报警解除信息后进行记录，发出提示语音后恢复守候接收状态。

任务实施

计划：为 LBJ 装置操作制订作业方案

1. 学生了解所有任务情境，小组成员汇总任务单中 LBJ 装置操作方法。
2. 指导教师随机指定各小组要完成的任务情境，学生了解启动和解除 LBJ 装置的操作方法，根据任务单上的要求，以列表的方式列出需要进一步搜集的信息，确定完成任务所需准备的基础知识组合。
3. 制订完成任务的计划并准备讨论。

任务情境 1：担当 T40 次旅客列车值乘任务，列车遇到线路塌方、道床冲空等危及行车安全情况

现象	操作行车安全设备方法	注意事项

任务情境 2：担当 57002 次货物列车值乘任务，列车运行中接收到“×××次，列车防护报警”信息

现象	操作行车安全设备方法	注意事项

个人计划：

1. 启动 LBJ 装置的操作方法总结

2. 解除 LBJ 装置的操作方法总结

决策：确认完成启动和解除 LBJ 装置的任务实施计划

1. 小组成员的任务分工（明确组内成员资料收集、整理任务；明确主、副班岗位分配，保证岗位轮换）。
2. 分小组讨论每位成员拟订的任务实施计划。
3. 每组选派一位成员，与各组交流拟订的任务实施计划。
4. 每位成员修正任务实施计划。

小组成员	任务分工

小组内讨论后个人计划：

各组间讨论后个人计划：

任务执行过程中出现的问题及应急情况的处理：

实施：完成 LBJ 装置操作

一、根据任务实施计划完成指定任务

根据任务情境，完整记录任务实施过程，小组成员互检任务实施正确性，提交给指导教师，让其给予指导、评价。

任务实施过程记录：

二、解决指导教师补充的问题

任务评估

检查与评价

一、检查与评价标准

（一）掌握知识技能评价参考标准

检查标准	评价权重（80%）
明确 LBJ 装置的基本作用	20
明确 LBJ 装置的基本组成	20
掌握启动 LBJ 装置的操作方法	20
掌握解除 LBJ 装置的操作方法	20

（二）方法能力评价参考标准

检查依据	评价权重（20%）
获取和处理信息，应用知识和技能解决问题，归纳共性、总结规律和积累经验，探究操作与作业标准	不合格
	合格
	良好
	优秀

<table>
<tr><th>检查依据</th><th>评价权重（20%）</th></tr>
<tr><td rowspan="4">协同工作关系，准确清晰的信息沟通、技术指导，班组派工、协调与任务调度</td><td>不合格</td></tr>
<tr><td>合格</td></tr>
<tr><td>良好</td></tr>
<tr><td>优秀</td></tr>
<tr><td rowspan="4">制订工作计划并进行实施，自觉完成相互检查和评价，学习活动中自我安全操作和协助他人安全操作，对照作业指导书进行标准化作业</td><td>不合格</td></tr>
<tr><td>合格</td></tr>
<tr><td>良好</td></tr>
<tr><td>优秀</td></tr>
</table>

（三）思政评价参考标准

<table>
<tr><th>检查依据</th><th>评价标准
（一票否决）</th></tr>
<tr><td rowspan="2">严守铁路相关法律法规，具有高度的安全行车意识，严格遵照作业标准完成任务，认真履职，具有应急情况处理能力，具有坚定的守法遵纪意识</td><td>不合格</td></tr>
<tr><td>合格</td></tr>
<tr><td></td><td></td></tr>
</table>

检查与评价

二、学生自我评价

年　月　日

三、小组评价

年　月　日

四、指导教师评价

年　月　日

自我拓展

在完成指导教师指定 LBJ 装置操作学习任务的基础上，根据指导教师的要求，查阅关于 LBJ 方面的现场应用资料，并谈一谈 LBJ 在铁路行车安全上的重要性。

相关知识点

《技规》的非正常行车相关规定

任务7.9 查询6A系统

任务相关业务知识

1. 6A系统简介

随着机车运行速度的提高，长交路的推广，机车在运用现场的安全事故也时有发生，这严重影响了机车运用安全和铁路运营秩序。机车安全事故主要包括：走行部轴箱轴承、电机轴承等故障；列车在运行中发生折角塞门非正常关闭引发的冒进、冲撞事故；机车高压绝缘破坏，引起接触网烧损，造成大面积停电；机车内部电线电缆短路、过热及其他原因引起的机车火灾；列车供电故障，造成列车不能正常出库、发车等。

基于上述安全问题，如何运用技术手段体系化地解决机车安全管控问题，已经成为机车运用部门的关注重点，但以往机车中的监测设备在指标、标准等方面不统一，无法纳入规范化管理和信息化处理网络。

为满足安全管理、跨局运用等现实方面的需求，机车车载安全防护系统（6A系统）针对机车的高压绝缘、防火、视频、列车供电、制动系统、走行部等危及行车安全的重要事项、重点部件和部位，采用实时检测、监视、报告等手段实现平台化的安全防护。

6A系统与车载计算机系统、LKJ共同构成机车数据源，它们统一功能接口、统一数据存储格式、统一安装方式、统一人机界面、统一维护操作，共同构成了中国机车远程监测与诊断系统（CMD系统）。机车安全系统示意图如图7-32所示。

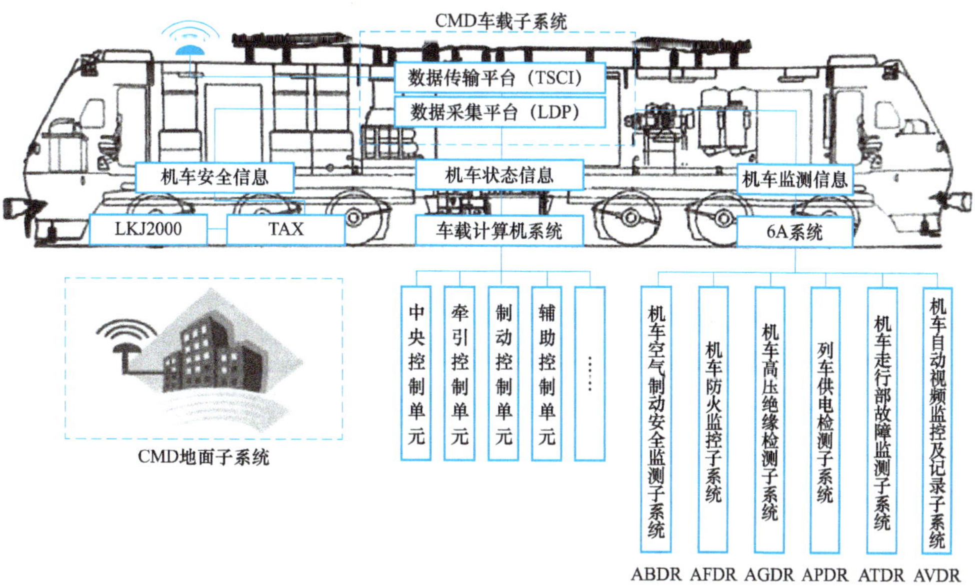

图7-32 机车安全系统示意图

6A 系统是针对机车运行过程中危及安全的重要事项、重点部件和部位，在前期已有的分散的机车安全设备的基础上，完善功能、综合集成而形成的系统性、平台化的安全防护装置，用于提高机车防范安全事故的能力。与安全相关的机车信息可分为三类：机车安全信息、机车状态信息和机车监测信息。机车安全信息来源于 LKJ2000 和 TAX，机车状态信息来源于 TCMS，机车监测信息来源于 6A 系统。LKJ2000、TAX、TCMS、6A 系统之间一般通过 CMD 系统相互连接以进行通信。如未安装 CMD 系统，可以安装外部接口卡实现相关功能。CMD 系统是机车的信息化平台，处于顶层，用于完成机车信息的综合与传输。

2. 6A 系统的构成与功能

1）6A 系统的构成

6A 系统以中央处理平台（CPP）为核心，集成了 6 个监控子系统。这 6 个监控子系统包括：机车高压绝缘检测子系统（AGDR）、机车防火监控子系统（AFDR）、机车自动视频监控及记录子系统（AVDR）、列车供电监测子系统（APDR）、机车空气制动安全监测子系统（ABDR）、机车走行部故障监测子系统（ATDR）。车载数据传输示意图如图 7－33 所示。

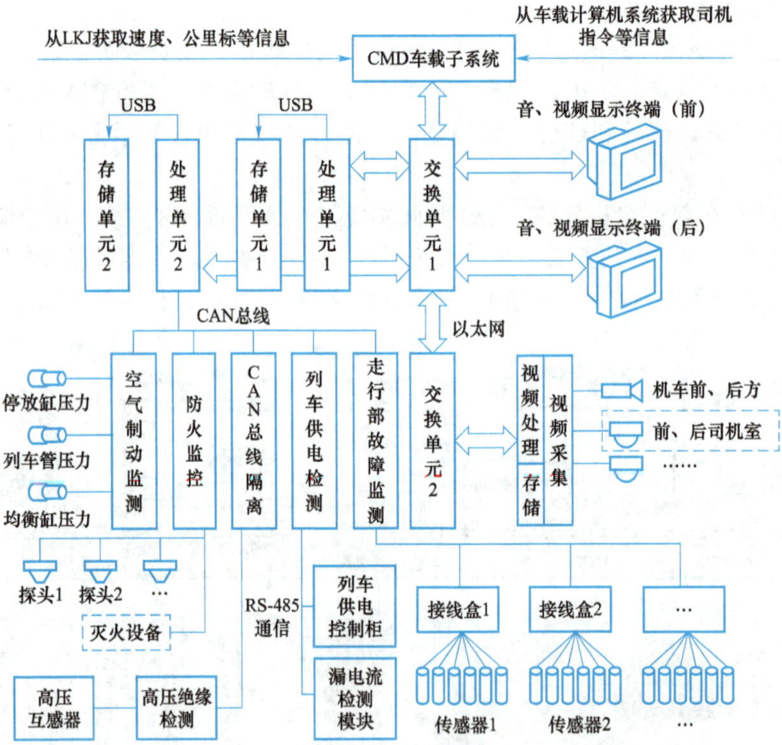

图 7－33　车载数据传输示意图

2）6A 系统的功能

（1）中央处理平台（CPP）。中央处理平台主机如图 7－34 所示。中央处理平台对各子系统进行数据集中、数据管理，并通过数据库进行综合分析。各子系统依据统一的 6A 系统通信协议与中央处理平台通信。

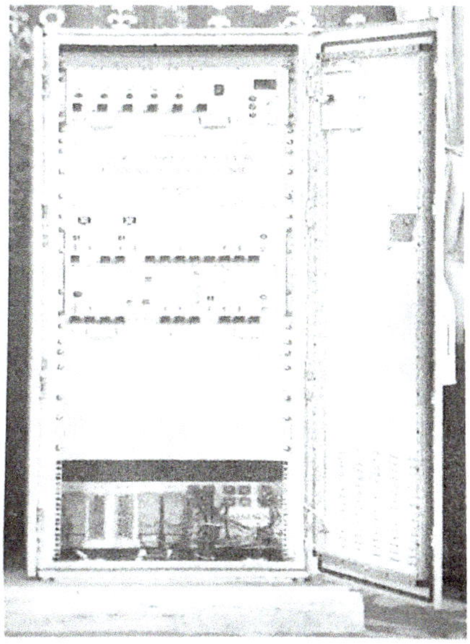

图 7－34　中央处理平台主机

主要功能：① 综合处理报警；② 安全信息存储；③ 人机交互界面；④ 平台统一供电；⑤ 实时网络传输；⑥ 双处理器冗余工作；⑦ 监测子系统可扩展。

（2）机车空气制动安全监测子系统（ABDR）

机车空气制动安全监测子系统如图 7－35 所示。机车空气制动安全监测子系统由制动监测板卡（AB）、列车管压力传感器、停放缸压力传感器和均衡缸压力传感器组成。

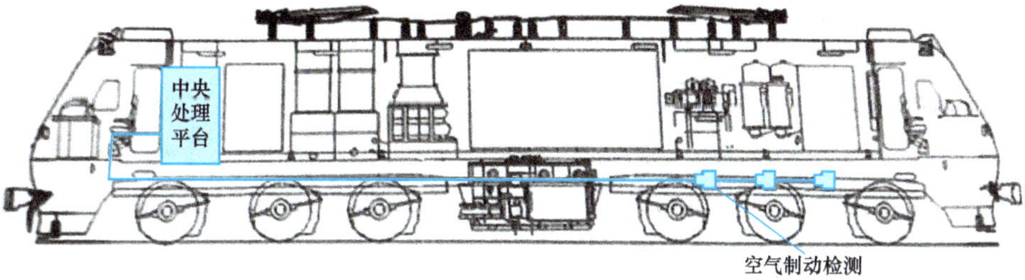

图 7－35　机车空气制动安全监测子系统

列车运行中，制动监测板卡从 CAN 总线获取速度和停放制动模块状态，如果监测到停放制动缸压力下降，将及时预警；如果监测到停放施加，也将及时报警。

制动监测板卡从 CAN 总线获取列车管充风流量、机车工作模式（客/货/本/补）和车辆数，同时利用列车管压力、均衡缸压力缓解的过程等信息综合判断列车折角塞门是否关闭。

主要功能：① 列车折角塞门非正常关闭监测；② 机车停放制动非正常施加监测，以预防因折角塞门关闭、制动失灵引起的行车事故；③ 预防机车意外带闸行车事故。

（3）机车防火监控子系统（AFDR）

机车防火监控子系统如图 7－36 所示。6A 系统的机车防火监控子系统的主要专有部件包括防火监控板卡（AF）和多个火情探测器。6A 系统开机运行后，防火监控子系统进行自检，自检的状态信息显示在 6A 系统的音、视频显示终端，同时设备的状态指示灯也会反映自检状态信息。自检成功后，系统进入正常运行状态，并实时将系统的监测数据发送给 6A 中央处理平台，并显示在音、视频显示终端，同时伴有声音报警。

图 7-36　机车防火监控子系统

主要功能：① 火情报警；② 火情视频监测。

在司机室、机械间等处布设烟温复合探头，在地板线槽内布设感温电缆，监测车内司机室、机械间等处温度、烟雾变化，预防机车电气、油气起火事故的发生。

（4）机车走行部故障监测子系统（ATDR）

机车走行部故障监测子系统如图 7-37 所示。机车走行部故障监测子系统由走行部监测板卡 1（AT1）、数据前置处理器、传感器等部分组成。机车走行部故障监测子系统通过传感器采集轴承温度，振动冲击数据及齿轮，踏面振动冲击数据，机车车轴转速数据。数据前置处理器对采集的数据进行预处理，并将预处理后的数据传输至走行部监测板卡 1；走行部监测板卡 1 对数据进行诊断分析，并将诊断结果和过程数据通过 6A 系统主机内部总线传送至 6A 系统的中央处理平台。

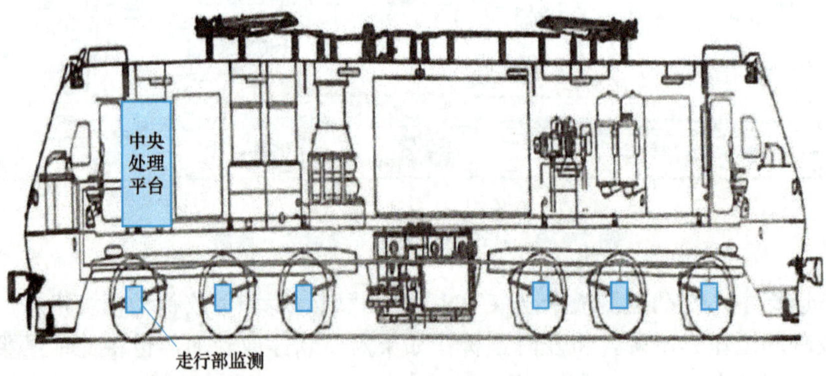

图 7-37　机车走行部故障监测子系统

主要功能：走行部轴承温度和冲击监测。

通过振动谱分析，检测走行部轴箱轴承、电机轴承和踏面的早期故障，以降低走行部事故的发生。

（5）机车高压绝缘检测子系统（AGDR）

机车高压绝缘检测子系统如图 7-38 所示。

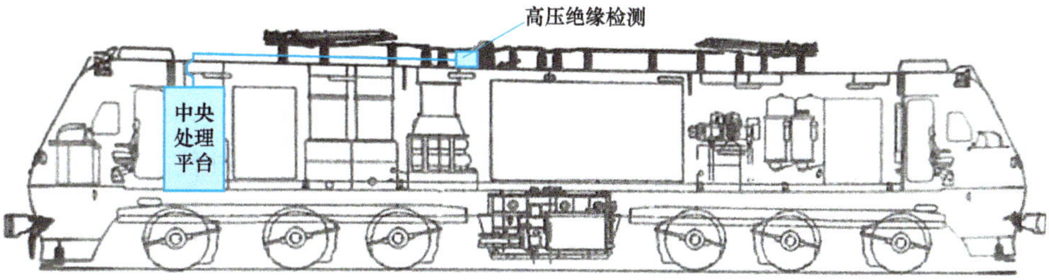

图 7－38　机车高压绝缘检测子系统

主要功能：① 检测车顶高压部件的绝缘状态——设备自身的短路保护；② 有网压时自动锁闭检测功能——升弓状态下自动锁闭检测功能；③ 系统配备钥匙开关，控制系统检测功能的启动。

车顶绝缘检测设备的自身故障为 1 级。车顶绝缘状态报警为 3 级，绝缘报警门限值如下：机车出库时检测电压≥19 kV；线路运行时检测电压为 15 kV。具体的门限值由各铁路局集团公司根据机车运行区段、气候条件、使用经验自行确定。

（6）机车自动视频监控及记录子系统（AVDR）。

机车自动视频监控及记录子系统如图 7－39 所示。机车自动视频监控及记录子系统由多个摄像头、视频采集板卡（AV1、AV2）、视频处理板卡（AV3）组成。摄像头采集视频后，输出复合视频信号，将复合视频信号传送给视频采集板卡，视频采集板卡对输入的信号进行数字化编码，然后通过以太网传输给视频处理板卡，进行报警信息和公共信息与视频图像的叠加，并保存在视频处理板卡的硬盘中。同时，视频处理板卡通过以太网接收 6A 系统中央处理平台的命令（火情联动），发送视频图像给显示屏以进行显示。

图 7－39　机车自动视频监控及记录子系统

该子系统只报摄像头故障，属于 I 级报警，6A 系统的音、视频显示终端主界面会出现文字和语音报警。此类报警不会影响机车正常运行，不需要司乘人员进行任何干预，机车运行完交路回到库内时，通知相关人员进行摄像头更换即可。

主要功能：① 实现与防火系统的联动；② 视频图像存储和调用分析，通过记录司机操作、运行路况、机械间图像等，为事故分析提供帮助。

（7）列车供电监测子系统（APDR）。

列车供电监测子系统包括 AP 板卡和漏电流监测模块。AP 板卡通过 RS485 通信线与列车供电控制柜及漏电流检测模块通信，获得列车供电柜的电压、电流信息，以及系统的漏电流值等后，与中央处理平台提供的客车车次、机车号、机车所处地理位置等信息融合，产生系统级的列车供电诊断信息，发送给中央处理平台。

主要功能：① 接地诊断（漏电流检测）；② 对机车及后部车辆供电状态进行监测；③ 对列车供电状态及故障进行记录，可在机车出库、挂车、运行过程中对列车供电状态进行实时监测，实现对列车供电系统的故障分析和报警。

3. 安全注意事项

1）人身安全注意事项

在进行高压绝缘检测时，机车必须处于降弓停车、主断路器断开、高压连接器连接状态，要确认机车车顶无人操作并锁闭车顶门。

2）应急故障处理注意事项

（1）在处理 6A 系统和机车故障前，应保证人身、设备和行车安全。

（2）发生故障时应避免堵塞区间，短时间内处理无效时应立即请求救援。

（3）发生故障后，机车乘务员在汇报时应准确提供故障发生时间、故障现象等信息。

（4）熟练掌握各种复位、切除方法。

任务实施

计划：为 6A 系统操作制订作业方案

1. 学生了解所有任务情境，小组成员汇总任务单中 6A 系统操作方法。
2. 指导教师随机指定各小组要完成的任务情境，学生了解 6A 系统开机和界面查询操作方法，根据任务单上的要求，以列表的方式列出需要进一步搜集的信息，确定完成任务所需准备的基础知识组合。
3. 制订完成任务的计划并准备讨论。

任务情境 1： 担当 T40 次旅客列车值乘任务，发车前按规定对 6A 系统进行查询

子系统名称	操作行车安全设备方法	注意事项
机车高压绝缘检测子系统（AGDR）		
机车防火监控子系统（AFDR）		
机车自动视频监控及记录子系统（AVDR）		
列车供电监测子系统（APDR）		
机车空气制动 安全监测子系统（ABDR）		
机车走行部故障监测子系统（ATDR）		

个人计划：

1. 6A 各系统的构成和作用

2. 6A 系统的基本操作方法

决策：确认完成 6A 系统操作的任务实施计划

1. 小组成员的任务分工（明确组内成员资料收集、整理任务；明确主、副班岗位分配，保证岗位轮换）。
2. 分小组讨论每位成员拟订的任务实施计划。
3. 每组选派一位成员，与各组交流拟订的任务实施计划。
4. 每位成员修正任务实施计划。

小组成员	任务分工

小组内讨论后个人计划：

各组间讨论后个人计划：

任务执行过程中出现的问题及应急情况的处理：

实施：完成 6A 系统操作

一、根据任务实施计划完成指定任务

根据任务情境，完整记录任务实施过程，小组成员互检任务实施正确性，提交给指导教师，让其给予指导、评价。

任务实施过程记录：

二、解决指导教师补充的问题

任务评估

检查与评价	

一、检查与评价标准

（一）掌握知识技能评价参考标准

检查标准	评价权重（80%）
明确 6A 系统装置的基本作用	15
明确 6A 各子系统装置的基本组成	15
掌握 6A 系统装置的基本操作方法	25
掌握 6A 系统对当代机车运行安全的意义	25

（二）方法能力评价参考标准

检查依据	评价权重（20%）
获取和处理信息，应用知识和技能解决问题，归纳共性、总结规律和积累经验，探究操作与作业标准	不合格
	合格
	良好
	优秀
协同工作关系，准确清晰的信息沟通、技术指导，班组派工、协调与任务调度	不合格
	合格
	良好
	优秀
制订工作计划并进行实施、自觉完成相互检查和评价，学习活动中自我安全操作和协助他人安全操作，对照作业指导书进行标准化作业	不合格
	合格
	良好
	优秀

（三）思政评价参考标准

检查依据	评价标准（一票否决）
严守铁路相关法律法规，具有高度的安全行车意识、安全防范意识，认真履职，具有坚定的守法遵纪意识	不合格
	合格

检查与评价
二、学生自我评价 年　月　日
三、小组评价 年　月　日

四、指导教师评价

年　月　日

自我拓展

在完成指导教师指定查询 6A 系统学习任务的基础上，根据指导教师的要求，查阅 6A 系统在铁路机车运用和检修等方面的应用情况，总结 3～4 条 6A 系统的重要性。

相关知识点

	6A 系统基本操作说明

任务 7.10 认知 CMD 系统

任务相关业务知识

CMD 系统（China locomotive remote monitoring and diagnosis system）是机务信息系统的核心子系统，是机务车载数据及安全信息的集成平台。CMD 系统整合机车 LKJ、TCMS、6A、列尾、语音、智能电（油）表等提供的运行记录信息及故障信息，实现车对地、地对车数据的采集、处理、传输。CMD 系统为国铁集团、铁路局集团有限公司、机务段/检修段、机车主机企业提供机车定位、实时状态数据监测、实时故障报警、远程诊断、视频点播、机车车载电子履历管理、统计分析、专家支持系统、信息共享和功能接口等功能。CMD 系统与配套的地面分析系统相结合，可对机车在线数据进行实时分析，达到对机车远程监测及诊断的目的。

CMD 系统的主要功能是将机车各设备数据实时记录并转发。作为机车数据传输中枢，它肩负着传输 LKJ、TCMS、6A 实时数据、北斗数据和存储数据记录文件的重任，可实现机车定位、机车质量状态监测、机车运行安全监测、动态跟踪人车图等功能，是机车车载监测数据集成、车地无线传输和综合应用平台。

CMD 系统实现了实时数据和非实时数据的应用。其中，实时数据通过安全平台在武清大数据中心落地，为国铁集团、铁路局集团公司、机务段提供实时数据相关应用服务；非实时数据通过机务段整备场 WLAN 无线转储方式落地，为机务段开展数据分析工作提供支持。

截至 2021 年 7 月，CMD 系统完成装车注册 10 000 余台，动集车型 140 余列，涵盖 26 种车型，基本完成了对全路一半以上机车和全部动集车型的运行位置、运行安全、质量状态的远程实时监测和故障诊断。

1. CMD 系统的基本组成

CMD 系统基于智能化机车和物联网技术实现“车联网”，实时采集列车控制和管理系统（TCMS）、列车运行监控记录装置（LKJ）、机车车载安全防护系统（6A）运行记录信息、故障/事件报警信息，以及 CMD 车载北斗定位信息，实现对机车运行位置和机车运行安全、质量状态的远程实时监测，是机车动态大数据的采集、传输和综合应用平台。

CMD 系统由车载子系统、数据传输子系统和地面综合应用子系统三大部分组成，CMD 的结构示意图如图 7-40 所示。

车载子系统主要实现机车信息数据的采集、存储、在线诊断、信息处理及数据传输。数据传输子系统主要实现车载子系统与地面综合应用子系统间的远程信息传输、大容量记录信息转储功能。

地面综合应用子系统实现对机车状态信息、机车安全信息和机车监测信息的实时检测分析、存储功能，提供机车运行状态、司机操作信息的查询功能，提供故障的诊断分析、统计功能，为机车的状态修提供技术支持。

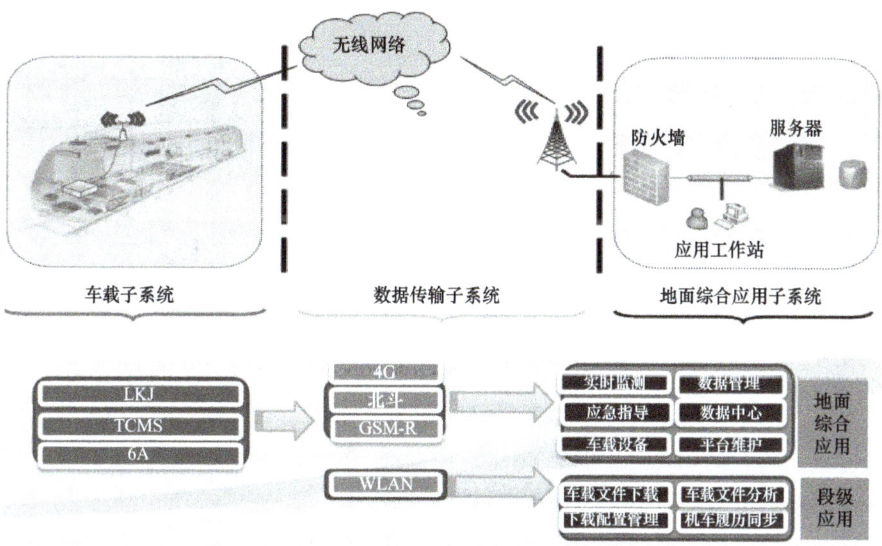

图7－40　CMD系统的组成

1）车载子系统

车载子系统（见图7－41）主要包括LDP、北斗通信天线、WLAN/4G/定位天线及配套线缆等。其中LKJ、TCMS、6A以及其他系统通过网络接口板与车载主机LDP连接，北斗通信天线和WLAN/4G/定位天线实现数据的无线发送。

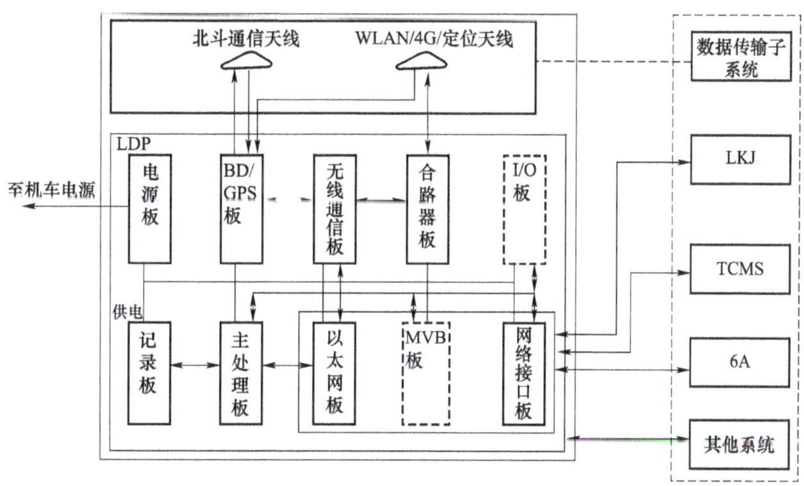

图7－41　车载子系统

2）数据传输子系统

数据传输子系统（见图7－42）的网络由无线网络和有线网络两部分组成。无线网络目前依托4G、GSM－R GPRS、WLAN、北斗，具备向LTE升级的条件，主要完成车地数据传输（在隧道、山区等无线网络信号没有覆盖的地区将不能正常工作）；有线网络利用已有的铁路综合IT网络，主要完成国铁集团、铁路局集团公司、机务段/检修段三级网络范围内的数据传输。

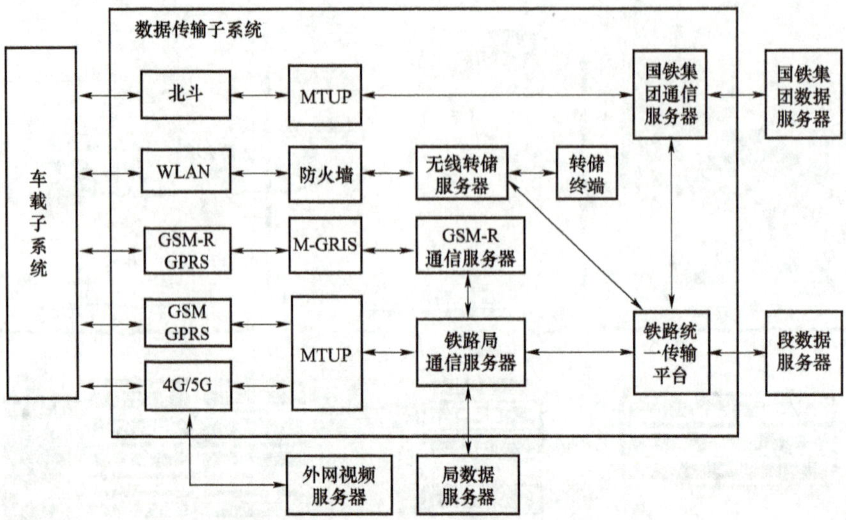

图 7-42 数据传输子系统

3）地面综合应用子系统

地面综合应用子系统（见图 7-43）主要由数据处理中心、综合服务平台和运行维护管理平台三部分组成。地面综合应用子系统按照国铁集团、机务段两级部署，采用国铁集团、铁路局集团公司、机务段三级应用，为各级领导、业务主管和业务人员等用户提供机车运用、故障诊断等管理功能，提供基于业务的数据分析与统计功能，为其他信息系统提供数据接口。

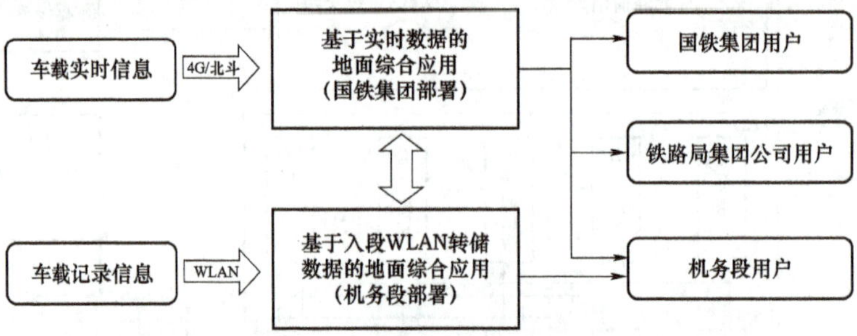

图 7-43 地面综合应用子系统

2. 地面综合应用子系统功能模块介绍

地面综合应用子系统展示车载子系统下发的数据报文，为用户提供追踪机车位置、接收在途机车故障、分析机车故障的手段。该系统包括实时监测、应急指导、数据中心、数据管理、车载设备、平台维护、健康监测等功能模块。

1）实时监测模块

实时监测模块主要用于用户追踪机车位置、查看实时数据、监测报警信息。

国铁集团用户可以查看全路所有机车数据；铁路局集团公司用户可以查看本局配属/支配/入助/值乘机车数据，以及在本局管辖线路上运行的其他局机车状态；机务段用户可以查看本段配属/支配/入助/值乘机车机车数据。

铁路局集团公司用户查询配属/支配的过滤条件含义如下：

（1）本局配属：本局配属的机车。
（2）管内本局：局界内本局配属的机车。
（3）管外本局：局界外本局配属的机车。
（4）管内外局：局界内非本局配属的机车。
（5）外局支配：非本局乘务员值乘的本局配属的机车。
（6）本局支配：本局乘务员值乘的机车。
（7）值乘本局：由本局乘务员值乘的本局配属的机车。
（8）值乘外局：由本局乘务员值乘的非本局配属的机车。
机务段用户查询配属/支配的过滤条件含义如下：
（1）本段配属：本段配属的机车。
（2）局内本段：局界内本段配属的机车。
（3）局外本段：局界外本段配属的机车。
（4）外段支配：非本段乘务员值乘的本段配属的机车。
（5）本段支配：本段乘务员值乘的机车。
（6）值乘本段：由本段乘务员值乘的本段配属的机车。
（7）值乘外段：由本段乘务员值乘的非本段配属的机车。
各项监测内容的含义如下：
（1）机车状态监测：监测机车位置状态（段内段外）及机车设备运行情况。
（2）监测信息：监测段外机车触发的报警信息，实时掌握机车报警情况。
（3）关注机车：可将关注的机车放入关注列表，方便进行该机车后续情况跟踪。
（4）机车状态汇总：本单位机车运用、跨局等状态的统计数据。
动集模块的操作如下：

（1）在动集监测界面，任意选择一列动力集中型动车组，单击地图上的按钮，显示该列编组简略信息介绍，默认显示出该列编组所有客车车厢的报警情况，绿色为正常状态，如图 7－44 所示。

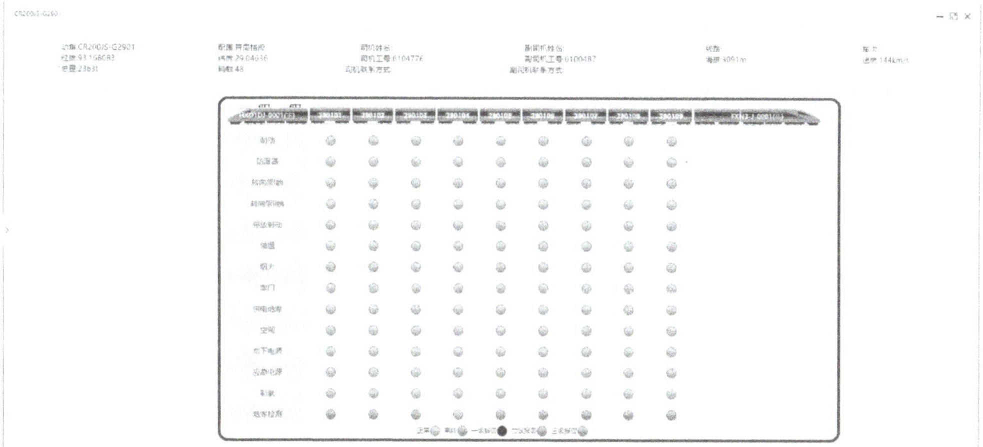

图 7－44　车厢状态显示

（2）单击“更多”按钮跳转至机车、车辆一体化展示界面，上方图标默认展示机车信息，单击两端机车或者任一车厢，展示对应的实时信息；单击任一车厢，展示车辆 TCMS 实时信息。

（3）单击 TCMS 某一信号量，如列车管压力数值，跳转至某段时间内数据曲线界面。

（4）单击 24 小时数据，可根据时间段，以及制动、防滑器等不同模块，查询 TCMS 历史数据。

2）应急指导模块

应急指导模块（见图 7－45）具备数据统计、应急处置、处置记录、筛选配置、预案管理、录入故障、数据点播，以及报警弹窗等子功能。

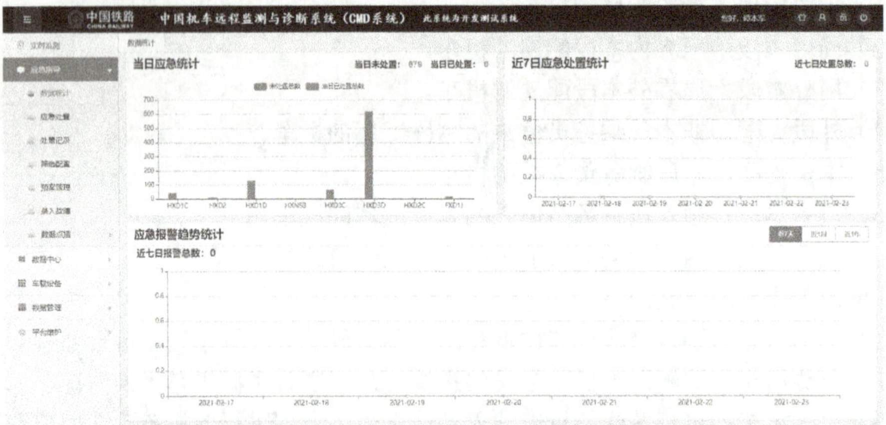

图 7－45　应急指导模块

（1）报警弹窗。

如图 7－46 所示，在应急处置界面会有一个报警弹窗开启和关闭按钮，用户单击该按钮可以开启或关闭实时报警弹窗功能，该按钮设置状态与用户绑定，即用户设置相应状态后，下次登录时会记录上次设置的状态。报警弹窗中是最近下发故障的实时展示，每 5 s 刷新一次。如果无报警，弹窗将在 30 s 之后自动关闭。

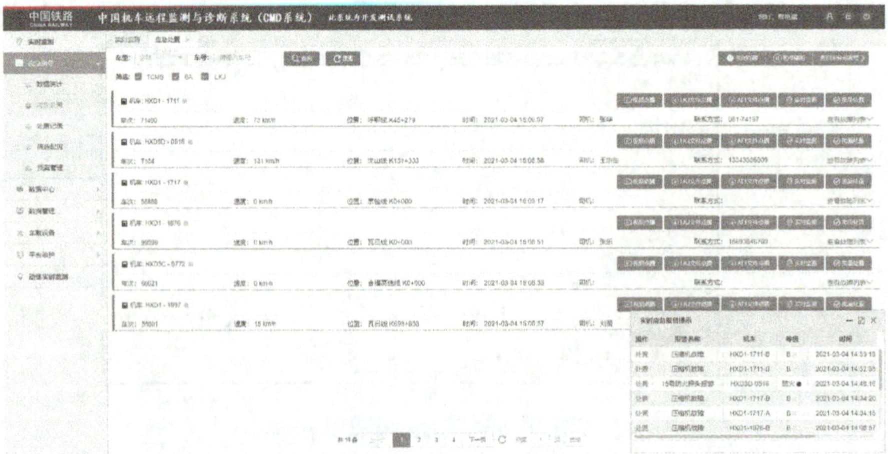

图 7－46　报警弹窗

（2）数据统计。

数据统计界面（见图 7－47）主要是对报警数、报警处理数、历史报警等相关信息进行统计，通过柱状图、折线图等，能够更加清晰直观地展示整个应急指导的相关数据统计，主要功能点包括：

① 当前待处置报警统计。指全部未处置的报警总数，数据来源主要是应急处置列表的故障总数，将以图表进行展示，用户能够更加直观地看当前需要处理的报警数目。统计将实时刷新，图表上方显示当前统计时间。

② 今日已处理报警统计。该部分主要从处置记录之中统计，分人工已处置统计和超时自动处置两大部分进行柱状图展示。

③ 近 7 日/一个月/一年报警趋势统计。此部分七日统计的时候为柱状图，一个月和一年统计的时候为折线图，横坐标为日期，纵坐标为报警数，通过折线图能清晰看到所选日期的全部车型的报警波动情况，如图 7－47 所示。

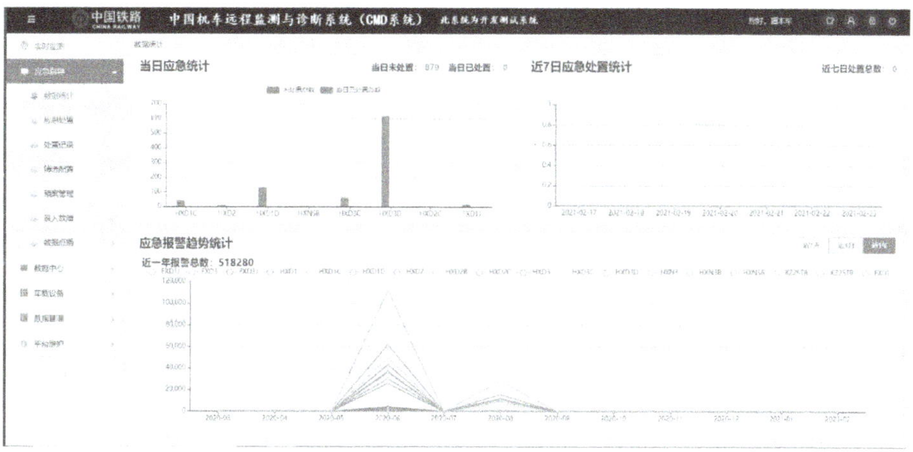

图 7－47　数据统计界面

整个数据从上至下逐步分类细化统计，能够为用户进行机车故障分析提供数据支持。

（3）应急处置。

应急处置界面（见图 7－48）显示当前存在的故障列表，所有最新发生的故障能够及时地在右上方进行弹窗提示，且实时展示在应急处置的故障列表之中。故障列表之中能够展示单个故障的必要信息，并提供单个故障或批量故障的处置操作入口，如果故障长时间未人工处置，则自动处置，转为处置超时。故障展示方式分为两种形式：

① 按车型车号分组展示。

在这种显示模式下，每个机车所发生故障分为一个条目栏，每一栏上面的车次、速度、位置等信息都将实时更新，并且每一个条目上增加了“视频点播”“LKJ 文件点播”“AT1 文件点播”“实时监测”等数据接口按钮，并且还有该机车故障的“批量处置”功能按钮。

a）单击每一个机车故障条目栏右下角的“查看故障列表”按钮，将展开该机车具体发生的故障。

图 7-48　应急处置界面

b）展开故障列表后，批量选中故障，然后单击每一个机车故障条目栏上面的“批量处置”按钮，将弹窗进入批量处置界面。

c）在故障展开列表中的每一条故障前面有三个操作按钮：“处置”“数据综合分析”“处置预案”。单击“处置”按钮，将进入“处置详情”界面，整个页面分为四大区域：故障详情块展示、处置预案关联展示、微机屏展示、机车环境数据关联展示。

其中有一个“故障查看”功能，在该功能下又提供了“数据综合分析”“视频点播”“数据点播”“历史报警”“常用处置意见”等功能接口。比如单击“数据点播”按钮，将可以进行数据点播。

d）单击“历史报警”按钮，将弹窗显示该机车的历史报警数据。

e）单击“常用处置意见”按钮，将可以打开用户填写的常用处置意见，选中一条意见后单击界面下方的“确认”按钮，将可以把处置意见自动填充到“处置详情”界面中的“处置意见”那一栏之中，并且该界面右上角有“新增”“修改”“删除”3 个功能按钮，可以对常用处置意见进行相关维护。

② 未分组列表展示。

这种展示方式将故障信息平铺展示，用户可根据习惯自主选择，报警信息按照报警重要等级、报警时间进行排序。

（4）处置记录。

处置记录界面（见图 7-49）提供所有人工处置和自动处置报警数据的查询功能。注意，查询的时间段对应报警发生时间而非处置时间。

① 整体功能。处置记录主要有人工已处置和自动处置（处置超时）两大类，选择“自动处置”时又可以将故障分为“支配”和“配属”两类进行查询展示。整个处置记录以列表形式展示，能够看到每一条处置记录的车型、车号、AB 节、故障等级、报警名称、来源、发生时间、处置结束时间、是否自动处置、位置、车次、速度、司机信息、联系方式、配属局段等信息。

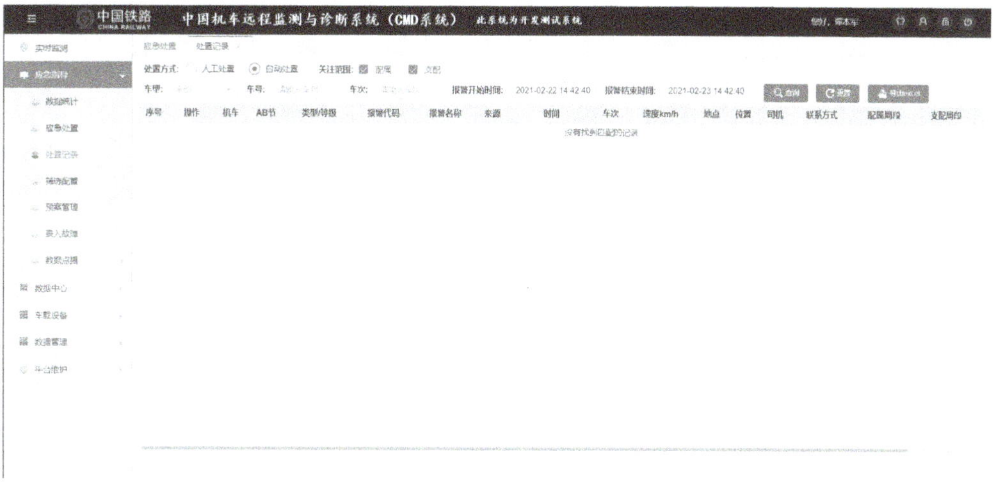

图 7－49　处置记录界面

② 查询功能和导出。可以通过车型、车号、车次、报警等条件查看历史处置记录，用户选择相应查询条件后，单击“查询”按钮即可展示所需处置记录。此外，对于查出的结果，可以单击界面右上方的“导出 Excel”按钮进行记录导出。

（5）筛选配置。

筛选配置是一种细化的自主故障清洗功能，机务段可以自主配置规则进行清洗。这是一个核心功能点，主要有以下几大功能：

① 过滤配置。

过滤配置界面如图 7－50 所示。

图 7－50　过滤配置界面

筛选条件：

a）过滤速度为零：当机车在途运行中，发生故障的时刻速度为 0，则进行过滤。

b）过滤过分相：按照系统中所维护的分相信息对报警信息进行过滤，如已维护本局乘务区间电分相的起点里程和终点里程，则可以实现过滤在此区间发生的报警信息。

监控状态分为“正常监控”“调车控制”“降级控制”，这三个条件主要是为了区分机车发生报警时是否在正线运行，勾选“正常监控”后可过滤掉其他监控状态下的报警信息。

地点分为段内、站内、区间，利用 ATIS、LKJ 监控数据，以及电子围栏，可针对机车段内、段外故障进行清洗过滤。

在预案管理控制部分勾选“屏蔽非本单位视察”复选框，可以在“预案管理”模块及“处置详情”页面中的“处置预案”部分只显示本段的预案。

② 关注项点配置。

关注项点配置又分为 LKJ 报警、TCMS 报警、6A 报警三大类。关注项点配置界面如图 7-51 所示。

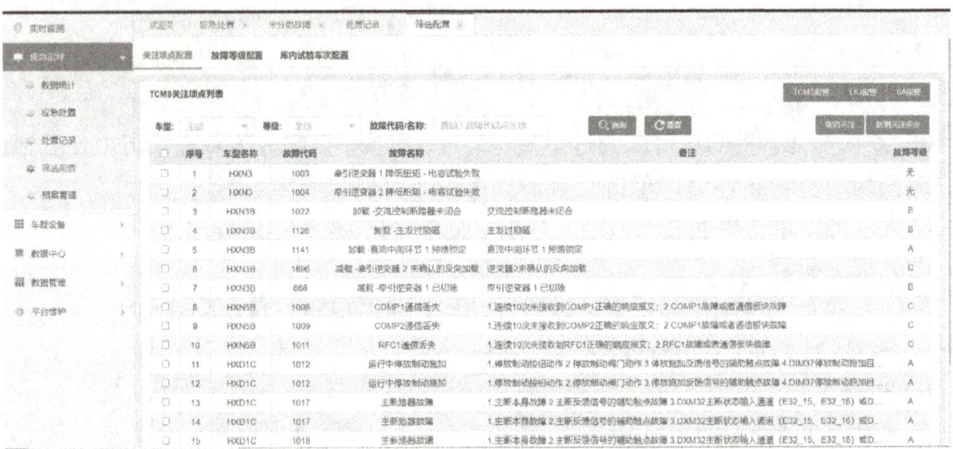

图 7-51　关注项点配置界面

段级用户可以通过车型来查询该车型的不同等级的故障，可以配置对某个故障是否需要关注。对于需要关注的故障，会在下次该故障发生时将其展示在应急处置的报警列表中，通过红色五角星标记靠前展示。

单击“新增关注项点”按钮后，弹出新增故障项点界面，可根据车型、故障等级、故障代码/名称进行故障查询，并通过单选或多选的模式将项点添加进关注列表。

③ 故障等级配置。

段级用户可以对不同车型的不同故障进行自主等级配置，可配置为停、A、B、C、D、无 6 种情况。在进行配置的功能中有故障代码名称模糊查询，使用该功能可快速查询定位到具体故障，然后进行故障等级配置。单击右边的“选中初始化”按钮，可以初始化当前已选中的故障的等级；单击右边的“全部初始化”按钮，可以初始化所有配置之后的故障等级。在用户对故障等级进行配置后，下面列表中的初始等级将进行划线标志。故障等级配置界面如图 7-52 所示。

④ 库内试验车次配置。

对于需要在库内进行试验的车次进行故障过滤，过滤条件为车次，用户查询时选择相应车次之后单击“确定”按钮则可过滤该车次发生的全部故障。库内试验车次配置界面如图 7-53 所示。

图 7－52　故障等级配置界面

图 7－53　库内试验车次配置界面

系统中提供针对某些特定车次过滤的功能，主要是为了过滤库内试验机车无效报警信息，使用这个功能的前提是本段对机车试验车次做过特殊的要求，专门指定过试验车次。此功能在配置车次时，可指定某一车次或一定车次范围，比如配置“11111”，则可过滤 11111 车次发生的报警信息，如果需要过滤 11100～11199 车次，在系统中配置“111__”即可。界面右上角有“新增”“删除”“刷新”等操作按钮。

（6）预案管理。

预案管理界面负责维护本段处置预案数据，预案展示列表如图 7－54 所示。

① 预案新增。单击右上角的“新增”按钮，将可以预案新增，如图 7－55 所示。新增预案时，先填写红色*号标记的必填内容，然后选择需要上传的附件图片，一起新增上传。

② 预案修改。用户可以对已上传的预案进行修改，如图 7－56 所示。具体操作时，先选择预案列表中需要修改的某一条预案，再单击右上角的“修改”按钮，即可修改当前预案。修改当前预案内容的同时，也可以修改当前预案已上传的图片附件。

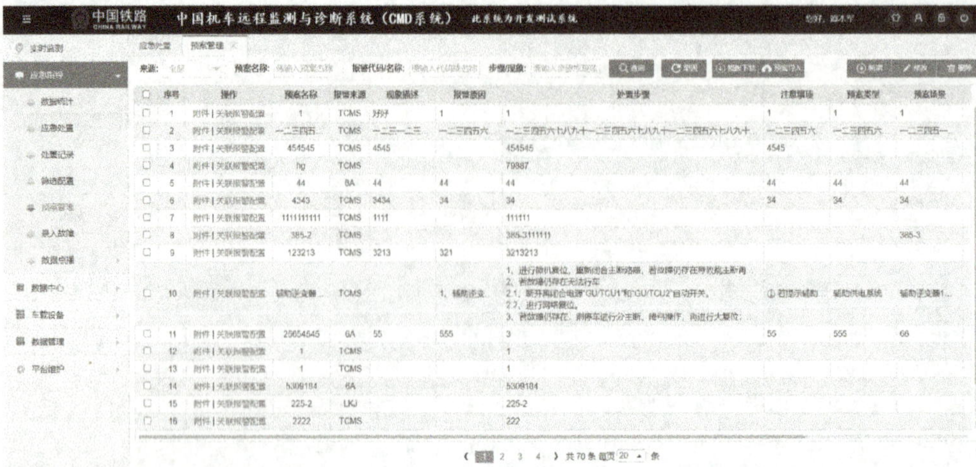

图 7－54　预案展示列表

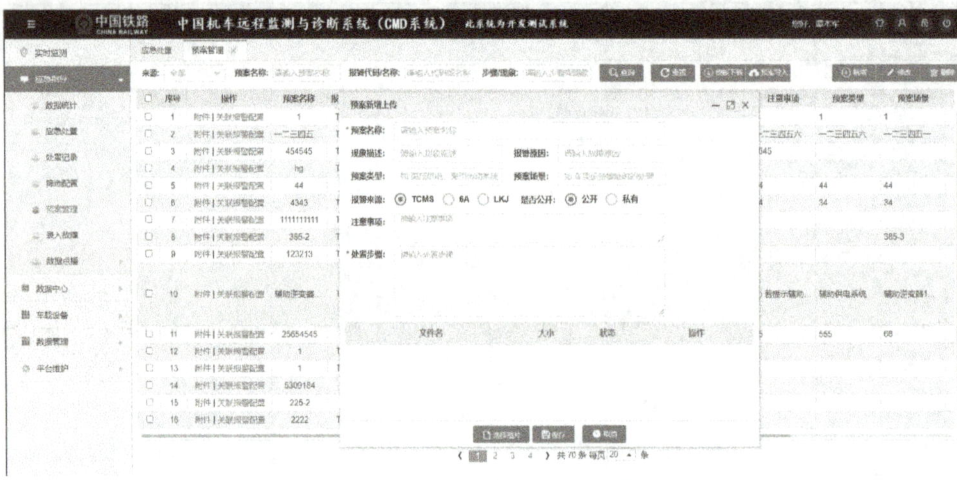

图 7－55　新增预案

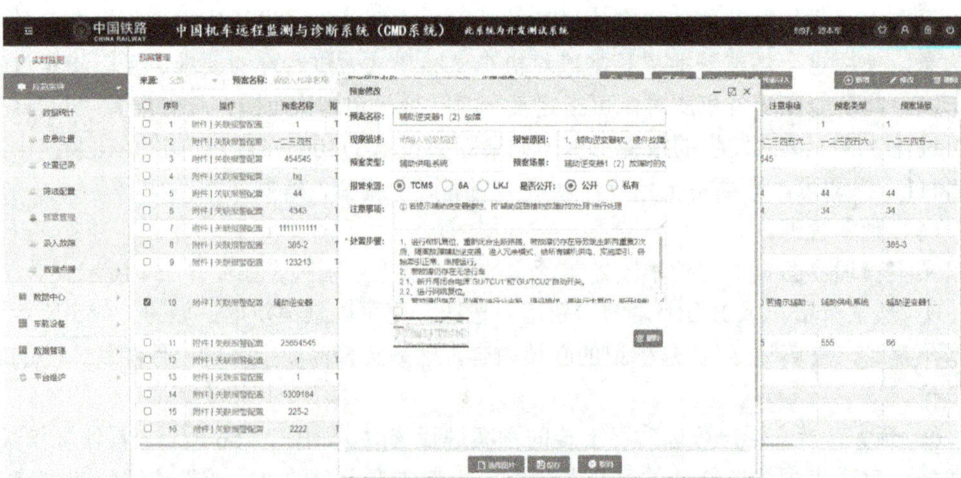

图 7－56　修改预案

③ 预案一键导入。首先单击“模板下载”按钮进行模板下载，然后把本段预案按格式填入模板，再单击“预案导入”按钮，选择刚刚填好的预案文件，即可进行预案一键导入。

关联报警配置　用户在新增或者导入预案后，须进行关联报警配置。单击预案关联报警列表（见图 7－57）左边的“关联报警配置”按钮进行关联配置，单击该该按钮后即可查看当前预案所关联的一些报警，在该界面中可以对关联好的报警进行增加或者删除操作。如果想增加关联报警，单击当前界面右上角的“新增关联报警”按钮即可查找需要关联的报警进行关联配置。

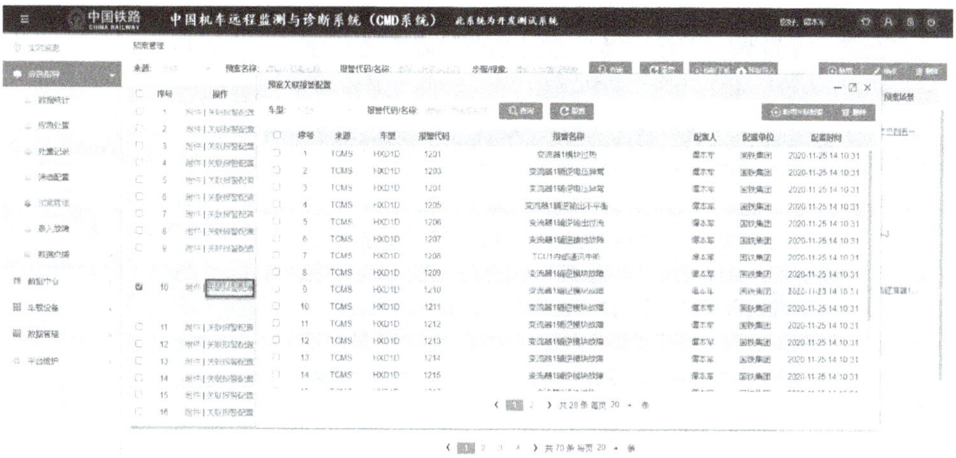

图 7－57　预案关联报警列表

上传的预案只有关联了具体报警，才能在机车故障报警的时候联动展示出该预案，否则预案和报警将无法联动展示。

（7）录入故障。

录入故障界面如图 7－58 所示。可根据开始时间、结束时间、机车、AB 节、车次、

图 7－58　录入故障界面

来源、车站、故障类型、故障详情、处置信息等重要信息进行故障录入，支持根据机车、开始时间、结束时间、来源、等级、故障等条件进行相应故障信息查询，方便各机务段人员差异化维护本段故障信息。

3）数据中心模块

数据中心模块（见图 7－59）的作用如下：

（1）*数据综合分析*。通过图表功能分析机车实时数据，判断报警发生原因，协助排除报警。

（2）*历史数据查询*。查询 LKJ、6A、TCMS、北斗历史数据，机车运行轨迹、故障报警和事件报警。

① 故障报警查询：统计 TCMS 和 6A 的故障报警数据，可以按照车型、机车、局、段等条件进行统计，也可以查询 TCMS 和 6A 的故障报警明细数据。

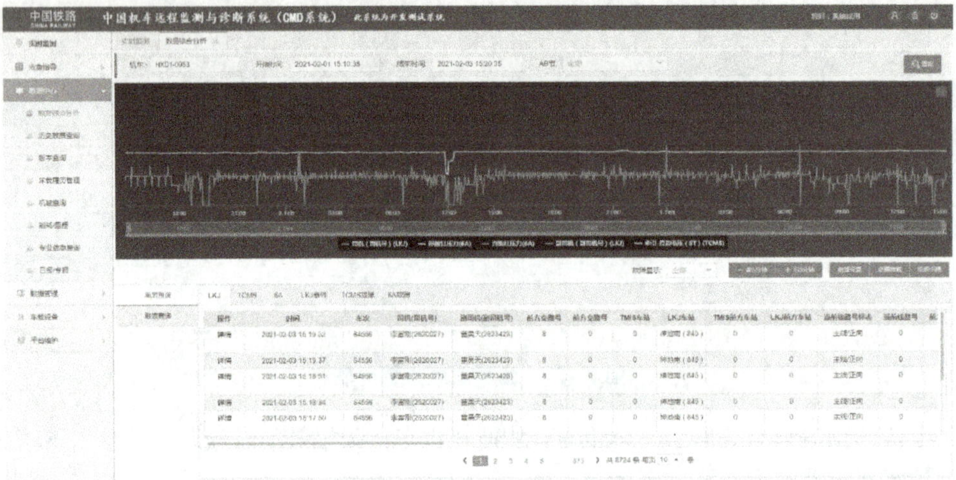

图 7－59　数据中心模块

② 事件报警查询：统计 LKJ 的故障报警数据，包括报警 1 级、报警 2 级、报警 3 级、事件。

提示：可以按照车型、机车、局、段等条件进行统计，也可以查询故障报警明细数据。

（3）*版本查询*。用于查询 LDP 版本、6A 版本、TCMS 版本与 LKJ 版本。

（4）*车载履历管理*。动态履历管理和履历上传日志。

（5）*机破查询*。统计一定时间范围内发生机破故障的机车，可以查看故障详细信息，包含 6A、TCMS 及机破故障的概况、原因及走行公里数等。

（6）*能耗/里程查询*。查询里程信息，包括正常里程数据与异常里程数据；查询能耗信息，包括司机、车间、区间、车次、单趟能耗数据。

（7）*专业信息查询*。原边电压与供电臂位置信息。

（8）*日报/专报*。上传重大事项，上报相关信息及故障处置情况。

4）数据管理模块

数据管理模块（见图 7－60）主要用于接口监控及基础数据上传。

图 7－60　数据管理模块

（1）**基础数据上传**。用于上传 LKJ 基础数据文件、用户申请表等文件信息。

（2）**接口监控**。用于监控本单位已接入 CMD 系统的数据接口运行情况。

5）平台维护模块

平台维护模块（见图 7－61）主要用于平台信息管理、相关统计类报表。

图 7－61　平台维护模块

（1）**密码重置**。提供本单位用户密码重置功能。

（2）**LDP 状态统计**。统计本单位 LDP 设备状态情况（通信模式、北斗模式、设备离线）。

（3）**机车出入助管理**。机务段用户维护机车出助数据，查询入助数据。铁路局集团公司和国铁集团用户查询出入助数据。

6）车载设备模块

车载设备模块（见图 7－62）主要用于 LDP 设备装车和运行监测管理，提高 CMD 系统的稳定性和可靠性。

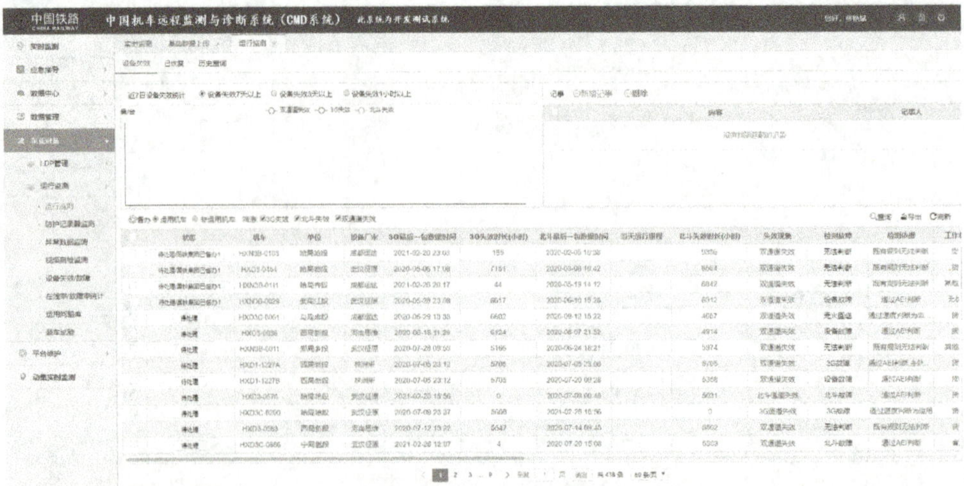

图 7－62　车载设备模块

（1）LDP 装车管理。新造机车或者段改机车安装 LDP 后需要在 LDP 装车管理模块中注册登记相关信息，否则 CMD 地面综合应用子系统中不能看到该机车和实时数据，包括装车、更换、编辑、安装历史等操作。

（2）LDP 管理。对单个 LDP 设备进行管理，可以登记 LDP 相关信息，也可以对 LDP 进行报废、删除操作。

（3）LDP 查询。查询 LDP 的信息。

（4）运行监测。查询设备的运行质量、设备失效率、运用机车在线率，机车故障率等相关报表数据。

（5）防护记录器监测。对防护记录器运行情况进行监测，盯控防护记录器异常情况。

（6）异常数据监测。对 LKJ/TCMS/6A 等数据块缺失情况进行监测，及时发现并处理问题。

（7）视频自检监测。对机车视频点播通道运行情况进行监测。

（8）设备故障/失效监测。监测机车失效/故障情况，填写失效原因。

（9）在线率/故障率统计。统计机车在线率、失效率等。

7）健康监测模块

CMD 系统通过接入健康诊断系统数据，可对设备运行状态进行各类可靠的监测，为设备的安全运行与维护提供保障。健康监测模块（见图 7－63）包含 4 个部分，分别为主要部件工作负荷监测、柴油机组状态健康监测、牵引变流系统健康监测以及通风冷却系统健康监测数据。

（1）主要部件工作负荷监测。主要对动车组运用相关的主要部件进行负荷状态统计和汇集，为后续运维提供数据支撑。

（2）柴油机组状态健康监测。主要指内燃动力车柴油发电机组智能监测，可实现运行状态智能监测数据的强化，主要包括：机油系统、燃油系统、冷却水系统、进排水系统、控制系统等。

图 7－63　健康监测模块

（3）牵引变流系统健康监测。主要指牵引变流器的在线监测、故障诊断预警和健康管理的智能监测与分析。变流器系统主要涉及牵引系统的 IGBT、电容器、接触器等关键部件，CMD 系统通过采集该平台数据，可进一步实现关键部件的故障诊断与健康管理。

（4）通风冷却系统健康监测。主要指电力动力车通风系统设备智能监测，实现对动力车主要风机的温度、风速等状态信号的实时监测。同时，以既有风机的大量运行数据为基础，进行风机运行状态、异常数据的提示和报警。

任务实施

计划：认知 CMD 系统
1. 学生了解所有任务情境，小组成员汇总任务单中涉及的 CMD 系统相关知识。 2. 指导教师随机指定各小组要完成的任务情境，学生了解 CMD 系统的操作方法和作用，根据任务单上的要求，以列表的方式列出需要进一步搜集的信息，确定完成任务所需准备的基础知识组合。 3. 制订完成任务的计划并准备讨论。

任务情境 1：因工作需要，现需查询担当 T40 次旅客列车牵引任务机车状态相关信息

机车信息	操作行车安全设备方法	注意事项
机车型号与配属		
机车位置		
实时状态数据		
实时故障报警		
远程诊断		
现场视频		

个人计划：

1. CMD 系统的操作方法

2. CMD 系统的作用

决策：确认完成 CMD 操作的任务实施计划
1. 小组成员的任务分工（明确组内成员资料收集、整理任务；明确主、副班岗位分配，保证岗位轮换）： 2. 分小组讨论每位成员拟订的任务实施计划。 3. 每组选派一位成员，与各组交流拟订的任务实施计划。 4. 每位成员修正任务实施计划。

小组成员	任务分工

小组内讨论后个人计划：

各组间讨论后个人计划：

任务执行过程中出现的问题及应急情况的处理：

实施：完成 CMD 系统操作

一、根据任务实施计划完成指定任务

根据任务情境，完整记录任务实施过程，小组成员互检任务实施正确性，提交给指导教师，让其给予指导、评价。

任务实施过程记录：

二、解决指导教师补充的问题

任务评估

检查与评价

一、检查与评价标准

（一）掌握知识技能评价参考标准

检查标准	评价权重（80%）
明确 CMD 系统的基本作用	20
明确 CMD 系统的基本组成	20
掌握启动 CMD 装置的操作方法	20
掌握解除 CMD 装置的操作方法	20

（二）方法能力评价参考标准

检查依据	评价权重（20%）
获取和处理信息，应用知识和技能解决问题，归纳共性、总结规律和积累经验，探究操作与作业标准	不合格
	合格
	良好
	优秀
协同工作关系，准确清晰的信息沟通、技术指导，班组派工、协调与任务调度	不合格
	合格
	良好
	优秀
制订工作计划并进行实施，自觉完成相互检查和评价，学习活动中自我安全操作和协助他人安全操作，对照作业指导书进行标准化作业	不合格
	合格
	良好
	优秀

（三）思政评价参考标准

检查依据	评价标准（一票否决）
严守铁路相关法律法规，具有高度的安全行车意识，严格遵照作业标准完成任务，精益求精，认真履职，具有坚定的守法遵纪意识	不合格
	合格

检查与评价

二、学生自我评价

年　月　日

三、小组评价

年　月　日

四、指导教师评价

年　月　日

自我拓展

在完成指导教师指定认知 CMD 系统学习任务的基础上，根据指导教师的要求，查阅关于 CMD 系统在铁路行车应用方面的资料，并总结 3～4 条 CMD 系统对铁路行车安全的重要性。

相关知识点

知识点 1　CMD 系统的结构与功能
知识点 2　CMD 系统的三大子系统

课程思政小案例

和复兴号一起奔跑追梦
——记中国铁道科学研究院集团有限公司机车车辆研究所副所长、研究员张波

张波（左二）与技术人员在国家铁道试验中心现场研究时速 250 km 复兴号互联互通试验方案

复兴号，科技创新的先锋，唱响中国高铁从追赶到领跑的时代强音。

复兴号，这颗中国高铁的璀璨明珠，离不开铁路科技工作者的匠心守护。中国铁道科学研究院集团有限公司机车车辆研究所副所长、研究员张波，就是其中一位逐浪创新、勇敢追梦的杰出代表。

勇挑项目团队牵头人重担，反复论证，编制复兴号总体技术条件

“小时候住在部队大院，院子外面就是铁道线，我经常看见火车‘咣当咣当’驶过。蒸汽机车令我印象深刻，那么一个庞然大物冒着蒸汽、拉着长长的车厢，特别威风。”张波回忆道。从那时起，火车梦就在张波心里埋下了种子。

1993 年，17 岁的土家族少年张波考进上海铁道大学。毕业后，他进入中国铁道科学研究院继续深造，自此与铁路机车车辆工程结下不解之缘，儿时的火车梦终于扬帆起航。

“笃真求卓、创新致远”的铁科精神对张波产生了深远影响。他长期从事铁路移动装备应用技术研究及核心系统研发工作，参与了我国所有新型高速列车试验研究，带领团队成员完成了我国第一个机车分布控制数学模型。该模型融入机车车辆研究所原有牵引计算软件，实现了动力分布控制模式下长大列车运行及纵向动力仿真计算功能，有力支撑了 2004 年至 2010 年间的历次大秦线重载试验。

“无论是重载铁路还是高速铁路，近年来中国铁路重大的技术升级，我都有幸参与其中。”张波说，“自己赶上了中国铁路大发展的黄金时期，要感谢这个美好的时代。”

2012 年底，中国标准动车组研制工作正式启动。中国铁道科学研究院负责技术总牵头，编制中国标准动车组总体技术条件，组织技术方案研究，承担试验验证和运用

考核等工作，并承担九大核心系统中牵引、制动、网络三大核心系统的科研攻关。张波勇挑重担，担当中国铁道科学研究院复兴号总体技术及核心系统研发项目团队牵头人。

“在总体技术和核心系统研发方面，我们团队有深厚的底蕴。所以，我当时心里还是有底气的。”张波回忆道，“而且从内心讲，我们做技术的，谁也不甘心在核心技术上受制于人，不甘心在别人的平台上修修补补。”参与过高速列车早期自主探索，经历了引进消化吸收再创新过程的张波，对于打造具有中国完全自主知识产权的高速列车技术平台，更有一份渴望。

为获得第一手资料，张波与项目团队成员马不停蹄地赴各地调研，了解现场情况，听取一线反馈，并与总体技术组专家一起，围绕顶层技术方案开展了艰苦的论证。

“编制技术条件的过程非常艰难。当时，中国铁路总公司组建了总体技术组和 8 个子系统组，围绕技术条件和技术方案，光是大的会议就开了上百次，仅互联互通这一个方面的技术会议就开了 60 多次，平均每周一次。与互联互通相关的协议文件，在会议室摞起来有半人多高。”张波感慨地说。

经过一年多的反复讨论和不断优化改进，复兴号总体技术条件终于敲定了。

致力于核心系统研发，打造中国自己的高速列车技术平台

在复兴号研发过程中，中国铁道科学研究院负责牵引、制动、网络 3 个核心系统的攻关。

牵引系统是动车组的心脏，为动车组高速运行提供强大的动力。为了让复兴号拥有“中国心”，研发团队坚持自主创新，实现了软件和硬件的全部自主。

“我们在做牵引控制软件设计时，首先碰到的难题是没有专业的图形化软件开发平台。”张波说。即使困难重重，但他们并没有选择高价进口，而是从零开始建立自己的图形化软件开发平台。张波带领团队成员日夜奋战，代码量超过 100 万行，集成 600 余个标准化功能块，最终构建了第一套软件系统，确保了整个牵引控制系统研发的进度。

“我们拿出的复兴号牵引系统，不仅软件是自己的，而且软件的开发平台也是自己的，这为未来的技术创新打下了非常好的基础。”张波自豪地说。

制动技术是复兴号的核心关键技术之一，也是中国铁道科学研究院的传统优势专业。为保证硬件稳定可靠，张波带领团队成员深入生产车间，对每个零件的入场检测、每一道安装工序都密切跟踪，做到精益求精。为确保制动安全万无一失，他们设计时充分考虑安全冗余，并进行了上百万次测试。最终，研发团队突破了时速 350 km 等级防滑控制技术，实现了轮轨黏着状态自动追踪和有效利用，缩短了制动距离。制动系统从控制软件到阀类硬件到基础制动技术完全实现自主化，真正成为复兴号的“安全守护神”。

网络控制系统是张波团队自主研发的另一高速列车核心系统。复兴号上线试验不久，偶发 300 μs 通信中断故障，随后又不见踪影。为找到问题原因，张波和团队成员每天天不亮就到现场做准备，22：00 后才回宿舍休息，不断调整测试记录策略，连续监视示波器，生怕有疏忽。秉持这份严谨的态度，经过 168 h 的坚守，他们终于捕捉到一次 300 μs 的故障现象，并迅速找到了解决方法，排除了这一故障。

火车不是跑在图纸上，钢轨也不是铺在办公室里，线路试验在高速动车组的技术

发展过程中扮演着重要角色。为测试首列中国标准动车组，张波组织相关专业青年骨干组成专门试验工作组并任工作组组长，在环行铁道试验基地、长吉客专、大西综合试验段等进行了长达一年多的静态、低速和正线高速试验。

在郑徐高铁进行的中国标准动车组更高速度探索试验，对推动中国高铁持续技术进步具有重大意义。2016 年 6 月 25 日，张波带领团队成员到郑徐高铁开始安装调试测试系统。他们冒着近 40 ℃的高温，仅用 6 d 时间就完成了试验准备。车外骄阳似火，车厢里却冷得像冰窖，由于要进行能耗试验，全车空调必须处于极冷状态，加之弓网测试组所在车厢还要进行噪声测试，车门必须一直处于关闭状态。他们在车上一待就是十几个小时，从头到脚透心凉。即使如此，也没有一个人叫苦叫累。

风雨过后见彩虹。在张波和团队成员的努力下，一系列技术难关被攻克，复兴号牵引、制动、网络等关键系统核心技术达到国际先进水平，为构建安全、可靠、先进的中国高速动车组全新技术平台奠定了坚实基础。

投身复兴号品牌战略实践，用科技创新助力复兴号美好未来

2017 年 6 月 25 日，中国标准动车组被正式命名为“复兴号”。因在研制工作中的突出表现，张波受邀出席命名仪式，并代表复兴号科研团队就继续做好高铁技术创新做表态发言。

回想起复兴号命名这个庄严的时刻，张波激动不已：“实现中华民族伟大复兴是每一个中华儿女的追求和期盼，我们参与研发的产品，能够与这一神圣的历史使命关联，是无上的光荣和自豪，同时也是鞭策和激励。我们将积极投身复兴伟业，矢志建设科技强国，心怀报国之志，勇攀科技高峰，不忘初心，继续前进，以铁路人的不懈努力为中国梦增光添彩。”

2017 年以来，国铁集团持续推进复兴号技术创新工作，深入实施复兴号品牌战略，不断扩大复兴号的覆盖范围和开行数量，未来要建成品类齐全、结构合理、涵盖不同速度等级、适应多元化运输需求和不同应用环境的复兴号系列产品体系。张波和团队一起，从中国路网特点、环境特点、客流形态、技术发展趋势等方面进行全面分析，综合考虑动车组的速度等级、编组形式、动力配置等方面不同层次的需求，落实细化复兴号系列化产品规划方案，并继续承担总体技术和核心系统研发配套工作。目前，复兴号家族成员不断壮大，“绿巨人”“超长陆地航班”等不同车型奔驰在祖国广袤的大地上，满足了更多地区旅客的出行需求。

“今后复兴号将更节能、更绿色、更智能。”憧憬复兴号的美好未来，张波的话语坚定中透着自信。

京张智能动车组，凝结了张波和团队成员的心血和汗水，他们重点对智能化设计进行了规范和明确，从智能行车、智能运维和智能服务 3 方面开展研究，并明确相关功能设计；对奥运需求进行调研，综合考虑媒体、运动员、普通旅客需求提出相应设计规范；针对京张高铁特殊运用环境，攻关实现了大坡道起动、应急自走行等功能。

创新无止境。在追梦道路上，张波和团队成员正着力于打造更安全、更环保、更节能的新一代高速动车组研发平台。未来道阻且长，但信心和勇气兼备的张波更愿意突破极限，用无穷的科技创新描绘中国铁路更加美好的明天！

采访手记

向梦而驰　未来可期

在复兴号研发的全过程中，始终贯穿着一个关键词——创新。创新，铺画了中国高铁最亮的底色。

张波对创新有着自己的理解。创新在于坚持，只有一代代人持续努力，才有可能在高速列车这项复杂而巨大的系统研究上不断取得进步。创新需要协同，高速列车研发设计是一个庞大的高新技术研发制造产业链，需要各个环节共同努力，发挥各自优势。创新必须坚持自主，关键核心技术是要不来、买不来、讨不来的，只有自主，才能把主动权掌握在自己手里。创新必须开放包容，在世界联系日益紧密、分工日益细化的今天，“闭门造车”是不行的，要有开放的心态，与世界先进企业加强合作。创新必须以用户需求为中心，只有符合用户需求的创新，才是有用的创新。

创新激发无穷力量，让梦想照进现实。向梦而驰，未来可期。我们坚信，中国铁路人定会续写更多的高铁创新故事。

证书直通车

扫描二维码，获取证书备考相关习题及答案

参 考 文 献

[1] 朱鹏飞，郑睿. 机车乘务作业［M］. 北京：中国铁道出版社有限公司，2022.
[2] 中国铁路总公司. 铁路技术管理规程. 普速铁路部分［M］. 北京：中国铁道出版社，2014.
[3] 中国铁路总公司. 铁路技术管理规程. 高速铁路部分［M］. 北京：中国铁道出版社，2014.
[4] 潘京涛，张万成. 机车车载行车安全装备［M］. 北京：北京交通大学出版社，2019.
[5] 中华人民共和国铁道部. 铁路机车操作规则［M］. 北京：中国铁道出版社，2013.

配套教学资源明细

序号	名　称	媒体类型	应用类型	二维码
1	轨道电路简介	视频	微课	
2	机车信号简介	视频	微课	
3	机车信号显示与含义	视频	微课	
4	LKJ2000 型列车运行监控装置简介——火车上的黑匣子	视频	微课	
5	LKJ2000 型列车运行监控装置——显示界面识读	视频	微课	
6	LKJ2000 型列车运行监控装置——功能键	视频	微课	
7	LKJ2000 型列车运行监控装置——基础术语解释	视频	微课	
8	LKJ2000 型列车运行监控装置——控制模式与工作状态	视频	微课	
9	LKJ2000 型列车运行监控装置——降级工作状态	视频	微课	

续表

序号	名　称	媒体类型	应用类型	二维码
10	LKJ2000 型列车运行监控装置——通常工作状态	视频	微课	
11	LKJ2000 型列车运行监控装置——出入段状态	视频	微课	
12	LKJ2000 型列车运行监控装置——调车工作状态	视频	微课	
13	LKJ2000 型列车运行监控装置——非本务工作状态	视频	微课	
14	LKJ2000 型列车运行监控装置——速度控制模式	视频	微课	
15	LKJ2000 型列车运行监控装置——走停走工作模式	视频	微课	
16	LKJ2000 型列车运行监控装置——20km/h 限速工作状态	视频	微课	
17	LKJ2000 型列车运行监控装置与其他 ATP 结合工作状态	视频	微课	
18	LKJ2000 型列车运行监控装置——车位调整	视频	微课	
19	LKJ2000 型列车运行监控装置——引导接车	视频	微课	

续表

序号	名　　称	媒体类型	应用类型	二维码
20	LKJ2000 型列车运行监控装置——有计划使用路票解锁	视频	微课	
21	LKJ2000 型列车运行监控装置——临时使用路票解锁	视频	微课	
22	LKJ2000 型列车运行监控装置——有计划绿色许可证解锁	视频	微课	
23	LKJ2000 型列车运行监控装置——临时绿色许可证解锁	视频	微课	
24	LKJ2000 型列车运行监控装置——特殊前行	视频	微课	
25	LKJ2000 型列车运行监控装置——靠标停车困难	视频	微课	
26	LKJ2000 型列车运行监控装置——机车信号突变	视频	微课	
27	LKJ2000 型列车运行监控装置——乘降所揭示解除	视频	微课	
28	LKJ2000 型列车运行监控装置——机车信号故障	视频	微课	
29	LKJ2000 型列车运行监控装置——有反方向监控数据行车	视频	微课	

续表

序号	名　称	媒体类型	应用类型	二维码
30	LKJ2000型列车运行监控装置——无反方向监控数据行车	视频	微课	
31	LKJ2000型列车运行监控装置——机车信号突变、故障处理操作	视频	微课	
32	机车综合无线通讯设备（CIR）简介	视频	微课	
33	GSM-R手持终端简介	视频	微课	
34	列尾装置简介	视频	微课	
35	列车防护报警设备（LBJ）简介	视频	微课	
36	机车车载安全防护系统（6A）简介	视频	微课	
37	机车车载安全防护系统（6A）应用与操作	视频	微课	
38	中国机车远程监测与诊断系统（CMD系统）简介	视频	微课	
39	动车组列控系统概述	视频	微课	

续表

序号	名　　称	媒体类型	应用类型	二维码
40	CTCS2 级列控系统简介	视频	微课	
41	CTCS2-200C 列控车载设备人机界面认知	视频	微课	
42	CTCS2 级列控系统 ATP 车载设备的工作模式与操作	视频	微课	
43	CTCS3 级列控系统简介	视频	微课	
44	CTCS3-300H 列控车载设备人机界面认知	视频	微课	
45	CTCS3 级列控系统 ATP 车载设备的工作模式与操作	视频	微课	